教育部高等学校统计学类专业
教学指导委员会推荐用书

21世纪统计学系列教材

U0794955

# 市场调查方法与技术

双色印刷

## （第5版）

蒋　妍　王维敏　简　明　金勇进　编著

Market Research

中国人民大学出版社
·北京·

# 总　序

教育是国之大计、党之大计。习近平总书记指出："'两个一百年'奋斗目标的实现、中华民族伟大复兴中国梦的实现，归根到底靠人才、靠教育。"

改革开放以来，高等统计教育有了很大的发展。作为培养我国统计专门人才的摇篮，中国人民大学统计学院自1952年创建以来，始终坚持理论与应用相结合的办学方向，着力培养能够理论联系实际、解决实际问题的高层次人才。为了更好地服务教学，中国人民大学统计学院组织并与统计学界同仁共同编写，于2000年首次出版了国内较早、成体系的一套丛书——21世纪统计学系列教材。本系列教材，历经20余年的建设，适应统计教育的发展变化，不断修订完善，得到了社会的广泛认可，已成为全国统计学高等教育最有影响力的系列教材之一。系列教材中，既有"十一五"或"十二五"普通高等教育本科国家级规划教材，又有教育部高等学校统计学类专业教学指导委员会推荐用书。在2021年首届全国教材建设奖评选中，《统计学（第7版）》获评全国优秀教材（高等教育类）。

随着时代的发展和高等教育的变化，系列教材也要与时俱进，及时反映新时代的要求，为此，我们对系列教材不断改版更新。一方面，深入学习贯彻习近平新时代中国特色社会主义思想，紧扣立德树人的根本任务，密切结合中国实际，大量融入中国案例和数据，使学生进一步坚定中国特色社会主义道路自信、理论自信、制度自信、文化自信。另一方面，深刻把握统计学科的专业特点，面对大数据时代的新形势，突出统计理论方法与计算机实现技术的结合，强调方法与技术在实际领域中的应用，同时，精心打造配套的新形态和立体化教学资源，助力现代化教学实践。

感谢所有关注我们的同仁，他们本着对统计学科的热情和提高统计教育水平的愿望，帮助我们不断改进这套教材。感谢参与教材编写的同行专家、统计学院的教师。愿大家的辛勤劳动能够结出丰硕的果实。我们期待着与统计学界的同仁共同创造统计学科辉煌的明天。

王晓军
中国人民大学统计学院

# 前言

习近平总书记多次强调调查研究的重要性，他明确指出："调查研究是我们党的传家宝，是做好各项工作的基本功。"了解并掌握这个传家宝，实践这个基本功，能使我们更好地将理论转化为实践，解决发展难题。

本书旨在引领读者掌握市场调查的基本原理和专业技术，并在实际工作中灵活运用，以解决现实问题。市场调查，作为一门高度实践的学科，要求学生不仅能理解理论，还需要通过专门的训练将方法应用于实际。如何将市场调查的基本方法与企业经营管理的实际需求相结合，一直是市场调查课程的核心内容。

编写本书的过程中，我们参考了大量文献，并结合自身的教学、科研以及调查项目实践经验，进行了全新的尝试。特别注重市场调查基本方法与实际应用方式的融合，强调市场调查理论与调查实务的紧密结合，同时关注调查技术与计算机技术的相互渗透。多年来本书市场销量增长，这是广大读者对我们这些创新尝试的一种鼓励。

为了更好地服务广大读者，提供更高质量的教材，我们对本书进行了全面修订，主要内容及特色体现如下：

第1章：重新梳理了市场调查的功能、时机和应用领域，旨在帮助读者更深入地理解市场调查的重要性，并提升其在选题时的判断力。

第2章：将前一版的第3章“调查方案设计”与第2章“市场调查过程”进行了合并，增加了调查问题的识别和定义部分。这一改动以营销管理决策问题为导向，既强调了调查流程的规范性，又加强了与实际调查实践的联系。

第3章：在定量调查方法部分，我们及时更新了问卷调查方法的内容，包括网络调查、计算机辅助面访调查和自填式调查。此外，还新增了观察法和实验法，以丰富调查方法的多样性。

新增了第4章“定性调查方法”、第9章“定性调查的执行”以及第12章“定性调查资料的整理和分析”，按照设计、执行、整理和分析的流程全面深入地介绍市场调查中的定性调查方法。

第7章：在网络技术日益普及的背景下，我们增加了网络抽样方法的内容，使抽样设计更贴合时代发展。

第10章：考虑到软件发展的快速迭代，我们删减了SPSS操作指南部分，以保持内容的时效性。

第13章：新增了调查报告的撰写和展示章节，为读者提供撰写和展示调查报告的专业指导。

本书采用二维码技术，为读者提供了大量的延展阅读案例，读者可以通过扫描二维码直接链接到相关内容，提高了阅读的便捷性和互动性。

为了方便教学，本书精心更新了配套的PPT课件。每一章的开篇都明确了学习目标，结尾则提供了简洁的小结，有助于教师和学生快速把握核心内容。同时，各章均配备了思考题，旨在通过实践练习，帮助学生深化理解并提升应用能力。

本书由蒋妍、王维敏、简明和金勇进四位专家共同编著。其中，蒋妍负责编写第5、6、10、11章，并承担全书的最终统稿和部分内容的更新工作；王维敏编写了第1、2、4、9、12、13章；金勇进编写了第7、8章；简明编写了第3章。

感谢教育部重点研究基地“应用统计科学研究中心”的支持，同时，也要感谢中国人民大学出版社的王伟娟编辑在出版过程中给予的悉心指导和帮助。

尽管我们倾注了全力，力求呈现给读者一本满意的教材，但难免会有疏漏之处。我们诚挚欢迎读者和同行提出宝贵意见，共同推动本书的进一步完善。

蒋　妍

# 目 录

第 1 章 市场调查总论 ………… 001
1.1 什么是市场调查 ………………… 001
1.2 市场调查的功能和时机 ………… 002
1.3 市场调查在营销管理中的应用领域 ………………………… 003
1.4 市场调查行业的发展 ………… 006
1.5 市场调查中的伦理准则 ………… 007
小 结 ……………………………… 009
思考题 ……………………………… 009

第 2 章 市场调查全流程 ……… 010
2.1 识别和定义问题 ………………… 011
2.2 确定研究类型 …………………… 012
2.3 选择调查方法 …………………… 013
2.4 设计调查方案 …………………… 017
2.5 调查数据的采集、分析与报告 …… 018
小 结 ……………………………… 020
思考题 ……………………………… 020

第 3 章 定量调查方法 ………… 021
3.1 面对面访问调查 ………………… 022
3.2 电话访问调查 …………………… 024
3.3 网络调查 ………………………… 026
3.4 问卷调查方法的比较和选择 …… 028
3.5 观察法 …………………………… 029
3.6 实验法 …………………………… 030
小 结 ……………………………… 032
思考题 ……………………………… 032

第 4 章 定性调查方法 ………… 033
4.1 焦点小组座谈会 ………………… 034
4.2 深度访谈 ………………………… 036
4.3 民族志 …………………………… 038
4.4 共创工作坊 ……………………… 039
4.5 其他辅助型定性调查方法 ……… 039
小 结 ……………………………… 041
思考题 ……………………………… 041

第5章 调查问卷的设计 ········ 043
5.1 概 述 ········ 044
5.2 问卷设计流程和常见问题 ········ 046
5.3 行为问题设计技巧 ········ 056
5.4 态度问题设计技巧 ········ 060
5.5 自填式问卷设计技巧 ········ 066
小 结 ········ 071
思考题 ········ 071

第6章 调查问卷的测试与评估 ········ 072
6.1 前测法 ········ 073
6.2 预调查 ········ 076
6.3 信度与效度分析 ········ 079
小 结 ········ 083
思考题 ········ 084

第7章 抽样设计 ········ 085
7.1 抽样调查的特点 ········ 085
7.2 抽样设计的流程和内容 ········ 086
7.3 概率抽样方法 ········ 089
7.4 非概率抽样方法 ········ 094
7.5 抽样中的误差问题 ········ 096
7.6 样本量的确定 ········ 100
7.7 网络调查 ········ 104
小 结 ········ 105
思考题 ········ 106

第8章 定量调查的实施 ········ 107
8.1 调查前的准备 ········ 107
8.2 调查员的培训 ········ 110
8.3 现场调查的质量控制 ········ 115
小 结 ········ 119
思考题 ········ 120

第9章 定性调查的执行 ········ 121
9.1 受访者的招募与甄别 ········ 121
9.2 讨论大纲的设计 ········ 123
9.3 访谈主持 ········ 125
9.4 定性投射技巧和方法 ········ 128
小 结 ········ 134
思考题 ········ 134

第10章 定量调查资料的整理 ········ 135
10.1 调查资料整理概述 ········ 135
10.2 调查问卷的回收及审核 ········ 137
10.3 调查资料的编码 ········ 141
10.4 调查数据的清洁和预处理 ········ 149
小 结 ········ 157
思考题 ········ 157

第11章 定量调查资料的分析 ········ 159
11.1 单变量的描述统计分析 ········ 160
11.2 变量间的相关分析 ········ 165
11.3 有监督的统计建模分析 ········ 168
11.4 无监督的统计分析——聚类分析和因子分析 ········ 172
小 结 ········ 177
思考题 ········ 178

第12章 定性调查资料的整理和分析 ········ 179
12.1 设计和执行阶段的前置分析 ········ 180
12.2 执行结束后的资料整理 ········ 182
12.3 进一步的数据融合 ········ 183
12.4 扎根理论和定性分析要点 ········ 183

小　结 ………………………………………… 188
思考题 ………………………………………… 189

第 13 章　调查报告的撰写和展示 ……………… 191
13.1　调查报告撰写的原则 …………… 191
13.2　调查报告的组成要素 …………… 192
13.3　调查报告的表述规则 …………… 193
13.4　调查报告的格式设计 …………… 200
13.5　调查结果的现场汇报 …………… 201
小　结 ………………………………………… 202
思考题 ………………………………………… 203

参考文献 ………………………………………… 204

# 第1章 市场调查总论

## 学习目标

1. 理解市场调查的定义及其与市场营销的关系
2. 了解市场调查的作用和时机
3. 明晰市场调查的主要应用领域
4. 了解市场调查行业的发展阶段
5. 认清市场调查的道德问题

## 1.1 什么是市场调查

市场营销（marketing）是企业的基本职能，包括为消费者、合作伙伴和整个社会创造、沟通、传递并交换有价值的产品或服务的一系列活动和过程（本质上服务体验是另一种产品形式，因此下文会以“产品”来泛指“产品和服务”）。其本质是通过识别和满足市场需求，来更好地促动买卖双方的“交易”，即产品与货币进行的交换。

作为实用型学科，市场营销的主体内容是动态发展的，究其根本是市场在不断变化；同时市场营销涉及的内容非常庞杂，模型众多。为了对作为市场调查存在基础的市场营销有初步和清晰的理解，此处从宏观到微观对市场营销框架做出概括性介绍（见图1-1）。

第一层是战略基本盘。需要思考自身公司的优势和劣势，能够提供的价值；同时考虑经营环境和趋势走向，对未来公司发展进行判断；另外，每个行业都涉及供应链、合作方及竞争者，也需要对这些利益相关方进行了解和判断。这一层最为宏观，也是市场营销体系中的基础和需要持续全盘考量的方面。

中间层是对市场和顾客的深入理解。没有一种产品能够售卖给所有人，只有对产品所面对的消费者进行了解，确认目标受众和品牌/产品定位，才能更有效地进行营销。

在前两层的基础上，就可以进行第三层具体营销元素的落地和组合了。简言之，这一

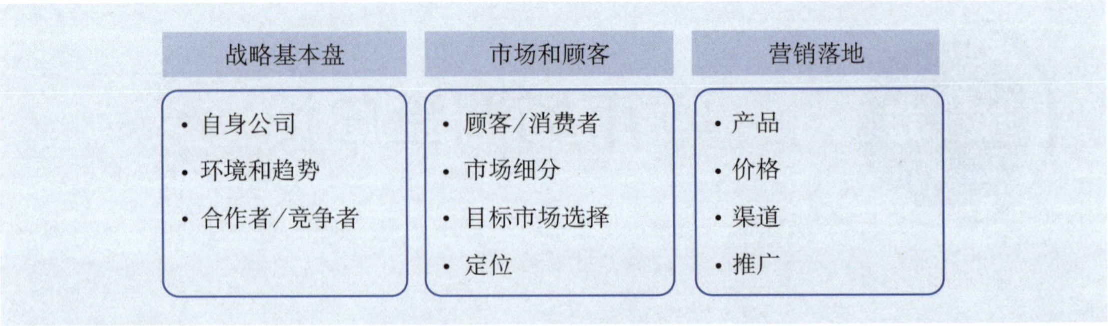


**图 1-1　市场营销框架**

层要实现的就是做什么样的产品，通过什么样的推广宣传，在什么渠道、以什么价格卖出去。

在这一过程当中，无论是判断当前营销活动和组合是否有效、是否要进行调整，还是探索新的市场机会，企业均需借助市场调查获取制定决策所需要的相关、准确、可靠、有效和及时的信息。无论是问题识别还是机会发现，市场调查均是营销管理中的利器。企业可通过调查中获取的信息来识别和确定营销机会及问题，创造和评估营销活动，改进营销过程。

总结来说，本书中所介绍的市场调查（market research），以营销调查（marketing research）为核心，是指对营销决策相关数据进行计划、收集和分析，并将分析结果与企业营销者进行沟通的过程。市场调查的外延范围比营销调查略大。营销调查更多是以公司为主体进行问题和机会识别，而市场调查范围更广，比如商业趋势、人口变化甚至政策和金融领域的相关研究，均可作为市场调查的视角和主体。尽管如此，二者的重叠部分实际上非常多，或者说营销调查占据了市场调查中绝大部分的比重，因此本书中所介绍的市场调查均以营销调查内容为主。

同时，在学习了本书所介绍的市场调查后，相关理论和方法可以应用于各类社会调查。市场调查和社会调查最主要的区别在于所调查问题的本质和背景，但具体调查设计和应用的理论与方法是通用的。

## 1.2　市场调查的功能和时机

市场调查的功能可以概括为以下三种：

（1）描述（descriptive function）。包括收集并呈现对事实的陈述。例如了解消费者对某品牌护肤产品的基本行为和态度：通过什么渠道购买这种产品？选择该品牌和产品时考虑的因素有哪些？具体的使用频率如何？每次与哪些产品搭配使用？消费者如何判断该产品的使用效果？

（2）诊断（diagnostic function）。通常用来解释数据和活动表现。仍然以上述护肤产品为例，通过描述获取对基本事实的理解后，进一步分析该品牌的市场健康度：品牌认知和使用程度处于怎样的竞争格局？梯队表现如何？是否符合品牌对自身的定位？

（3）预测（predictive function）。是指对未来可能出现的机会进行识别和预判。例如，在该护肤品牌持续追踪的市场调查过程中，发现年轻消费人群对成分的重视程度明显提升，且这一重视程度显著高于其他消费群体。品牌敏感地捕捉到这一可能的机会，迅速调整品牌沟通的方向，突出该品牌下某一系列产品如何在成分上与竞品有明显的差异，打造“成分党”“黑科技护肤”的典型形象，获取年轻消费人群的青睐。

由于市场调查对于企业掌握充分的市场信息、做出正确的经营决策作用重大，因此商业市场的成熟发展，尤其是从卖方市场转向买方市场后，对市场调查的需求进一步提升。原则上说，在企业发展的任何阶段，市场调查都可以利用其发现机会、解决问题的角色来提供有价值的帮助；但相对于实验法和观察法来说，以收集第一手信息为主体的市场调查方法成本较高，因此在合适的时机进行市场调查对企业来说是投资回报比更高的选择。

下面就以产品不同的生命周期阶段为视角来介绍市场调查的应用时机。

（1）引入期——产品推出前。企业只有充分了解市场趋势和现状、目标消费者需求和未满足需求的高低程度等信息，才能更好地设计消费者想要的产品，以对目标消费者有效的渠道和内容进行沟通。

（2）成长期——新品上市后。上市后的新品表现可能是快速发展，也可能是市场开拓不力。前一种情况需要调研消费者对新品的具体使用行为和态度，针对产品体验等细节进行优化和小步迭代。后者则需要通过调研找到新品推出市场后所面临的障碍，并逐一寻求可能的解决办法。

（3）成熟期——品牌和产品充分发展与竞争。尽管不同经济环境、不同行业中产品的生命周期模式存在一定的差异，但几乎所有产品均会经历或长或短的成熟期。这一时期需要密切关注主要竞争对手的活动效果和市场的变化趋势，追踪自身产品的市场表现和品牌健康度，明确品牌定位和对应的产品主张，打磨更精准的品牌沟通内容。

（4）成熟后期——重塑品牌/挖掘新产品机会。当产品不可避免地走入成熟后期，面对未来可能的衰退期风险时，一方面要做好既有产品的日常工作，另一方面要通过调研挖掘市场存在的可能机会点，回到产品推出前进行新品研发，形成配合产品周期的市场调查闭环。

## 1.3 市场调查在营销管理中的应用领域

市场调查在产品的不同生命周期阶段，均可以通过描述、诊断和预测的功能，辅助企业营销人员识别机会和解决问题。具体来说，市场调查在营销管理中的应用可以概括为下面四大领域。这些领域不是孤立的，彼此之间有密切的交叉和关联，形成了营销管理中的市场调查体系。

### 1. 环境和趋势

宏观的经济和政策环境是影响企业发展的重要因素，中观的行业竞争态势则是企业确立自身品牌和产品策略的重要考量。而与自身所处行业、所生产的产品、所面对的核心消费群体相关的趋势，更是众多有长远规划的企业所重视的，虽然这类研究并不提供具体细节的针对产品或品牌的数据，但可以提供框架和方向，令企业后续决策不走偏、不失真。

### 2. 消费者

这里的“消费者”是泛指型概念，这个领域基于对“人”的研究，在产生购买行为时消费者等同于购买者，当已经选择了某个产品开始使用时消费者就是用户。消费者研究是市场调查中最基础的版块，而且与其他几个版块的研究密不可分，内容比较广泛，可以包括消费者认知、动机、选择、决策、购买、使用等行为和态度方面的研究，并可进一步概括为基本特征、消费者行为、消费者需求三大部分的内容。

（1）消费者基本特征了解。作为“人”的基本面，既包括年龄、性别、所处城市、受教育程度、职业、婚姻和家庭状况、个人收入、家庭收入等众多人口属性变量，也包括价值观、消费观、生活方式、生活态度、对自身与社会关系的看法等态度类变量。

（2）消费者行为研究。消费者行为是一个整体的过程，不能只聚焦于实际获取或者购买产品的阶段，既应了解消费者在获取产品之前的相关行为，也应重视其在产品获取后对产品的使用、处置等活动。

（3）消费者需求研究。有需求才会有消费。从需求到消费购买之间的链条上，潜在需求激活为主动需求，进一步衍发生成购买动机；实际购买的过程中对产品的选择标准、实际使用过程中对品牌和产品的评价、对产品推荐与否以及是否重复购买或流失等的具体诉求因素，这些偏软性、更多来自消费者心理上的诉求均是在对消费者的需求进行研究。

### 3. 品牌

品牌是消费者对企业产品或系列的一种认知，在消费者心目中品牌是产品的标志，而且承载了更加综合的意义。从商家角度，品牌是溢价，是无形资产；从消费者的角度，品牌是视觉符号，甚至是信任、归属等情感连接。因此在品牌这一领域的市场调查可以涵盖以下内容。

（1）关于品牌基础建设的研究。企业对于自身的品牌需要搭建包括品牌使命、价值主张、品牌定位、各种品牌元素（如LOGO、Slogan）等品牌的“基础设施”。其中品牌使命和价值主张是企业自发的，而品牌定位是将企业的价值主张“转译”，与消费者的利益诉求相结合生成的，品牌元素表达更是需要通过市场调查明确消费者的具体选择、用怎样的消费者语言来表达才能获取最大程度的理解和认同。

（2）关于品牌传播沟通的研究。如果企业已经做好了品牌基础建设，那接下来的步骤即为将品牌传播出去，例如面向哪部分消费群体，选择哪些渠道，通过何种方式，传达怎样的核心信息等内容。相对应地，市场调查可以回答目标消费群体的传播覆盖情况、所选择的传播渠道比较、具体的传播活动所达成的效果、核心信息的表达力度以及最终对品牌的传播和塑造效果。

### 4. 产品

产品是在交易中与货币进行交换的具体介质，更是消费者需求的载体。因此企业对于已经上市的产品，需要通过市场调查熟知消费者对产品的使用场景、使用行为，以及对产品功能和体验的具体评价；对于研发或概念当中的产品，更是需要通过市场调查了解消费者需求，并组织企业内部以及相关行业专家对消费者需求结论进行消化吸收、讨论和创造，用以指导甚至生成新产品的概念雏形和具体设计。

市场调查在营销管理上的四大应用领域，可以与具体的产品生命周期阶段对应来看，寻求具体合适的市场调查时机和内容，详见表 1 - 1。

**表 1 - 1　市场调查在营销管理中的应用领域**

<table>
<tr><th colspan="2" rowspan="2"></th><th>引入期</th><th>成长期</th><th>成熟期</th><th>成熟后期</th></tr>
<tr><th>产品推出前</th><th>新品上市后</th><th>产品充分发展和竞争</th><th>重塑品牌/挖掘新产品机会</th></tr>
<tr><td rowspan="2">环境和趋势</td><td>市场规模/格局监测</td><td></td><td></td><td>实时追踪主要竞争对手活动效果和市场变化趋势</td><td></td></tr>
<tr><td>趋势/潜力/机会研究</td><td colspan="2">把握市场脉搏，挖掘市场洞察</td><td></td><td>了解趋势，挖掘市场洞察</td></tr>
<tr><td rowspan="3">消费者</td><td>用户行为与态度研究</td><td rowspan="3">寻求空白的用户需求点</td><td rowspan="3">理解用户需求，尤其隐性、难以测量的态度</td><td rowspan="3">帮助实现精准营销，寻找高质量用户，提高留存比例</td><td rowspan="3">寻求空白的用户需求点；理解用户需求，尤其隐性、难以测量的态度</td></tr>
<tr><td>人群细分研究</td></tr>
<tr><td>需求群研究</td></tr>
<tr><td rowspan="3">品牌</td><td>品牌定位研究</td><td colspan="2">基于用户需求确定品牌定位方向</td><td>细化打磨品牌定位沟通点</td><td rowspan="2">重塑品牌形象和沟通策略</td></tr>
<tr><td>品牌沟通策略构建</td><td>沟通概念测试</td><td>沟通创意测试</td><td>沟通传播效果监测</td></tr>
<tr><td>品牌健康度追踪</td><td></td><td></td><td>监测品牌健康度</td><td></td></tr>
<tr><td rowspan="3">产品</td><td>功能测试/满意度研究</td><td></td><td rowspan="3">优化产品体验；定价研究</td><td rowspan="3">产品迭代，追踪产品自身表现</td><td></td></tr>
<tr><td>价格测试</td><td></td><td></td></tr>
<tr><td>概念发展与测试</td><td>产品概念测试</td><td>新产品概念测试</td></tr>
</table>

## 1.4 市场调查行业的发展

市场调查是伴随着近代商业生产而出现的，经济发展是市场调查产生和发展的基础。随着信息技术的快速发展迭代，市场环境日益复杂，市场调查行业也随之发展和变化。

### 1. 初始阶段：20 世纪前

工业革命使西方的经济得到了极大的发展，市场规模也随之扩大。有正式记载的为营销决策而开展的第一次市场调查是在 1879 年，美国的广告代理商艾尔对美国的州和地方官员进行调查，了解他们对谷物产量的期望等内容，调查目的在于为农业设备制造商确定广告的时间安排。

与之同阶段，有关投票选举、实验和心理问题研究等领域，开始逐渐引入调查的相关方法，并有相关学术研究者介入。这些都对市场调查的发展起到助推作用。

### 2. 成长阶段：1900—1950 年

进入 20 世纪后，激增的消费者需求和大规模生产的发展带来了更大的市场规模，生产与消费必须相互配合，产品必须符合顾客的要求。为此，商家只有了解消费者的需求、爱好、购买能力和购买习惯等，才能生产和销售适销对路的产品。同时，经济的快速发展加剧了厂家之间的竞争。厂家迫切需要了解市场行情的变化和竞争对手的情况，了解市场需求，挖掘市场潜力，降低生产成本。这些都需要科学的市场调查。

为了适应这一需求，柯蒂斯出版公司（Curtis Publishing Company）在 1911 年成立了首家市场调查机构。该机构的调查主要针对汽车行业，因为汽车制造商认定那些有钱并且愿意购买汽车的人已经都拥有汽车了。因此，汽车制造商试图不断寻求新的消费者群以便对其进行促销。几年以后，斯塔奇创立了广告反应的认知测度，达尼尔·斯特朗提出了回忆测度和营销量表。

随后其他公司也先后设立了类似的市场调查机构。20 世纪 30 年代是市场调查发展的重要时期，美国市场营销协会宣告成立，并出版了《市场调研技术》等成果，为市场调查这门学科的形成和发展奠定了重要的基础。20 世纪 40 年代，小组访谈在默顿的领导下发展起来。到 40 年代末，随机抽样的重要性得到广泛的认识，在抽样方法和调查过程等方面取得了很大的进步。

### 3. 成熟阶段：1950—2000 年

第二次世界大战后，随着经济复苏以及因为战争被抑制的需求的爆发，卖方市场向买方市场转变，商家要求获取更好的市场情报，市场调查行业得到了迅速发展。生产者不再能够轻易卖出他们生产的产品。生产设备、广告和存货成本的上涨以及其他一些因素使得价格战失败的可能性比以往大大增加。这时，重要的是通过市场调查发现需求，然后精心生产产品满足这些需求。

20 世纪 50 年代中期，相关学者主要依据容易区分的顾客人口统计特征提出了市场细分概念。同一时期，人们开始进行动机研究，重点分析消费者行为的原因。市场细分、动机分析与先进的调查技术结合，出现了个人心理变化和利益细分等重要创新。准确地说，市场调查这一学科真正形成于 20 世纪 50 年代。

20 世纪 60 年代，人们先后提出了许多描述性和预测性的数学模型，如随机模型、马尔科夫模型和线性学习模型。进入 70 年代，随着科学技术的进步和发展，新的观念、技术、方法不断应用于市场调查，特别是电脑的出现及其在市场调查中的运用，使市场调查可以凭借信息网络系统来进行，同时大大提高了调查人员快速分析、存储、检索大量信息的能力。

我国的第一家专业市场调查公司——广州市场研究公司，1984 年在广州成立。1998 年 9 月，设立在中国信息协会之下的市场调查分会筹备委员会成立，标志着我国市场调查行业正式进入起步阶段。

#### 4. 互联网、大数据时期：2000 年至今

互联网给全世界带来了深远的改变。智能手机、移动网络的普及和发展，对市场调查的实施和分析，以及调查对象的习惯和行为都产生了很大的影响。同时，互联网的发展也极大地增强了调查过程和信息传播的管理，比如互联网作为信息来源替代了图书和印刷材料，数据发布形式和观众互动形式都因技术发展而更加便捷和高效等。

而最近十余年来，市场调查中最热门的讨论领域之一是大数据。信息数据大爆炸，在为企业带来数据赋能可能性的同时，也令企业在掌握市场信息方面面临新挑战。大数据的数量巨大、精准有效性更高、获取数据的单位成本更低，利用大数据进行市场份额和消费趋势分析、消费者行为模式探索、市场预测等，具有传统市场调查无法比拟的优势。而传统的市场调查在保留原本优势的基础上，与大数据相互结合、互为补充，将成为营销管理更加有力的工具。

## 1.5 市场调查中的伦理准则

对于特定的职业或群体，伦理通常会规定一系列的行为准则，以指导成员在特定情况下应该如何行动。在商业社会中，有一些行为尽管合法，但被认为是错误的，对此商业团体或专业机构通常会制定合乎伦理的行为准则。

调查人员、调查委托方（通常称为客户）和调查对象（通常称为受访者）是市场调查中与伦理相关的三大主要利益方。

#### 1.　与调查人员和调查委托方相关的伦理准则

（1）双方须维护调查的真实性。市场调查信息经常用于做出营销的重大决策，若从调

查委托方的长远利益着眼，调查人员应提供真实的调查结果，以便调查委托方做出科学的决策。但如果调查人员知道调查委托方的意图或希望在今后获得进一步的委托服务，去更改调查结果而使之更加符合委托方的期望，就会造成调查结果价值的损失甚至为调查委托方带来危害。同样地，如果调查委托方出于竞争或者个人的相关利益等目的，故意为调查人员提供误导性背景信息或隐瞒真实信息，以及通过施压等方式令调查人员无法真实、客观、全面地展示调查结果，都是有违维护调查真实性准则的行为。

（2）双方均不应故意提供误导性调查结果。即便保证了上一点的真实性，只是故意略去某些关键背景资料，或对调查结果进行故意加工和误导性解读，也可能令调查结果偏向于有利于某个利益方，而不是真实客观地展现出来，这样的行为都必须禁止。比如在一个饮料相关的调查中，作为调查委托方的品牌A向公众发布调查结果，声称“被抽样调查的同品类消费者中有60％的人认为A品牌与B品牌一样好，甚至超过B品牌”。但实际上真实的调查结果是，仅有32％的受访者更喜欢品牌A，认为两个差不多、一样好的比例是28％，而更喜欢品牌B的比例高达40％。在品牌A对调查结果的发布中，将更喜欢品牌A和认为两者差不多的比例汇总解读，通过60％这一数字误导公众认为A品牌相对于B品牌更有优势。

（3）调查人员须维护调查的保密性。实质上大部分市场调查工作都是保密和调查委托方专用的。当调查人员进行研究时便建立了一个信息库，调查人员不能把一个项目的数据用于其他相关的项目中，更不能在双方契约约定期间向任何第三方透露和公开相关数据。

### 2. 与调查对象相关的伦理准则

对待调查对象的伦理准则是一项市场调查能否开展、是否具备价值的基础。

（1）自愿参与。这一点是市场调查伦理准则的基石，即任何人都不应该强迫或欺骗别人参与调查。市场调查经常需要通过调查人员登门拜访、邀请调查对象到指定地点开展调查，或者通过邮寄问卷、发送问卷链接等方式，请调查对象费时费力进行配合。调查人员应该取得个人或组织的同意，而同意又应基于对该次调查有清晰了解，包括调查将如何收集数据以及如何使用这些数据，确保调查的性质不以任何形式被歪曲。

（2）对参与的调查对象无害。调查人员有责任确保调查对象在调查实施过程中得到充分尊重，不会受到身体健康或情感上的伤害。识别和避免对调查对象造成物理性、身体方面的伤害相对容易。比如，某次调查涉及产品口味测试，调查委托方和调查人员应采取措施确保食品安全，或提供相应的食用说明、过敏成分声明等。但是认识到调查实施中哪些因素可能对调查对象造成情感伤害就没有那么容易了。比如，调查的形式、在不合适或不方便的时间进行调查、询问敏感的话题都可能引起调查对象超出正常范围的焦虑和压力感。调查人员须敏感识别这些可能造成情感伤害的内容并提前准备保护性应对方案。

（3）保护调查对象的隐私。在调查实施过程中，尤其是一对一的访问形式下，调查人员能够识别特定调查对象的应答，但应承诺不予公开。很多情形下，调查人员需要保留可识别调查对象的具体数据，才能与他们再度联络，以核实已完成的访问，进行质量审核，或者取得原先访问中遗漏的部分应答。但调查人员一定要将包含调查对象身份识别信息的资料完备保存，在提交给调查委托方或向公众公布时不能出现任何调查对象的个人信息。

（4）不对调查对象进行任何形式的欺骗。为了能使调查对象参与调研而编造一些内容，或者向调查对象隐瞒调查人员自身的身份、隐瞒或编造调查的主题内容和形式等，均为严重违背市场调查伦理的欺骗行为。比如担心调查对象因访谈时长过长而拒绝，就将 45 分钟访谈描述成 15 分钟；又或者以发放促销产品为名敲开调查对象的家门转而进行问卷调查；等等。

## 小结

本章主要介绍了市场调查的概念、功能和时机、应用领域，以及市场调查行业的发展历史阶段、现状和伦理准则。市场调查以营销调查为核心，但其中的方法论和执行方法普适于社会调查等其他调查领域。从功能上看，市场调查可以做描述性收集和陈述、对数据表现进行诊断以及对未来趋势进行识别和预测；而在企业所提供的产品/服务的不同生命周期阶段均有相应的应用时机。营销管理中的市场调查体系包括环境和趋势、消费者、品牌、产品几大应用领域。

市场调查行业伴随着近代商业生产而出现，经历了一个多世纪的发展，从初始阶段经过成长和成熟阶段，发展到最近 20 年的互联网和大数据阶段。市场调查行业的伦理问题涉及调查人员、调查委托方及调查对象三个利益相关方，其中最重要的是对待调查对象的伦理准则。

## 思考题

1. 什么是市场调查？

2. 市场调查的功能可以概括为哪几种？

3. 市场调查在营销管理中可以概括为哪些应用领域？

4. 有哪些与调查人员/调查委托方相关的市场调查伦理？有哪些与调查对象相关的市场调查伦理？

5. 寻找一个市场调查的实际案例，简述该调查的目的。结合本章 1.2 节和 1.3 节的主要内容，分析该市场调查研究问题所属的领域以及相应产品/服务的生命周期阶段，评价该市场调查的价值。

6. 请通过查找资料、相互讨论和思考，对市场调查的下一发展阶段的特点进行预测。

# 第 2 章 市场调查全流程

## 学习目标

1. 理解如何识别和定义调查问题
2. 掌握市场调查的研究类型
3. 掌握调查方法的分类，以及不同类型的研究内容与调查方法的适配性
4. 了解设计调查方案需要涵盖的内容
5. 了解市场调查的一般流程

市场调查整体流程包括若干个既相互独立又相互关联的工作阶段。如图 2-1 所示，按照不同的工作内容，市场调查全流程大致可划分为七个阶段，其中前三个阶段的内容将在本章的前三小节加以介绍；后四个阶段的内容则在本章进行概括性介绍，并在后续章节中进行详述。

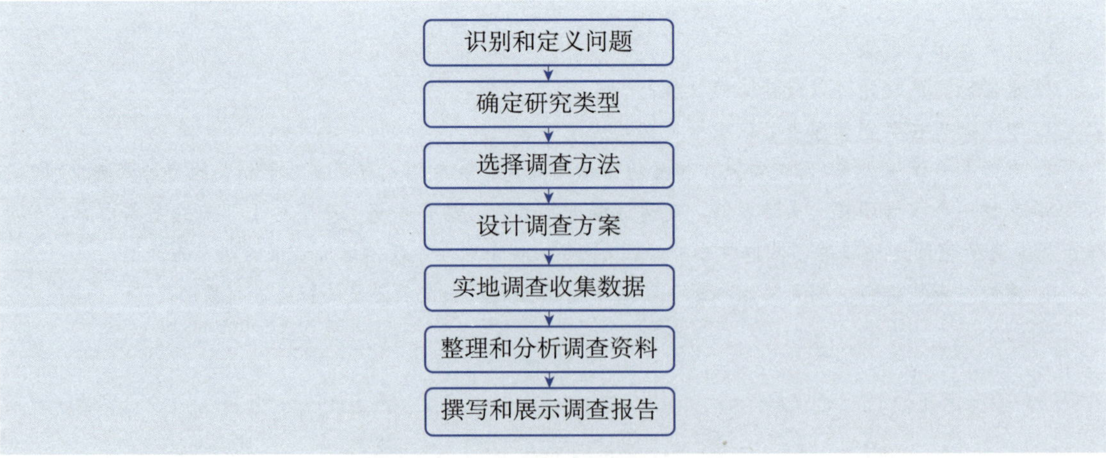


**图 2-1　市场调查全流程的七个阶段**

## 2.1 识别和定义问题

识别和定义要解决的问题是市场调查设计全过程的起点，也是最重要的一步。后续的一切调查均以此为基础，它直接影响调查的质量甚至存在的意义。具体包括识别营销管理决策问题和定义调查问题两个层面，二者虽不相同，但密切相关。

营销管理决策问题是指企业在营销管理过程中所面临的问题，主要回答决策者需要做什么，关心的是决策者所要采取的行动，因此营销管理决策问题是以行动为中心的。例如，某房地产经纪品牌面对用户评价其品牌形象模糊甚至过时的情况，提出的问题是“是否要进行品牌形象更新？如何更新？”

当企业的营销决策部门提出商业问题，并希望通过市场调查给出对此问题解决方案的参考，就说明企业对所提出问题的相关信息存在缺失——如果企业的决策制定者对问题的方方面面均有充分了解，不存在任何信息障碍或问题，那将不会需要用到市场调查。

一旦识别了真正的营销管理决策问题，就必须将其转化为市场调查问题。市场调查问题是以信息为中心的，而营销管理决策问题是行动导向的，范围更广也更笼统。有时甚至需要开展几项多阶段的市场调查才能解决一个宽泛的营销管理决策问题。

因此必须对相应的营销管理决策问题进行市场调查问题的严密定义，使其具体化。在这一过程中有两类常见的错误。第一类是调查问题定义得过于宽泛，而过于宽泛的定义无法为市场调查项目后续步骤提供清晰的指导。比如“改善企业形象”“提高公司的竞争力”“为品牌制定营销战略”等问题就不够具体，也就无法针对这些问题设计研究内容和调查方法。第二类错误恰恰相反，即调查问题定义得过于狭窄，定义过窄会损失市场调查解决问题的效率，也可能将一些创新方法在初期就扼杀掉。比如以“具体降价的幅度应该是多少”作为调查问题，对“如何应对竞争者率先降价”这样的决策问题就属于定义过窄。

仍然以前述房地产经纪品牌为例，对于“是否要进行品牌形象更新？如何更新？”这一营销管理决策问题，市场调查需要回答以下问题：

（1）目前的品牌用户和潜在用户是谁？他们的主要特征是什么？

（2）能否区分不同类型的用户群体？能否进行有效的市场细分？

（3）品牌在用户心目中的形象是怎样的？用户对品牌形象的评价（如果确认是模糊甚至过时），对相关房地产经纪服务的选择有怎样的影响？

（4）不同类型的用户群体对品牌形象的评价以及对房地产经纪服务的选择是否存在差异？

（5）对于品牌选定的重点用户群体，怎样的品牌形象对他们更有吸引力，以致影响他们对于房地产经纪服务的选择？

对于学术性研究需要注意的是，出于严谨性的考虑，在识别和定义问题时需要进行文献回顾。文献回顾是指在开展研究之前，梳理和分析已有研究的现状，发现有待进一步研究之处，从而确定研究出发点。文献回顾可以为当前的研究提供背景信息；可以通过与既往研究的内容对比和关系承接，确定当前研究的唯一性或独创性；还可以为调查问题厘清思路，启发调查者形成研究假设。

（1）收集与研究主题相关的研究文献，通常收集范围要大于当前研究主题的范围，这一工作称为文献检索。

（2）阅读并分析这些文献，找到这些资料与当前研究主题的关系，这一工作称为文献阅读。

（3）在最终的研究报告中以独立的章节内容综合介绍他人的研究情况，证明当前研究主题的研究价值——独一性、理论价值、合理性，这一工作称为文献综述。

文献回顾不仅可以保证学术性研究始终站在研究领域的最前沿，对商业调查来说也非常重要。

从调查方法和变量设置的角度来说，通过对相关研究领域案例的回顾，可以找到大量可以借鉴的有效方法。比如某家商业公司希望评估自家公司所投放广告的效果，无须研究人员从头为其设计具体的调查方法和衡量广告效果的指标，因为过往研究中已经形成了大量被证明有效的调查方法，而对于广告效果指标的参考借鉴，则会令该次调查结果有可参照的评估和比较标准。

此外，在研究内容，尤其是对于形成初期研究假设来说，文献回顾也对商业研究大有裨益。比如某家房地产中介公司希望对其租户进行媒介触达渠道的研究，从而对未来的媒介渠道投入进行调整。租户偏年轻，调查人员通过大量针对年轻人的过往研究回顾，初步收集媒介渠道列表，对其重要性以及侧重方面进行初步假设，可令该次调查的针对性更强。

## 2.2 确定研究类型

全面准确地定义市场调查的问题后，就需要明确围绕这些问题进行的调查属于哪种类型。根据调查问题的性质不同，可以将研究分为三种类型：探索性研究、描述性研究、解释性研究。

### 2.2.1 探索性研究

顾名思义，探索性研究（exploratory research）是通过对一个问题或一些情况的探索和研究，达到对问题的进一步了解和理解，由此产生想法和思路。探索性研究对于识别问题、澄清问题本质或问题所包含的内容非常有用，也可以用于发展适用于更深入调研的建议和假设。当我们对所要研究的问题把握不准的时候，当我们对问题理解不够而难以准确定义问题的时候，或者在大规模的正式调查之前，为了将研究问题更准确地定义，为问卷设计提供更好的思路和更丰富的材料，都可以考虑首先进行探索性研究。

探索性研究具有试验的性质，其特征是小样本，采用的方法是灵活的、非结构化的。探索性研究的缺点是不能提供明确或者总结性的答案。这主要是与样本和代表性有关。因此多数情况下，探索性研究会与下面讲述的描述性研究、解释性研究的一种或两种相结合。有时探索性研究也被应用于整个市场调查的过程，这种情况下，应当对调查所取得的结果持审慎利用的态度。

### 2.2.2　描述性研究

描述性研究（descriptive research）的目的是描述研究对象的特征或功能，从而回答谁（who）、什么（what）、何时（when）、何地（where）、如何做（how）、多少（how many）等的问题。例如，估计具有某种行为的人群在总体中所占的比例，不同类型家庭在购买某种耐用消费品时所考虑的重要因素排序等。

描述性研究通常以大样本为基础，有事先提出的具体假设，所需的信息有很清楚的定义，研究者在调查前对所研究的问题也有相当多的定性了解。

### 2.2.3　解释性研究

解释性研究（explanatory research）也称为因果关系研究。描述性研究刻画了诸如一个市场、一群用户、一种产品的使用者、一系列行为和态度等的整体情况。但是很多情况下，为了做出有效的营销决策，需要了解描述性研究所呈现的数据模式为什么会存在，换句话说，需要一个解释。例如，通过描述性研究清晰看到，有的用户偏爱品牌 A，但另一些用户偏爱品牌 B，这时就需要解释性研究来表明为什么有些用户偏爱品牌 A，另一些用户偏爱品牌 B 又是出于怎样的原因。

解释性研究的目的是获取有关研究问题中原因与结果之间的相互关系，进而分析因果关系存在的原因，寻找解决问题的途径。它与描述性研究一样，也需要对研究问题有明确的定义，有提出的假设，并通过调查结果验证假设的有效性。但描述性研究并不能确定因果关系，要考虑因果关系就需要将其他可能影响结果的变量控制起来，以便更好地测定自变量对因变量的影响。解释性研究要回答哪些变量是自变量，哪些变量是因变量，自变量与因变量之间存在什么样的数量关系。

上述三种类型的调查研究不是完全独立的。有时，一个调查项目需要将不同类型的研究结合起来，如何结合取决于调查问题的性质。如果对调查的问题了解甚少，就需要从探索性研究开始，所以探索性研究是最初的步骤。通常，在探索性研究的基础上还应继续进行描述性研究或解释性研究，以便对探索性研究得到的假设进行检验。但也不是在任何情况下都从探索性研究开始，如果能够准确地定义调研的问题，对处理问题的途径有完整的把握，也可以直接进入描述性研究或解释性研究。而描述性研究、解释性研究的研究成果又会成为下一轮探索性研究的新起点。

## 2.3　选择调查方法

在清晰定义调查问题、明确研究类型的基础上，就需要对如何获取相关信息进行调查方法的选择或组合。

根据信息资料的来源，调查方法可以分为二手资料调查和一手资料调查两大类别。

### 2.3.1 二手资料调查

二手资料调查，又称为案头研究，顾名思义即不需要离开办公桌就可以进行的调查与资料收集的方式。几乎所有市场调查项目都部分依赖于或至少受益于二手资料调查，它在一个项目早期尤其适用，可以帮助调查人员厘清需要思考的商业问题，找出从商业问题到调查问题之间的路径；在项目实施全过程中，二手资料调查也可以起到重要作用，可以辅助具体调查的设计，对收集到的一手资料是否存在偏差进行检查，对一手资料分析获取的结果进行补充等。

二手资料调查的过程包括识别和发现合适的资料来源，检验这些来源对于明确或解决调查问题的适用程度，评估二手资料的可靠性，对认可的二手资料进行进一步整理、加工和分析。

也就是说，二手资料是之前就已经存在的，但不一定与当前的商业问题和调查问题直接相关。相对于原始资料的收集，二手资料往往可以以较低的成本较快获得，节省时间和经济投入；但与此同时，在市场调查中应用二手资料调查也存在如下局限性。

（1）缺乏可得性。不是所有的商业问题和调查问题，都能找到有参考价值的二手资料。比如口味测试是市场调查中的常见类型，某食品公司计划推出新的方便食品，这是一种类似方便面的即食粥类产品，希望了解家庭主妇们对这款即食粥的几种备选口味的偏好。作为受访者的家庭主妇们在品尝了这些产品后可以给出整体偏好、浓稠程度、色泽、操作体验等各方面的评价，没有合适的二手资料能够给出参考。宏观统计数据的缺失和口径不够细、有些数据由于商业发展或用户隐私的原因处于保密状态等，均可能带来二手资料的不可得。

（2）缺乏相关性或充分性。二手资料经常由于形式、方法、受访对象的范畴等影响，与当前调查问题的匹配程度较低。比如某保健品厂商推出的新产品，其核心目标人群为40～60岁高收入家庭，即便能找到人口统计资料中年龄分布、过往调查资料中的收入分布，也很难获取或估算年龄段与家庭收入的交叉数据，更不用说这类人群对保健品的态度和行为资料了。尤其是现今这个环境变化迅速的时代，有些看起来相关性较高的二手资料，仅仅因为获取的时间距离调查开展的时间有一定的间隔，便失去了相关性。

（3）缺乏可靠性。使用二手资料时调查人员一定要对资料的可靠性进行评估。需要了解所面对的二手资料的来源，即收集方、发生在什么时候、当时的目的、收集的方式等，通过对资料来源专业度和可信度的探查获得对二手资料可靠性的初步认识。同时，向使用过此来源信息的人核实、比较不同二手资料之间的一致性也是判断二手资料可靠性的重要方式。

二手资料的两种主要来源是内部数据与外部数据，划分依据是二手资料是否来自调查的委托方，即提出调查的组织内部还是外部所产生的数据。

内部数据包括企业自建的顾客数据库、对既有的顾客数据进行数据挖掘的结果、客户关系管理系统等。互联网的蓬勃发展使得对越来越多的企业来说，获取、存储和分析大量的市场和用户数据成为可能。比如某电商企业委托专业调查公司进行平台用户购物流程的调查，能利用的内部数据非常丰富，单就运营数据来说，既包含企业自主搭建的后台所获取的数据，也包括该企业依托各类社交软件、用户聚集的具有销售功能的平台所能获取的数据。

外部数据则主要包括企业/非政府数据、政府数据和辛迪加数据。商会/协会、专业组织、媒体等均可能成为非政府数据的来源；政府则会公开发布各类普查数据、统计年鉴和其他大量统计数据；辛迪加数据是收集和出售具有商业价值的公用数据库，以满足多家客户（包括同一行业中的竞争企业）共享信息的需求。比如上述电商企业的用户购物流程调查项目，外部数据可以参考相关行业协会对电商用户的基础分析报告、一些商业机构发布或出售的电商人群画像，甚至一些媒体机构发布的电商人群榜单和分析。

### 2.3.2　一手资料调查

一手资料，又称原始资料，是指调查人员为了解决具体的市场调查问题而专门收集数据资料的调查方式，具体又包括定性调查和定量调查两大类调查方法。表 2－1 对这两类调查方法之间的差异进行了总结。

**表 2－1　定性调查和定量调查的差异**

| | 定性调查 | 定量调查 |
|---|---|---|
| 问题 | 理解难以量化的内容，比如感知、动机、态度或者行为等“为什么”的问题 | 获取易于量化的数据，比如品牌使用、行为习惯等“是什么”的问题 |
| 研究类型 | 探索性、解读、深度理解 | 描述性、因果验证、广度理解 |
| 样本设计 | 样本量较小<br>非概率抽样配额<br>样本的典型性是主要考量 | 样本量较大<br>概率抽样为主，也会采用非概率抽样<br>样本的代表性是主要考量 |
| 数据收集 | 使用半结构化的问题<br>低标准化<br>并非简单的一问一答模式，灵活 | 使用结构化的问题，预先设定好选项的问题<br>高标准化<br>执行人员严格遵循问卷上的问题设定 |
| 所获取的数据 | 提供假设、观点<br>直觉的、印象的<br>具体描述 | 提供论据和结论<br>精准的、确定的<br>规律性描述 |
| 执行成本 | 每位受访者的成本相对更高<br>单次调查的项目执行总成本相对较低 | 每位受访者的成本相对较低<br>单次调查的项目执行总成本相对更高 |

#### 1. 定量调查

定量调查（quantitative research）是指从相对较大的样本中以一种系统化、标准化的方式收集数据的调查方法，常用于支持描述性和解释性这两类研究。具体包括问卷调查法、观察法和大数据采集、实验法。

（1）问卷调查法又称访问法，是指调查人员通过访问员与受访对象问答式访问或受访对象填答问卷的互动，获得相关信息。这类方法中问卷非常重要，是获取数据的一种有序、结构化方法。作为定量调查中最为常见的类型，问卷调查法对应了不同的具体执行方式，将在下一章详细介绍。

（2）观察法和大数据采集。观察法是指通过调查人员或机器设备观察目标对象，即不通过提问或交流而系统化地记录事件发展状况或行为模式的过程。例如，调查人员置身于超市观察消费者选购某种产品时做了多少次比较，或在十字路口设置交通计数器统计不同红灯时间长短条件下人们闯红灯的次数等。之所以将大数据采集与观察法并列来说，是因为大数据采集实际上是运用科技化手段对“是什么”进行扫描式“观察”的方法，形成对数据背后的发展趋势和行为轨迹等分析的基础。

（3）尽管实验法被称为定量调查的第三种类型，但严格来讲，与其说实验法是收集定量数据的方式，不如说是一种确定调查结果的策略。在实验法中，调查人员可以改变一个或几个自变量，比如价格、包装、货架空间、广告投放量、广告主题等均为常见的自变量，然后观测这些变化对因变量的影响，比如销售数量或销售额就是常见的因变量。实验法的目的是检测因果关系，好的实验法需要保证除了改变的变量外其他变量保持不变，这样调查人员可以对因变量的变化是否由某一个自变量因素引起做出相对肯定的推断。

### 2. 定性调查

定性调查（qualitative research）是指通过半结构化的讨论收集受访对象的反馈，更深入地观察、理解和分析行为背后的原因和驱动力，进而提炼出对行业、市场、群体或个体的洞察。定性调查主要用于支持探索性研究和部分描述性研究，集中在探索性、难量化的消费者分析，如消费者行为背后的驱动因素解读，对行业/品牌/产品的态度，对品牌形象的感知以及形成路径等。尽管有行为等事实层级的信息收集，但相对定量调查解决“是什么”的问题，定性调查解决的是“为什么”的问题。

此外，定性调查设定了严格抽样配额的小样本，样本构成一定程度上可以反映市场分布情况，但由于需要为研究目标服务，因此定性调查在样本设计中追求样本的典型性，而非普适代表性。同时，与定量调查相比，定性调查更为自由。主持人，即定性调查的现场组织者，根据半结构化的讨论大纲与受访对象沟通交流，过程中重视双方的互动，基于回答对问题进行灵活调整，而非严格按照访问大纲上的问题一问一答。

营销决策问题所对应的定性调查，通常包括以访谈形式展开的焦点小组座谈会、深入访谈，以观察为主访谈为辅的民族志，通过发帖回帖方式进行资料收集的在线社区，以及辅助上述定性调查方法的日记法，强调对研究主题共同创造的工作坊等方法。这些具体的定性调查方法会在接下来的章节详细介绍。

随着市场调查的发展，在一次单独的调查或者系列调查中，结合使用定性调查方法和定量调查方法已经变得越来越常见。而定性调查在先或者定量调查在先都非常常见，取决于具体的调查问题和研究内容。例如，某护肤品品牌开展了优化品牌定位的调研，在定性调查阶段了解到，尽管用户信任该产品的功效，但由于其广告包装等均比较过时和老气，用户不愿意跟人分享自己在用这个品牌的护肤品，甚至有因此而流失到其他品牌的现象。随后在定量调查阶段，明确了用户对该品牌具体形象特点的评价，以及对品牌希望打造的备选定位方向用户的具体选择数量和比例。而在优化了品牌定位后，该品牌通过定量调查进行了用户细分，对优选的细分用户群体补充了定性调查，进行深入理解和刻画，从而为制定具体的品牌传播策略和内容提供参考。

定性调查和定量调查相结合，可以更透彻地了解消费者的需求，而对各种调查方法的综合运用，提高了解决营销决策问题的效率。对于一手资料调查这个市场调查主体方式下定性调查和定量调查的具体执行方法将会在后续章节详细阐述。

## 2.4 设计调查方案

调查方案是开展具体实地调查前的关键步骤，起到了承上启下的作用。在明确定义了调查问题、研究类型并选择了合适的调查方法后，就需要根据所选择的调查方法进行问卷设计或讨论大纲的设计，并设计抽样方式和确定样本量，这些是调查方案设计的主体内容。

### 2.4.1 调查问卷或讨论大纲的设计

调查问卷对应定量调查中最常见的问卷调查法这一类型下所有的调查执行方式，是为了达到调查目的收集必要数据而设计好的结构化问卷。讨论大纲对应的是定性研究的执行方式，类似调查问卷，但更开放，采用半结构化的方式列举问题。

调查问卷或讨论大纲常常以调查方案中的研究内容为起点进行扩充、完善和逻辑化梳理，设计的过程中随时需要回顾调查目标，检视通过调查问卷或讨论大纲对受访对象进行访问所收集到的信息是否能够解决项目对应的调查目标中涉及的调查问题。

### 2.4.2 抽样设计和样本量确定

抽样设计指的是面对调查总体如何选取样本参与调查项目。严格的概率抽样设计才能保证通过部分样本的调查所获取的信息能够达成对总体情况的了解，但需要明确定义总体（即该调查需要从中获取相关信息的全体人群）后，结合具体调查方法的选择确定抽样框和选择随机抽样方法。

商业环境下由于抽样框的难以获取、成本考量等客观因素的限制，无论定量调查还是定性调查，采用配额抽样等非概率抽样方式的情况更为常见。

一旦选定抽样方法，下一步就要确定合适的样本量。概率抽样需要在允许误差的目标水平（即抽样结果和总体指标的差异）和置信水平（即置信区间的概率，置信区间是样本结果加减允许误差所形成的涵盖总体真值的范围）下计算样本量；非概率抽样则综合考量时间和费用限制，以及抽样规则，对样本量进行明确。

## 2.5 调查数据的采集、分析与报告

### 2.5.1 实地调查收集数据

再完备的调查设计，如果没有高质量的实地调查，也无法取得有价值的调查数据，因此实地调查阶段的主要目标就是获取高质量的原始数据。在一个市场调查项目中，实地调查往往比较复杂，多方参与、由多个环节组成。

以一个典型的面对面问卷调查的实际执行为例，参与方包括调查设计人员、被委托进行实地调查的执行督导和访问员（根据调查项目的规模，他们往往分布在不同的城市），复杂和严格的项目还会配备甄别人员、质量抽查人员等。

具体的环节则包括调查人员向实地调查执行人员进行项目说明，以项目通知书/任务说明书的方式列明具体的调查城市或区域、对应的样本数量和要求、时间安排等；接下来由调查人员或进行实地调查执行的被委托方项目负责人对督导和访问员进行执行方式和问卷内容的培训；确认所有执行的访问员清晰理解培训内容后按实地调查设计进行具体执行；执行过程中实地调查被委托方往往需要在项目进程中进行收集到的数据汇总，以便调查人员进行审核和确认；实地调查结束后被委托方提供全部原始数据。

### 2.5.2 整理和分析调查资料

在纸质化问卷几乎完全被通过电子化程序进行填答的方式取代的今天，定量调查资料的整理和分析主要是指：检查原始数据的缺失情况，必要时进行插补；对开放题和半开放题的文字答案进行编码；设置权数，利用样本单位的入选概率进行加权或利用加权处理调查过程中无回答的情况；最后则是运用统计分析技术对采集到的原始数据进行量化描述与推断。

定性调查中同样需要进行“数据”的整理和分析，这里的“数据”是以文字形式出现的，是对实际调查过程的文字记录。定性调查人员会根据文字记录进行进一步的内容整理、观点提炼。相对于定量调查的数据分析，定性调查人员对实地调查资料的分析有较大的主观性，分析结果的价值高度依赖于定性调查人员的经验和对调查目标等的理解程度。

尽管这一步骤实际发生在实地调查结束之后，但实际上对于所获取的调查数据如何进行分析的计划早在调查问卷或讨论大纲的设计阶段，甚至在调查方案设计阶段就已经形成了。只有这样才能避免出现所收集的数据资料不符合分析要求的情况。

### 2.5.3 撰写和展示调查报告

尽管前期的每一个步骤对于实现调查目标、完成调查项目都非常重要，但大多数情况下调查报告承载了表达调查项目的完成情况、传达调查项目的发现和价值的重要角色。事实上，委托方对调查实施过程中各方面的工作细节是不了解的，也没有必要亲身参与到每个步骤当中，更多是通过调查报告的书面和口头展示对调查项目进行评价，并从中吸纳有

价值的内容，应用在解决商业问题的行动中。同时，调查报告作为一种包含调查项目全部重要资料的文件，记录了从问题定义到最终调查结果反映的信息，当时或未来阅读报告的读者即使没有参与或没有全部参与该调查项目的各阶段，也能理解并从中获取有价值的信息。

对调查报告的口头展示虽然不是每个市场调查项目都一定会包含的，却是对调查研究人员最有考验、委托方最为受益的环节之一。这一环节之所以重要，是因为它涉及调查人员和委托方的双向沟通，双方可以一起讨论调查结果、探索调查结果对商业问题的解决方案，既给了调查人员生动讲述调查结果、输出调查价值的机会，也是委托方充分理解调查报告、对最初项目目标答疑解惑的好机会。

延展阅读

## 市场调查计划书

市场调查计划书，在商业领域又称为策划书/建议书/调查方案等，是指当委托方发出调查需求书，在其中明确提出调查的背景、商业问题、希望获取的信息等描述后，承接调查的人员根据调查需求书所做出的具体调查计划。通常情况下，在撰写市场调查计划书之前或在过程中，委托方和承接方会就调查需求书的内容通过会议等沟通方式进行讨论和阐明，高质量的调查项目通常都是委托方和承接方通力合作的结果。当然，即便是没有委托方提出调查需求书、自发进行的市场调查项目，在经过本章前几节所讲述的问题识别和定义、研究内容类型确定、调查方法选定后，也可以进行调查计划书的撰写了。

大多数市场调查计划书包含如下几个方面的内容。

**调查背景**

表明调查人员了解委托方提出商业问题的性质和背景。这并不意味着要对调查需求书中所陈述背景进行简单重复，往往需要调查人员利用二手资料调查、专家访谈（在某些调查项目中，委托方相关人员即为项目专家）等进行调查背景的补充和梳理。

**调查目标和研究内容**

对应本章前两节中所介绍的，从识别商业问题到定义调查问题，并将调查问题作为整个市场调查项目需紧密围绕的目标，展开对具体研究内容的陈述。即通过调查要解决什么问题，解决到什么程度；是一般性地了解情况、进行简单描述，还是要验证某些假设、探究因果关系等。尽管这部分内容不会像市场调查项目真正执行后所设计的调查问卷或讨论大纲一样详细，但一份好的市场调查计划书中此部分内容一定可以成为后续调查问卷或讨论大纲的指导纲要。

**调查对象**

调查对象是指根据调查目的确定的调查研究总体或调查范围，即向谁调查。

**数据收集方法、抽样方法和样本量**

详细阐述调查项目中会采用哪一种或多种具体的数据收集方法，每种数据收集方法采用的抽样方法、需要调查的样本量和具体的样本条件，以及在调查执行中如何进行质量控制。

数据收集方法、样本数量和条件等都应紧密围绕调查目标的实现进行设计，并能保证获取相应的研究内容。

**时间安排和费用预算**

按照上述设计，调查项目中完成不同阶段所需时间、各项内容对应的费用金额等都包含在此部分中。

调查方案示例

商业调查计划书在上述内容的基础上，往往会增加调查研究的产出包括哪些具体形式、被委托方的相关经验案例、相关调查人员资历介绍等；如果调查项目涉及相对复杂的数据分析技巧甚至统计模型的建立，也会在其中进行说明。

## 小结

本章介绍了市场调查全流程的七个阶段的工作内容。从市场调查项目开始的第一步，即识别营销管理决策问题开始讲授，重点在于将相应的营销管理决策问题具体化，严密定义为市场调查问题。围绕定义好的市场调查问题，要进一步了解所要调查研究的内容属于探索性研究、描述性研究还是解释性研究，对应这三种不同的研究类型或组合，可以采用二手资料调查，或一手资料调查中的定性调查、定量调查等方法。明确了上述问题后，就要进行市场调查的方法设计，包含调查问卷或讨论大纲的设计、抽样设计和样本量的确定。而接下来要进行的实地调查、数据处理和分析、撰写和展示调查报告等步骤更是市场调查的重中之重。

本章对市场调查从起因动念到内容判断、方法选择、实际执行进行了全流程的简述，所对应的具体内容将在后续章节详细展开。

## 思考题

1. 识别营销管理决策问题和定义市场调查问题二者的关联和区别是什么？

2. 二手资料调查的局限性有哪些？

3. 请根据你参加调查的实际经历，或从媒体、网络上寻找探索性研究、描述性研究、解释性研究的调查案例，简要介绍它们各自的调查目的和方法。

4. 假设你作为委托方，收到本章延展阅读所示的调查方案设计：

（1）应用本章学习到的内容，提出该调查方案有哪些需要进一步补充完善或修改的内容。

（2）列出作为委托方，你会向调查执行方提出哪些问题进行探讨。

5. 找到一个市场调查方案或调查报告，判断其属于哪一类或几类调查内容并说明理由，评估或建议适配调查内容的具体调研执行方法。

# 第 3 章 定量调查方法

## 学习目标

1. 掌握入户访问、拦截访问等面对面访问调查方法的优缺点和适用范围
2. 掌握电话访问调查方法的优缺点和适用范围
3. 掌握网络调查方法的优缺点和适用范围
4. 理解定量调查方法的选择原则，熟悉常用定量调查方法的优缺点比较

定量调查方法是从相对较大的样本中以一种系统化、标准化的方式收集数据的调查方法。具体包括问卷调查、观察法和实验法等。

问卷调查是定量调查的主要形式，其特点是大样本、结构化，所以调查结果通常适用于多种统计分析方法。按照调查执行方式的不同，可将问卷调查分为问答式调查和自填式调查两大类。问答式调查由访员对调查对象进行访问并填写问卷，主要包括面对面访问调查、电话访问调查等。自填式调查由调查对象自己填写问卷，主要包括网络调查、留置调查、邮寄调查等（见图 3－1）。

观察法是指不通过访问或交流而系统地记录事件发展状况或行为模式的过程。观察法的对象可能是人，也可能是现象；观察的方式可能是人员观察，也可能是机器观察。观察法具有观测准确、成本低的优点，但一般只适用于行为信息的收集。

实验法可用于检验自变量与因变量之间的因果关系，收集数据时一般需要人为干预控制环境。

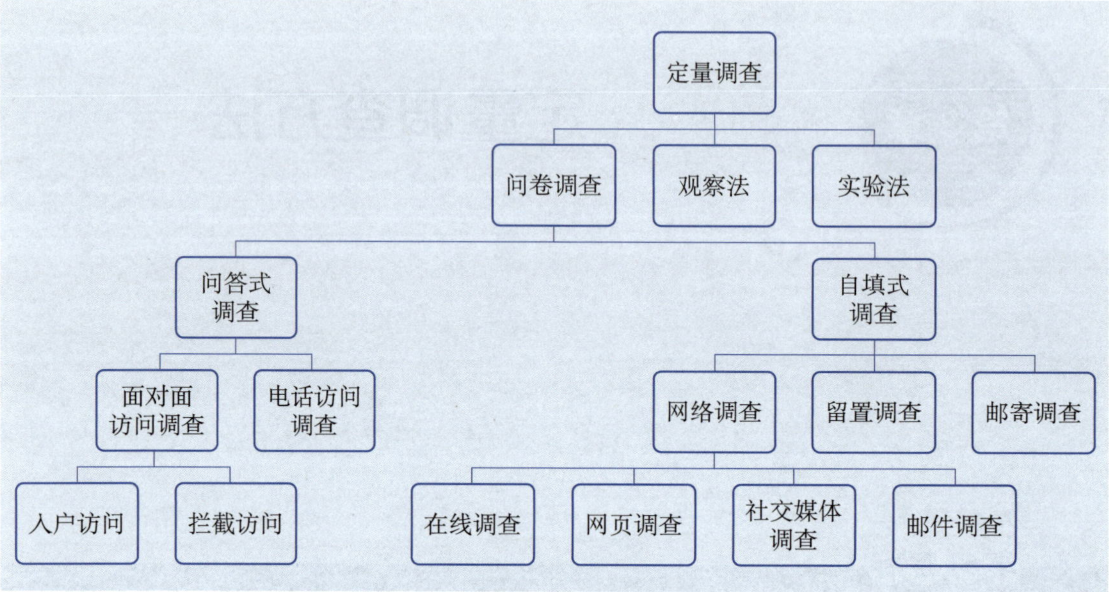


**图3-1　定量调查分类图**

## 3.1 面对面访问调查

面对面访问调查简称面访，传统的面访是访员用纸质问卷填写调查结果，现代的面访常采用计算机辅助访问。根据调查地点的不同，面访主要有入户访问和拦截访问两类。

### 3.1.1　入户访问

入户访问是受访者在家中（或在单位）接受访员当面访问的一种调查方式，即访员按抽样方案的要求，到抽中的家庭或单位，按照事先规定的方法，选取适当的受访者，依照问卷进行面对面的提问。

#### 1. 入户访问的优点

（1）容易建立访员与受访者之间的信任与合作关系，有利于提高有效问卷的回收率以及访问质量。

（2）访员可以使用其他辅助工具进行访问，如可显示制作好的图片或答案卡片等，从而提高访问质量。

（3）访问结束后当场检查问卷，可以有效避免受访者漏答题目的现象。

（4）访员可以在访问过程中观察受访者的表情、姿态等非语言行为，借此来判断受访者回答的真实性。

（5）行政区、街道、小区和门牌号为概率抽样提供了抽样框，通常可以进行概率抽样。

### 2. 入户访问的缺点

（1）费用高。入户访问要求访员到所有受访者家中或单位进行询问，这需要付出大量的人力和时间，费用也比较高。

（2）传统面访过程较难监督。由于访员是分散作业，要检查他们是否尽责、有无作弊行为比较困难。但使用计算机辅助面访可以有效进行质量控制，督导员可以通过全球定位系统（GPS）跟踪访员位置，并可通过视频查看访问现场，还可对即时传回的调查结果进行分析。

（3）入户困难。目前许多居民住宅安装有门禁系统，而且居民对于陌生人的防备心理比较强，所以访员经常被拒之门外。

## 3.1.2　拦截访问

拦截访问是指由访员在适当的地点，如商场入口处等，拦住适当的人员进行访问。拦截访问是一种十分流行的市场调查访问方法。这种调查方法相对简单，在超市、写字楼、街头、车站、停车场、小区等公共场所均可以进行这样的访问。当调查对象在能够提供有意义的信息之前需要观看、品尝或使用产品时，拦截访问尤其适用。

拦截访问按照访问模式可分为两种形式：集中式和分散式。

集中式拦截访问又称厅堂测试，是在事先选定的若干场所内，租借好访问专用的房间或厅堂，根据研究要求，可能还摆放若干供受访者观看或试用的产品，按照一定程序和要求拦截访问对象，征得其同意后，带到专用的房间或厅堂进行面访。该方法常用于需进行实物演示或要求有现场控制的调研，如广告效果测试、新品上市研究等。

分散式拦截访问是指访员在事先选定的若干地点，按一定的程序和要求选取访问对象，征得对方同意后，在现场根据问卷进行简短的调查。

### 1. 拦截访问的优点

（1）费用低。由于访问时间、地点比较集中，对调查对象的要求也没有那么严格，因而可以节省每个样本的访问费用。

（2）避免入户的困难，效率高。入户访问中访员容易受到入门难的困扰，而拦截访问不存在这一问题。访员的大部分时间用于访问本身，而不像入户访问那样需要长时间寻找受访者，提高了访问的效率。

（3）便于对访员进行监控。拦截访问的时间、地点通常比较集中，而且是调研者事先确定的，访员必须在指定的地点完成访问工作，所以指派督导员在现场对访员的工作加以监督比较可行。

### 2. 拦截访问的缺点

（1）不适合概率抽样调查，也很难得到有代表性的样本。

（2）访问对象的拒答率比较高。

（3）拦截访问的环境并不像入户访问那么舒适，受访者可能会感到不安、匆忙，或是出现访员无法控制的一些状况。这些因素都会影响调查所收集信息的质量。

（4）不适合较长时间的调查，也不适合复杂或较隐私问题的调查。

### 3.1.3 计算机辅助面访

现代的入户访问和拦截访问经常使用计算机辅助面访技术。这类使用计算机、平板电脑、手机等访问终端辅助调查的面对面访问称为计算机辅助面访（computer assisted personal interview，CAPI）。计算机辅助面访的工作形式是：问卷由计算机管理与呈现，访员可依照计算机屏幕上的问题进行访问工作，并且将受访者回答的答案直接输入计算机中；若是受访者不愿透过访员回答，亦可由受访者直接将答案输入计算机中以保障受访者的隐私。当访问结束或告一段落时，访员通过互联网直接将问卷结果传回主办调查单位，主办调查单位可在接收到调查结果后立刻进行结果分析。

计算机辅助面访的特点可以归纳为：（1）计算机控制跳转逻辑、输入校验等，既提高效率，又能保证数据的合法性、完整性；（2）数据实时输入电脑，然后以电子方式传给服务器，无须事后的数据录入，大大降低数据审核和整理强度，提高整体效率；（3）无须印刷、邮寄纸质问卷、准备卡片、冲印照片，大大降低成本；（4）支持更多题型，尤其是对图片、音频、视频、3D动画等多媒体的支持；（5）可以在移动环境下进行访问，比如在机场对国际游客进行访问。

计算机辅助面访存在局限性：（1）需要专门的编程人员开展访问前编程，需要配置和维护软硬件和网络环境；（2）由于有些受访者可能对计算机问卷感到不适应，通过计算机辅助面访来推断总体的数量特征容易产生受访者误差。

## 3.2 电话访问调查

顾名思义，电话访问调查是访员通过电话这一通信工具，依据调查提纲或问卷向调查对象进行访问以获取信息的一种数据采集方法，又称为电话访问或电话调查。由于电话的日益普及、电话访问技术手段的不断改进、面对面访问成本的不断增加以及市场调查项目周期不断缩短等原因，电话访问在市场调查中的应用越来越广泛。

电话访问有两种方式：传统电话访问和计算机辅助电话访问（computer assisted telephone interview，CATI）。

传统电话访问是指选取一定的受访者样本，然后拨通电话，提出问卷上所列出的一系列问题。访员利用一份问卷和一张答案纸，在访问过程中随时记下答案。受过专门培训的访员集中在某个场所或专门的电话访问间，在固定的时间内进行访问工作，现场有督导员进行管理。

计算机辅助电话访问是将通信技术及计算机信息处理技术应用于传统电话访问的产

物，日益得到广泛的应用。该方法是指在一个中心地点装上计算机辅助电话访问设备，该设备的软件系统包括四个部分：自动随机拨号系统，问卷设计系统，自动访问管理系统，自动数据录入和简单统计系统。访员坐在计算机终端前，计算机直接拨打要呼叫的样本电话号码，访员在访问的同时直接将调查结果输入电脑，同时督导员可以在后台监控访问过程的质量和已完成样本的汇总结果。

与传统电话访问相比，计算机辅助电话访问具有以下明显优势。首先，便于随机抽样。如果已有调查对象电话号码数据库，可以实行概率抽样，即使没有调查对象电话号码数据库也可以通过随机拨号产生随机样本。其次，可降低访员误差。计算机屏幕上每次只出现一个问题，计算机会根据答案自动跳转到下一个相关的问题，使问卷填写流畅，不容易遗漏问题。再次，可即时监测质量。控制人员可即时检查答案的适当性和一致性，并可对访问过程进行监听。最后，能节省时间和费用。问卷不需要审核、编码和录入环节，可以随时提供数据收集和分析结果的中间及最终报告。由于上述优势，目前大多数专业公司的电话访问都普遍采用计算机辅助电话访问的形式。

#### 1. 电话访问的优点

电话访问作为市场调查中较为常用的方法，与入户访问、拦截访问、网络调查等方法相比具有以下明显优点。

（1）时间短、速度快。相对于入户访问，电话访问省去了路上花费的时间，调查时间短、速度快。一个出色的访员能够在一小时内完成好几个访问。可以想象，用电话访问的方法，在几天内就能完成一项调研数据收集工作。

（2）节省费用。电话访问所需要的费用主要是电话费，不存在访问交通费、受访者礼品费等调查费用，因而节约了调查成本。

（3）访问过程容易控制。由于电话访问场所一般固定于某个地方，调研负责人可以及时了解和解决访问执行过程中遇到的各种问题，并对访员进行监督，而其他方法没有这么便利。例如，电话访员的声调、语气及用字等是否准确，可由督导员及时控制。

（4）更容易接触受访者。入户访问时，访问对象从门镜中看见外面站着陌生人，可能不予理睬，但是听到电话铃声后都会去接，即便他们并不知道打电话的人是谁。

（5）在某些问题上容易得到坦诚的回答。一些私人的、敏感的问题，比如询问受访者的收入等，在入户访问和拦截访问等面对面情况下，会使受访者感到不自然，而在电话访问中，则有可能获得较坦诚的回答。

（6）电话访问调查可以通过随机尾号拨号法（RDD）实施概率抽样。

#### 2. 电话访问的缺点

（1）不能使用视觉帮助。由于电话访问中受访者看不到任何东西，访员也无法将产品的样品、包装或图片等展示给受访者，因此在一些需要受访者对图片、文字、设计等做出反应的项目中无法使用。

（2）访员无法像面对面访问那样做出各种判断和评价。例如，访员无法根据受访者的形体语言和面部表情进行观察，也无法通过目光交流，所以无法判断回答的真实性。

（3）访问成功率较低。用电话访问的方法，虽然易于接触受访者，但也比较容易被受访者拒绝。不愿意或没有时间接受访问的受访者，不必找什么理由，只要把电话挂断就可以轻而易举地拒绝访问。

（4）难以进行深入调查。电话访问提问时间不宜过长，时间过长的话容易引起受访者的反感，所以问卷中的问题不宜过多，而且提问只能限于简单的问题，因而无法进行深入调查。例如，有些问题有很长一串选项，当访员在电话里读给受访者时，受访者很难记住所有选项。一些缺乏耐心的受访者甚至可能在访谈中挂断电话，或随意给出一个答案以尽快结束访谈。

（5）调查对象无电话。一方面，电话访问中的抽样总体实际上是全体有电话用户，而要调查的目标总体可能包括全体有电话和没有电话的消费者。因此，抽样总体与目标总体可能不一致。另一方面，通常电话访问难以完成事先经过抽样确定的访问样本，因为电话访问会受到电话接通率、受访者时间冲突等因素的影响，最终得到的访问样本很可能已经不符合预先设定的抽样方法，因此不能采用电话访问得到的调查结果推断调查总体。

（6）受到语言交流的限制。由于电话访问是通过访员和受访者之间的语言交流完成的，在这种情况下，受访者使用方言会严重影响电话访问的效率和所获取数据的质量。

（7）欠缺保密性。在几个用户共用一条电话线的情况下，信息很容易被窃听，导致泄密。

### 3. 电话访问的适用范围

以下情况比较适合采用电话访问调查。

（1）需要在短时间内完成的调查，如热点问题、突发性问题等的调查。对于某些急于收集到的资料而言，相对于其他调查方法，采用电话访问速度最快。

（2）问题数量较少、题目简单、答案明确的定量调查。由于电话访问的时间一般不能太长，因此问题设计必须简单明了，以便受访者能够在很短的时间内迅速给出回答。一旦调查的内容较多或者回答问题需要经过一定的思考，受访者给予配合的可能性就会降低，有时甚至会中途终止接受访问。因此，电话访问对于问题较为复杂或需要经过反复思考才能进行回答的定量调查并不适合。

（3）总体分布地域分散、成本低的描述性调查。由于可以实施概率抽样，如果调查目标总体和主题适当，电话访问得到的随机样本可以快速、低成本完成对总体参数的统计推断。

## 3.3 网络调查

网络调查是一种借助互联网采集数据的调查方式，它将具有某类特征的网络用户构成的总体作为研究对象，按照随机或非随机方法抽取一部分网络用户作为研究样本。网络调查的主要方式包括：在线调查，指依赖于信息技术和通信网络的数字化调查方式，该方式自动将受访者的回答传输给调查者；网页调查，即受访者通过登录网页或使用其他设备回答调查问题，图形、多媒体等元素可用于网页调查中；邮件调查，即受访者通过回复邮件来回答调查问题；社交媒体调查，指通过社交媒体发放问卷采集数据。下面重点介绍常用的在线调查和网页调查。

### 3.3.1　在线调查

与传统统计调查手段相比，在线调查的特点可以归纳为：（1）调查对象的范围扩大，不受空间和时间的限制，不受时差影响；（2）提高了调查的时效性，可以在很短时间内实施调查和获得调查结果；（3）降低市场调查的成本；（4）可以减少受访者的回答误差（由于问题的敏感性故意隐瞒真实情况而产生的误差）与计量过程误差（调查结果的登记、汇总、计算等过程中产生的误差）；（5）在线调查问卷设计灵活性大大提高，可用技巧增多。

在线调查同样存在一定的局限性，比如：在线调查大多是非概率样本，难以推断总体的数量特征；在线调查的结论只反映网民的情况，难以代表全体人员；在线调查难以控制受访者填答问卷的质量；网络自身的不安全因素威胁着调查工作的执行；等等。

### 3.3.2　网页调查

网页调查是将调查问卷附加在一个或几个网络站点的网页上，由浏览这些站点的网络用户在此网页上回答问卷问题，也可以设计为受访者回答问题提交后自己可看到统计结果。

#### 1. 网页调查的优点

（1）不受时间、地域限制。这种调查方法与受区域制约的传统调查方法有很大不同。互联网是全球性的，许多沟通中的障碍都消失了。

（2）速度快。问卷的制作、发放及数据的回收都在网络上完成，速度均得以提高。可以在很短时间内完成问卷并得出结果及报表。

（3）费用低。互联网调查在信息采集过程中不需要派出调查人员，不受地理距离的限制，不需要印刷调查问卷，可以节省劳务、印刷、录入、复核、交通等费用。

（4）多媒体技术可以增强调查效果。网页调查可以借助网络优势，展示图片、文字、声音、图像等资料。受访者可以直观地通过文字、图形和其他各种表现方式做出选择和回答，有些项目还可以通过下拉菜单轻松选取，从而大大增强了调查效果。这是传统调查方法无法比拟的。

#### 2. 网页调查的缺点

（1）调查对象有局限。网页调查仅限于网民，对于不具备上网条件的人无法采用此种方法。调查对象的局限性会带来调查误差，无法保证受访群体与目标总体的一致性。即使调查对象都是网民，也会因浏览网页的不同，难以保证接触到问卷的网民与研究总体结构一致。

（2）难以实现概率抽样。受访者接触到问卷后是否作答完全取决于其自身，网页调查的样本属于自愿样本而不是随机样本。

(3) 调查质量难以控制。网页调查取决于受访者对调查主题是否感兴趣，往往对相关主题有深刻印象或持极端态度的受访者参与度更高，因此调查结果容易出现偏差。另外，还可能出现同一个人重复填写问卷的情况。由于互联网上无实名制作保证，因此在一定程度上削弱了调查结果的真实性。

其实，互联网在数据采集中的重要作用并不是主要体现在媒体问卷调查上，互联网平台上记录的海量数据为市场研究提供了庞大的信息资源，充分利用这些数据正是互联网为市场调查业开辟的新的发展空间。由于这不属于问卷调查，因此不做详细介绍。

### 3.3.3 自填式调查方法的优缺点

网络调查在执行时大都是由调查对象自己填写问卷的自填式调查方法。

#### 1. 自填式调查方法的优点

(1) 节省时间、经费和人力。自填式调查方法可以在很短的时间内同时调查多个受访者，且不用访员逐一进行访问和交谈，节省成本。如果采用网络、邮寄的方式，还不受地域范围的限制。因此，自填式调查方法成本低，具有很高的效率。

(2) 具有很好的匿名性。对于某些社会现象或者有关个人隐私、社会禁忌等敏感性问题，受访者往往难以同陌生人交谈。自填式调查一般不要求署名，并且在没有访员的情况下，受访者独自进行填答，不受他人干扰和影响，可大大减轻受访者的心理压力，有利于他们如实填答问卷，进而收集到客观真实的数据。

#### 2. 自填式调查方法的缺点

(1) 问卷的回收率有时难以保证。由于自填式调查依赖于受访者的合作，因此，当受访者对调查内容没有兴趣、态度不积极，或者受访者由于受时间、精力、能力等方面的限制而无法完成问卷填答工作时，问卷的有效回收率常常受到影响。

(2) 自填式调查对受访者的文化水平有一定要求。受访者要能理解问题及答案的含义，了解填答问卷的正确方式，才能按要求填答问卷。对于一些文化程度较低的群体，不宜使用自填式调查方法。

(3) 调查质量常常得不到保证。这主要是在没有调查人员在场的情况下，受访者填答问卷的环境和态度是无法控制的。对于理解不清的问题，各种错答、误答、缺答、乱答的情况时有发生，导致问卷调查的质量比较差。

## 3.4 问卷调查方法的比较和选择

在市场调查中，选择合适的问卷调查方法是一个重要而且现实的问题。每一种调查方法都有其优缺点，没有一种调查方法在任何情况下都适用，也不是所有的调查方法都相互排斥，相反，它们可以相互配合、相互补充，以扬长避短。因此根据任务要求、调查的环境和调查对象特点的不同，需要选择不同的问卷调查方法。

调研人员希望收集到高质量的数据，同时也要考虑调查成本、时间、问卷回收率、样本的代表性、调查内容等因素。我们接下来对常用的几种问卷调查方法进行比较分析（见表 3-1），以供大家根据不同目标、不同因素选择合适的问卷调查方法。

**表 3-1　问卷调查方法的比较**

| 指标 | 电话访问 | 入户访问 | 拦截访问 | 网络调查 |
|---|---|---|---|---|
| 调查费用 | 中等 | 高 | 中等→高 | 低 |
| 项目周期 | 中等 | 长 | 中等→长 | 短 |
| 概率抽样 | 能 | 能 | 否 | 否 |
| 允许问卷长度 | 中等 | 长 | 中等 | 中等 |
| 允许问卷复杂度 | 中等 | 高 | 高 | 低 |
| 访员控制 | 易 | 易 | 易 | — |
| 数据质量 | 高 | 高 | 高 | 低 |

## 3.5 观察法

与问卷调查不同，观察法（observation research）是指不通过访问或交流而系统地记录事件发展状况或行为模式的过程。观察法既包括观察人（例如在超市观察消费者在购买点做了多少次比较），又包括观察现象（例如在十字路口统计不同方向的交通流量）；既可由人员来进行，也可由机器来进行（例如社交媒体网站会获取用户点击网页的地址、时间和日期、IP 地址、操作系统和浏览器版本等信息）。

选择观察法必须满足三个条件：(1) 所需信息必须是能观察到的或者是从可观察到的行为中推断出来的。(2) 观察对象的行为必须是重复的、频繁的或者在某种程度上是可预测的。(3) 观察对象的行为必须是相对短期的。

观察法可以从四个方面进行分类：(1) 自然的观察与经过设计的观察。(2) 公开观察与掩饰观察。(3) 人员观察与机器观察。(4) 直接观察与间接观察。

观察法的优点有：(1) 避免了运用问卷调查时产生的人为误差，例如受访者不愿意真实回答问题、记忆不清、调查人员诱导等。(2) 可以更快、更准确地收集某些类型的数据。例如使用扫描仪记录、机器观察等。(3) 通常使用观察法收集数据比使用其他方法所用的时间更少，花费的成本也更低。

观察法的缺点有：(1) 只有行为和物理特征才能被观察，观察法不适用于调查人们的动机、态度、目的和感受。(2) 观察法的结果很难解释和预测，需要与其他方法结合在一起使用。(3) 如果所观察的行为发生的频率较低，那么观察调研会很耗时且成本很高。

## 3.6 实验法

如果所调查问题是检验变量间的因果关系，那么将重点研究一个变量对另一个变量的具体影响。例如“价格提高15%能提高某产品的盈利吗”，需要用实验法来收集数据。

实验法是检验自变量与因变量之间假设关系的一种检验方法。调研人员首先提出假设，然后再设计一个实验来检验它。要完成这个过程，调研人员必须确定可能使因变量发生变化的自变量。实验法能够使调查人员控制环境，以便检验变量间的因果关系。在一个典型的实验中，自变量是被控制的（可以改变的），且它对另一个变量（因变量）的影响是可以度量和评价的。调研人员努力去度量或者控制除自变量以外的可能影响因变量的其他变量，这些变量被称为控制变量。例如，如果检验包装设计对销售的影响，需要控制价格、广告水平等影响销售的其他变量。可能影响实验结果却无法测量或控制的变量叫作随机干扰变量。实验结束后，研究人员还会测量因变量是否已发生变化。如果因变量已发生变化，则研究人员可以得出结论，因变量的变化是由自变量的变化引起的。

进行因果性调研时，调研人员必须理解实验设计中的四种变量（自变量、因变量、随机干扰变量、控制变量）、关键角色的随机选择及受试者的试验条件分配。实验设计中的理论是重要的，因为调研人员必须尽可能清晰地从概念上分辨四种类型的变量。对于任何实验来说，其最重要的目标是确定不同变量（自变量、因变量）之间的关系。

实验设计有4个基本原则，分别是随机化原则、重复原则、对照原则和区组原则。这四大原则是保证实验结果正确性的必要条件。

（1）随机化原则是指每个处理以概率均等的原则，随机地选择实验单元。如果违背随机化原则，会影响实验结果的正确性，给实验的结果带来偏差，造成虚假的实验。例如，前几年互联网和朋友圈常有这样一个话题，心血管病患者安装支架并不能延长寿命。这个观点引自一项对心血管病患者的研究工作，研究数据表明，在5年的研究过程中，装支架组与不装支架组病患的死亡率均约为8%，于是认为装支架无效。从实验设计的角度看，该研究数据没有指明患者安装支架是不是按照随机化原则确定的。从常识看，患病程度严重者安装支架的可能性更大。这样，这个实验更像是说明了心血管重症患者装了支架后和轻度患者寿命一样长，恰好说明心血管重症患者安装支架是有益的。这个研究中，是否装支架和病症的严重程度密切相关，装支架组和不装支架组不是按照随机化原则分组的，导致装支架组和不装支架组的实验条件不相同，装支架组是重症患者，不装支架症状较轻，两组的数据既受是否装支架的影响，又受病症严重程度的影响，不能做简单的比较。要避免此类偏差，随机化实验是有效手段。

（2）重复原则。由于实验的个体差异、操作差异以及其他影响因素的存在，同一处理对不同的实验单元所产生的效果也是有差异的，通过一定数量的重复试验，该处理的真实效应就会比较确定地显现出来，其差距如果大到几乎不可能认为是样本随机性的影响，被视为存在统计显著性。从统计学的观点看，样本量越大，实验结果的可信度就越高。当然，这也会花费更多的人力、物力。实验设计的核心内容，就是要用最少的样本数保证实验结果具有一定的可信度。

（3）对照原则。俗话说有对比才有鉴别，对照是比较的基础，除了因素的不同处理之外，实验组和对照组的其他条件应尽量相同。只有具备高度的可比性，才能得出科学的结论。例如在临床实验中，对照组要采用一种无药理作用的安慰剂，这是因为精神心理因素会对机体和疾病产生重要的影响。据估计大约 30%的临床疗效来自病人对医护人员和医疗措施的心理效应。此外，安慰对照实验要采用双盲实验，即病人事先不知道自己服用的是安慰剂还是药物，医生事先也不知道每个病人服用的是安慰剂还是药物。

（4）区组原则。任何实验都是在一定的时间、空间范围内使用一定的设备进行的，使这些实验条件都保持一致是最理想的，但是在许多现实场合是办不到的。因此人为划分时间、空间、设备等实验条件为区组，虽然这些区组因素并不是实验者想要考察的因素，还是将这些区组因素纳入实验。例如在广告实验中，已知男性和女性对广告的反应不一样。虽然实验目的并不是研究性别对广告效果的影响，区组随机化设计还是把男性和女性分开，各自随机分配成 3 个处理组，每组看一则广告。

实验设计这四个原则之间有着密切的关系，相辅相成，互相补充。例如随机化原则和区组原则相结合的随机化区组设计，随机化原则和对照原则相结合的随机化对照实验（RCT）。

通常，市场调查有两种实验法——实验室实验和现场实验。实验室实验是在一个人为环境中进行的。如果调研人员征招参与者参加一个实验，在实验中展示不同种类的广告，并让参与者通过调研设备来观看和评价电视广告，那么这就是一个实验室实验。由于实验场景并不同于家中自然观看电视广告的场景，因此被视为人工设计的环境。此外，由于实验室实验能使调研人员控制实验环境，因此能够达到较高的内部有效性。但是，实验室实验缺乏一定的外部有效性，即不能充分证明结果可以推广。

现场实验是在自然或真实的环境中进行的。现场实验通常是在诸如购物中心或超市等环境中展开的。这些场景具有相当高的真实性。但是高度的真实性也意味着自变量和随机干扰变量将很难控制。实验控制也引发了一些问题。例如与实验室实验相比，现场实验可能时间更长、成本更高，并且可能出现竞争者学习和模仿导致实验结果无效。

在互联网行业经常使用 ABTest 实验法。谷歌公司曾使用用户点击率数据来决定在它的徽标中使用哪几个色度。实验通过将用户随机分流到不同色度或当前颜色的徽标的网页中，对比不同网页中用户点击徽标的次数，从而测试出用户对不同色度的偏好。很多互联网公司都在通过 ABTest 及建设可以同时做多个实验的基础设施平台来实现产品优化和精细化营销。

在社会科学领域，由于研究成本、研究观念、伦理约、束及实施难度等问题，相比观察性研究，随机实验方法并没有得到广泛的应用。我们最常看到的是没有使用随机化原则的“准实验”或者“自然实验”，如双重差分法、回归间断设计方法以及工具变量方法等。

例如，白重恩等学者（2014）采用双重差分法研究了房地产税政策对房价的影响。双重差分法的分析思路是将公共政策效果评价视为一个准实验，为了评估政策实施带来的净影响，将全部样本数据分为两组：一组受到政策影响，即实验组；另一组没有受到同一政策影响，即对照组。分别计算实验组与对照组在处理或干预实施前后的变化量，再计算实验组与对照组之间变化量的差值，共有两次差分计算，因此叫作双重差分。作者将房地产税政策的试点城市上海和重庆视为实验组，没有受到政策影响的其他城市视为对照组，观测实验组和对照组在政策执行前后的房价数据。研究结果表明：房地产税试点使上海的平均房价降低了 11%～15%，但使重庆的平均房价提升了 10% ～12%。

## 小　结

问卷调查是定量调查的主要方式，按照实现方式分为问答式调查和自填式调查两种。问答式调查由访员对受访者进行访问，通过问答方式完成调查问卷，包含电话访问和面对面访问两类。自填式调查由受访者自行填写调查问卷完成调查，包含网络调查、邮寄调查和留置调查三类。

观察法是指不通过访问或交流而系统地记录事件发展状况或行为模式的过程。观察法既包括观察人，又包括观察现象；既可由人员来进行，也可由机器来进行。

实验法是检验自变量与因变量之间因果关系的一种检验方法。进行因果性调研时，调研人员必须理解实验设计中的四种变量（自变量、因变量、随机干扰变量、控制变量），以及遵循四个基本原则（随机化原则、重复原则、对照原则和区组原则）。

各类定量调查方法都兼具优缺点，在市场调查中要根据调查目的、调查对象特点、调查主题和时间经费等相关条件选择适合的调查方法。

## 思考题

1. 问卷调查有哪些种类？问卷调查的基本特点有哪些？
2. 比较面对面访问调查、电话访问调查、网络调查的优缺点。
3. 自填式调查的优缺点是什么？
4. 在实际工作中如何选择适合的问卷调查方式？
5. 观察法适用的条件是什么？观察法的优缺点是什么？
6. 实验法为什么能检验自变量与因变量之间的因果关系？
7. 实验法要遵循的基本原则是什么？准实验法和实验法的主要区别是什么？
8. 请根据你参加调查的实际经历，或从媒体、网络上寻找一个实验设计市场调查案例，简要分析实验中自变量、因变量和控制变量。
9. 某品牌大量使用名人做广告，为研究这种广告的有效性，你建议使用哪种定量调查方法，解释选择该方法的原因。

# 第4章 定性调查方法

## 学习目标

1. 理解焦点小组座谈会和深度访谈定性调查方法的定义、主要应用领域、优缺点，以及二者的对比

2. 理解商业领域中民族志方法的定义和优缺点

3. 了解共创工作坊、日记法、在线社区的定义和优缺点

定性调查方法，指的是收集定性调查资料的方法，根源于社会学、人类学和心理学，具体分为以访问为主和以观察为主两大类方法。

以访问为主的方法中最经典和主流的是焦点小组座谈会（focus group discussion，以下简称小组座谈会）和深度访谈（in-depth interview，以下简称深访），这两种方法均为主持人通过语言进行访问和互动讨论的形式；而共创工作坊（co-creation workshop，以下简称工作坊）尽管也有主持人这个角色，但受访者之间的讨论互动和头脑风暴更为重要；此外，还有通过发帖和回帖等文字、图片、视频方式进行资料收集的在线社区，以及受访者自行填写内容的日记法等。商业领域中以访问为主的定性调查方法应用较多，小组座谈会和深访作为最经典和主流的两种语言访问式方法，很多时候在商业领域中几乎等于定性调查方法的代名词。

以观察为主的方法中最有代表性的莫过于民族志（ethnography interview，也常被译为生活志），即调查研究人员观察甚至是沉浸于被研究的人们，即受访者的生活中，目的在于获取对于受访者的行为、环境和态度的详细理解。在商业领域中定性观察法以民族志为基础衍生出了家访、陪同购物等相对简化的方法，而无论是民族志还是家访、陪同购物，通常都会采用与访问方法相结合的方式。

近年来定性调查方法越来越受到企业的重视，普及的势头一直不减。其原因主要在于以下几个方面：第一，定性调查相较于定量调查来说，整体上时间和经济成本相对更低、

更可控，因此更有效率。第二，除了定性调查方法外，其他方式很难真正了解被研究者内心深处的心理动机和需求、感受等。第三，定性调查方法更直观生动，大部分方法都允许企业决策者通过单面镜进行观察甚至参与其中，因此更利于形成直观印象。

尽管定性调查能够提供非常有帮助和有用的信息，但我们需要关注定性调查本身的局限性。由于定性调查方法的样本容量较小，因此对应得出的研究结果并不具备统计学意义。同时，定性调查的抽样方式多采用配额抽样，并不一定能够反映出调查所关注人群整体的情况。定性调查研究人员本身的专业程度、个人阅历、研究水平也对定性调查方法的执行质量影响很大。

## 4.1 焦点小组座谈会

标准的焦点小组座谈会是指符合预先约定的招募条件的 6～8 名受访者，在 2 小时左右的讨论时间里，按主持人依照预设的讨论流程（即半结构化的讨论大纲）所引导的话题，发表自己的看法并交换意见。

讨论通常在设置了单面镜的特定场地进行（见图 4－1），观察方（一般为企业市场部或品牌/产品相关人员）坐在单面镜后方，实时观察主持人与受访者（即符合条件的消费者）的讨论过程，受访者不会被观察方的存在干扰，可以给出更真实自然的反馈。

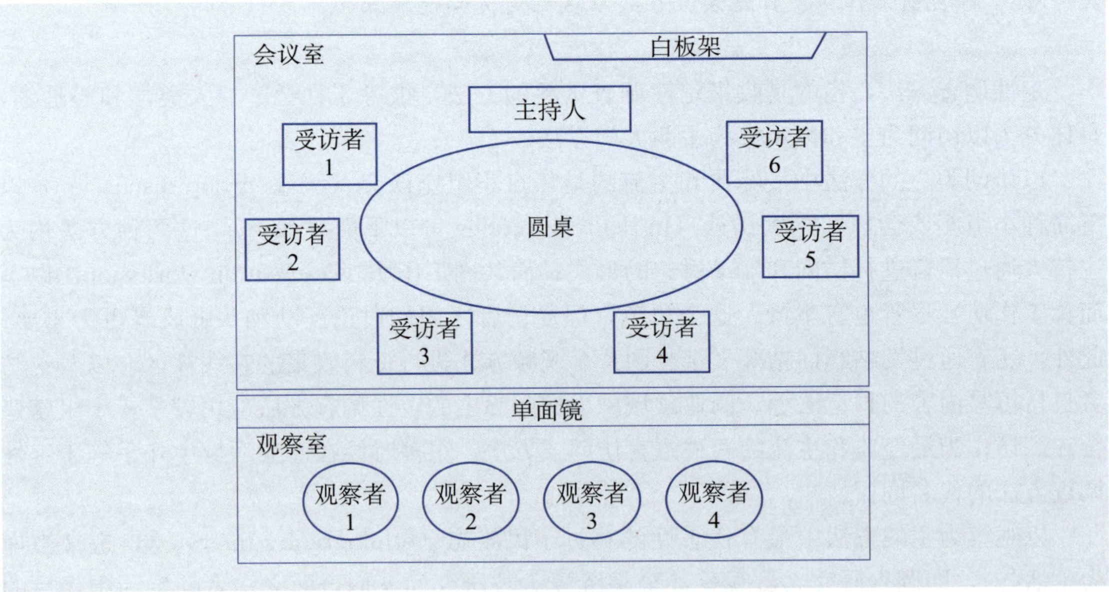


**图 4－1　焦点小组座谈会执行场地示意图**

小组座谈会广泛应用于商业调查中各类适用定性调查的领域。其中包括对消费者的洞察研究，收集消费者语言，对产品/品牌的创意提供发展和改进启发，收集消费者对测试对象的反馈等；同时也可以为后期定量研究的大样本验证提供素材，如输出定性研究的分析假设以及问卷的具体选项内容等。

### 4.1.1 小组座谈会的优点

（1）执行速度快。由于同一时间内访问了多位受访者，因此数据收集的过程相对较短。

（2）信息表达更充分。适应了群体讨论后，受访者会感到比较舒服和有“安全感”，更愿意表达观点和感情；随着小组中对所谈论问题的兴奋水平的提升，受访者的表达意愿会进一步增强。

（3）充分利用群体动力/协同效应。小组座谈会这种方法执行的关键是使得受访者对讨论主题进行充分、详尽的互动讨论，而不是对其中每位受访者一对一访问的简单叠加。一场好的小组座谈会可以充分利用群体动力（group dynamics）效应，即讨论中一个受访者的反应会成为对其他受访者的刺激，从而可以令更多人发表自己的看法和感受；同时可以观察到受访者之间的相互作用，而这种相互作用相比叠加同样数量一对一访问，会产生更多、更有意义的信息。

（4）多元化和可对比的信息。通常在一场小组座谈会中会根据招募要求，按配额招募几类典型的消费者，因此不同类型的消费者贡献出的信息更加丰富多元，可以清晰地看到不同类型消费者之间的共同点和不同点。

（5）更生动和直观。客户可以在单面镜后观察消费者，直接接触到消费者的想法和观点，快速获得第一手消费者信息。实际工作中，客户能够直接接触到消费者的机会并不多，而焦点小组座谈会提供了这个机会，让一些只专注于生产和设计的人也参与观察焦点小组座谈会，从而直接得到消费者的想法，更直观地了解消费者的需求，获得他们最迫切需要的信息。

### 4.1.2 小组座谈会的缺点

（1）提供夸大甚至歪曲的信息。由于处于 6～8 人的共同讨论环境中，受访者在众人面前可能有“表演”的成分，其提供的信息有可能夸大或不准确。

（2）讨论过程可能会有偏差。如果一组讨论内有主导型/意见领袖型受访者，则其他受访者会容易受到其“威慑”，无法轻易表达自己的意见，或沉默甚至故意顺从主导型受访者的意见。在一些特殊情况下，受访者之间会有意见冲突的情况。这些现象都能“淹没”某位受访者提出的有远见的想法。

（3）容易受到主持人的影响。组内讨论的结果质量十分依赖于主持人的整体控制和追问挖掘方式，受访者的观点也非常容易受到其影响。主持人必须注意不要带有偏见，其个人风格可能是导致研究结果偏差的原因。例如，即便是非故意的进攻逼迫式或诱导式风格，也可能令受访者说些他们认为主持人想要他们说的话。

（4）讨论话题和受访者身份存在限制。焦点小组座谈会不适合敏感性问题的讨论，受访者可能出于保护自己或顾忌他人看法的目的，做出不真实的回答。比如对于特殊身份人士的研究就不适合应用焦点小组座谈会这一方法。

（5）分析难度大。小组座谈会半结构化的讨论流程，多人回答的无结构性，使得收集到的信息是凌乱的，后期的编码、分析和解释都很困难。

标准小组座谈会会根据调查目的等条件进行调整，以下为常见的变化形式：

- 迷你小组座谈会。通常为4位受访者，每组讨论时长为1～1.5小时。在讨论话题比较敏感、需要同质性比较强的小范围讨论，或者受访者的招募比较困难时，迷你小组座谈会就是不错的选择。
- 超长小组座谈会。即讨论时长持续到2.5～4小时的座谈会，多出来的时长意味着话题可以被讨论得更加深入、细致，可以在讨论过程中出示更丰富的刺激物材料，可以使用更多的讨论技术和方式。
- 二次召集小组座谈会。它是指同一组受访者被招募参加至少两次小组讨论的座谈会形式，两次讨论之间间隔多为1～3周。首次讨论主要围绕调查主题的基本背景和一些相对比较直接、事实性的话题，随后受访者会被简要告知下次讨论前需要完成的任务——可能是结合日记法的形式进行一些心理、动机、观念等方面的深入挖掘，也可能是针对某些产品进行一段时间的试用和体验——当同样一组受访者被二次召集回来进行讨论时，重点就在于围绕任务的一些想法、感受和经历。
- 群组座谈会。比如青春期相互影响比较大的几位朋友之间反复讨论的产品，就可以采用邀请几位密友共同参加的群组座谈会，这样可以更充分地理解相关主题背后共同参与者的相互影响。

## 4.2 深度访谈

深度访谈是指主持人与受访者直接地、通常以一对一形式进行访问的研究方法。根据访问形式的不同，深度访谈可以分为面对面直接访问、电话访问等形式。访问时长一般在1～2小时，根据调查目的可以灵活增减访问时间。访问地点可以设置在与小组座谈会类似的单面镜场地，以便于更多人无干扰地进行观察，也可以设置在咖啡馆或其他任何方便主持人和受访者坐下来安静讨论的场地。

与小组座谈会类似，深访也是一种半结构化的访问，但更强调对单个样本/受访者的深度讨论与理解，可以更好地理解消费者的行为和态度与个人背景之间的关系，个案性更强。

深访主要用于获取对问题的深层理解和结构或过程的还原等。通常是用于访问难以通过常规调研方式接触到的受访者，比如高档产品或新兴领域产品的使用者；或者涉及某一专业领域的内容，如研究中某一渠道或领域的专家；也可能涉及隐私话题，如敏感身份者。另外，一对一的访问能够细致深入地理解个人的观点和想法、回忆过程和步骤，也特别适用于研究诸如购买决策过程、使用过程的还原等方面。

### 4.2.1 深访的优点

（1）更易收集到真实信息。从受访者的层面，相比焦点小组座谈会，深度访谈消除了群体压力，每个受访者都更可能提供真实的信息，而不必只提供最容易被群体接受的说法。一对一的交流使得受访者感到自己是关注焦点，个人的感受与想法是重要的，是被人真正期望了解的，从而更愿意表达自己的想法。

（2）洞察更深入或具启发性。从研究者的层面，在单个受访者上所花费的时间比较长，能够不断鼓励他们吐露新的信息，从而更深入地探查受访者，揭示隐藏在表面陈述下的感受和动机。一对一的沟通也更容易激发偶然的思路和发散的思维方式，这通常能对主要问题提供补充性甚至启发式的重要洞察。近距离的接触也使得研究者对非语言的反馈更加敏感，通过观察和综合分析获取更深入的洞察。

### 4.2.2　深访的缺点

（1）成本高。深度访谈通常比焦点小组座谈会的成本高。单位时间内只能访问一位受访者，执行和分析的时间都会更长，导致时间和经济成本增加。同时由于重视对单个样本的挖掘，对受访者的条件要求更高，招募难度普遍高于焦点小组座谈会，也带来招募成本和时间的增加。

（2）缺乏“碰撞”。相对于焦点小组座谈会中多位受访者之间的互动，深度访谈缺乏“碰撞出新想法”的机制，更多基于一位受访者的单一信息进行讨论。

在标准个人深访的基础上也可以对参与访谈的人数进行灵活调整，如关系密切的 2～3 个人，可以是好朋友、家庭成员、同事等共同参与访问的成对深访，通常用于对共同决策和相互影响进行深入探讨的调查主题；依据讨论的复杂程度，也可以将通常 1～2 小时的深访延长到 2.5 小时甚至更长，或者进行 30～45 分钟的迷你访谈。

表 4 - 1 是焦点小组座谈会和深度访谈的对比。

**表 4 - 1　焦点小组座谈会和深度访谈的对比**

| | 焦点小组座谈会 | 深度访谈 |
|---|---|---|
| 讨论环境 | 受访者处于放松、无压力的环境 | 消除小组带来的压力；<br>更和谐和令人信任的气氛，更容易启发受访者 |
| 讨论过程 | 观点交流，产生更多“火花”和创意；<br>更丰富的信息，获取更多的词汇；<br>获取消费者的相似性和不同 | 强调深度；<br>细致理解过程和想法，如购买决策过程、使用过程等；<br>更好地理解消费者的行为和态度与个人的背景之间的关系 |
| 可能出现的问题 | 有主导型受访者；<br>出现互相冲突或跟从的现象；<br>小组会带来压力；<br>不适合敏感性问题的讨论 | 信息单一 |
| 成本 | 节省成本和时间 | 成本较高；<br>招募的难度高于焦点小组座谈会；<br>执行和分析的时间更长 |

## 4.3 民族志

民族志学可追溯到人类学家在20世纪初对于小型乡村社会（甚至是偏远地区）的研究。当时人类学家长期深入研究这些乡村社会的生活，记录下了它们的社会制度以及信仰体系。在大多数情形下，民族志学者公开或秘密地深入现场工作（比如参与目标人群日常生活中的特定场景），观察事件的发生过程，聆听目标人群的谈话，向目标人群提问，以收集任何能阐明研究重点的信息/数据。

如今在商业调查领域，民族志指的是在自然状态下的消费者行为研究，包括观察消费者的行为和物理环境，是一种沉浸式的研究方法。调查者不仅作为会提问的“访问者”，更直接地观察、近距离地接触他们正在研究的人群，而且作为“参与其中的观察者”，还能利用他们与被研究者的密切关系来获得对文化和行为更为丰富与深入的理解。

民族志的进一步介绍

在商业调查中，民族志的执行形式丰富多样，常见的形式包括家访、陪同购物、消费场景还原体验等。它尤其适用于生活形态和价值观研究这类需要沉浸、深度理解的研究类型，也常用于消费人群和场景的深入刻画，消费者购买和使用流程、产品使用和需求研究、媒介接触点以及创意产生和探索研究。

### 4.3.1 民族志的优点

（1）信息真实准确。相比小组座谈会和深访基于实验室式的环境——依赖主持人的提问、受访者回忆作答，民族志则基于自然环境和情境，这样的方式下受访者的行为相对偏差更小，更即时和真实，因此可以更为准确地描述和还原他们的行为。民族志调查人员除了在不干扰受访者的情况下进行观察，还会在观察后或观察间隙积极地采访或与受访者讨论互动，在真实场景下，基于所观察到的内容，进一步沟通了解受访者的行为动因，因而能为调研人员提供更为丰富、即时的洞察基础。

（2）调查者亲历。作为现场观察者，调查者自己的感受，譬如反应、情感、想法，同时也是研究获取的重要数据，只有调查者亲身经历这些过程后，受访者的行为或态度才能被他们更好地理解。

（3）发现隐性信息。在观察的过程中，研究者会发现一些隐藏的线索，是一问一答所难以收集的信息。这些隐藏的线索被经验丰富的研究者利用、加工、进一步发酵，不仅可以成为提问的基础，还可以进一步创造出新的启发性分析思路和内容。

（4）数据丰富生动。采用拍照、录音以及录像等不同的记录手段，能为将来的分析报告提供更为丰富生动的呈现形式。

### 4.3.2 民族志的缺点

（1）成本非常高。需要研究者投入大量的时间和精力，单个样本的执行时间通常要占用半天甚至数天；同时民族志选取的样本需要更具典型性，代表某一类型的目标群体，通常是意见领袖型消费者，招募难度和成本是几种研究方法中相对最高的。

（2）信息缺乏结构性。由于观察是这种方法的重要手段，访问只是其有效补充，因此对大量观察到的非结构化信息，后期整理、分析的难度都很大。

（3）主观性强。研究结果主要来自研究者的观察和记录，因此对研究者对所研究领域的熟悉程度、对人类学和社会学的理解程度以及对所观察的对象的敏感程度等各方面要求均较高。

## 4.4 共创工作坊

共创工作坊是一种极具灵感迸发性、创造性和启发性的研究形式。在商业调查中的工作坊，通常邀请数位意见领袖型消费者，与主持人一起在轻松的氛围下进行持续数小时的、不被打扰的头脑风暴。

为了保证讨论过程中受访者处于轻松且被鼓励的状态，工作坊场地通常选取咖啡馆或开放式的会议室等空间，参与讨论的人数根据具体需求一般在 6～20 人之间，同时允许多人作为“观察员”旁听。如果参与讨论的人数在 10 人以上，通常会在工作坊内部再进行细分。

面对消费者的工作坊适用于需要创意输入的内容，譬如，包装设计、沟通/广告创意发展。同时，它还适合需要进行方向性探索的研究，譬如，品牌世界/调性解码、品牌/产品定位方向、品牌/产品命名方向等。

工作坊的互动性强，不仅参与者之间有热烈的讨论，客户也可以坐在参会者旁边，共同参与讨论。由于工作坊自由互动的性质，其间产生的想法和思想碰撞，对创意征集和方向性探索的研究贡献度非常高。

因为是创意类的研究，所以使用的刺激物较多，整体讨论流程复杂，时间也比较长，因而对参与者和主持人的要求较高，参与者需要时刻保持头脑活跃的状态，主持人要有很强的掌控力。如果参与者不是意见领袖型受访者，会直接影响工作坊的输出结果，出现贡献的创意和想法价值有限的情况。

## 4.5 其他辅助型定性调查方法

本章前几节中所介绍的小组座谈会、深访是最常用的定性调查方法，民族志和工作坊是相对更有启发性和创造性的方法补充。这些方法既可以独立完成研究目标，也可以在同一项研究中相互补充。

以下将简要介绍几种通常作为辅助手段的研究方法，包括日记法（research diary）、在线社区（online community），这些方法是在传统研究方法的基础上发展和演变而来的，部分方法还有效地借助了互联网的相关工具和特点，使得整体研究更完善和适应研究目标。

### 4.5.1 日记法

日记法是定性研究中经常使用的一种辅助研究方法，常用于了解消费者的生活方式和态度，记录实际产品或品牌的选择、使用行为和习惯、媒体接触点和内容等方面。

日记法作为焦点小组座谈会或民族志的前置补充，为后期的讨论或访问提供基础素材，一般不单独作为一种研究方法独立执行一项研究。消费者通过文字记录、图片补充等方式，填写研究者事先设计好的日记模板，形象、深入、多角度地展现自身的生活状态、产品使用等情况，还原一段时期内最真实、细节化的行为和场景。适应互联网兴起的趋势，目前日记法较少采用纸质方式，多用电子版或在线方式，因此又称为数字化日记。

#### 1. 日记法的优点

受访者通过记录文字和补充图片的方式，能够更即时和细节地还原选择过程、使用行为和评价，通过图文并茂的方式进行展示，为研究者提供更为详细和有效的信息。

这些信息为研究者提供了具体、生动、真实的素材，为后期的焦点小组座谈会和研讨会做预热，并为座谈会和研讨会中的刺激物提供了丰富而实用的素材。因此可以成为之后深入了解受访者、进行进一步研究的坚实基础。

另外，有些受访者在焦点小组座谈会或深度访谈的环境下，受限于环境压力或语言表达能力，对一些态度和价值观的总结往往不到位，而通过日记这种形式，可以令其有思考、整理和总结的空间，也消除了其在他人面前表达的压力，可以获得更真实、丰富、有价值的结果。

#### 2. 日记法的缺点

不同于几种常见研究方法中主持人的引导，受访者需要相对独立地完成日记的填写，因此有可能会因为不了解题目设置的目的或意义，而不能给出高质量的答案甚至无法填写，这就需要日记的设计充分考虑受访者的情况，设计得更浅显、友好，同时需要研究者在收到日记后花费时间和精力进行追问和补充填答。

### 4.5.2 在线社区

在线社区是指受访者以参与网络论坛的形式，在指定的时间段内，以文字、图片、视频以及投票等多种方式进行在线讨论，主持人可随时与受访者进行互动提问。不同于其他研究方法的“一次性”，在线社区一般会持续数天，比如单独的研究主题一般会维持 2～7 天的网上社区互动，有些企业对特定人群会建立一个长期活跃的社区，定期进行不同主题的讨论。

近年来，随着微信的普遍使用，出现了一种由在线社区改良而来的更轻量级的研究方法——微信群讨论，即邀请目标用户加入微信群，以群内问答和朋友圈评论的方式进行的一种定性访谈方法。群内讨论人数一般在 4～20 人。

### 1. 在线社区的优点

首先，在线社区不受空间和地域的限制，只需要有一台电脑和网络即可进行，手机 App 也可以，这使受访者参与讨论更加便捷。由于网络不受地域限制，覆盖范围更广，可以同时接触到不同城市的受访者。

其次，时间成本和运作成本低。相比焦点小组座谈会和深度访谈需要提前确定固定的时间段，在线社区是 24 小时论坛，可供受访者全天候随时讨论，也无需差旅和场地租借等费用，不需要主持人全程在线。

最后，在线社区可以使受访者更自由开放地进行交流，网络的特性使受访者在手机或电脑屏幕前更能畅所欲言。

### 2. 在线社区的缺点

与日记法面对的问题类似，在线社区的问题设置和形式需要设计得非常具体和细节化，否则会出现受访者不知道如何作答或胡乱填答的情况。

相比焦点小组座谈会，在线社区受到文字表达的限制，对话题的讨论难以特别深入。虽然有和受访者一对一交流的时间，但无法看到受访者的表情以及说话时的语气，很难判断受访者文字背后的深意。

在线社区在实际执行的过程中会出现很多技术问题，譬如，早期无法注册和登录，中途也可能会出现受访者登录不了系统的情况，以及视频或图片因为文件太大出现上传慢甚至无法上传的情况等。这些问题都需要有经验的研究者提前进行预判和控制。

## 小　结

本章从定性调查方法在商业领域受到企业的青睐的主要原因开始讲述，也提醒读者要关注定性调查方法本身存在的局限性。各小节分别介绍了以访问为主和以观察为主的定性调查方法，前者以焦点小组座谈会和深度访谈这两种方法最为经典，共创工作坊作为创新方式也属于以访问方式为主的范畴；后者则以民族志为代表进行介绍。此外，日记法、在线社区这些辅助性的定性调查方法也都在本章有所介绍。针对每一种定性调查方法，本章介绍了方法本身的定义、主要的应用领域以及具体的优缺点。

## 思考题

1. 以访问为主的定性调查方法中最为经典的两种方法是什么？有哪些具体的差异？
2. 民族志属于以访问为主还是以观察为主的调查方法？具体的优缺点有哪些？
3. 共创工作坊、日记法、在线社区的优缺点分别是什么？

4. 某视频网站想了解目前广告主在网络视频领域的广告投放情况，以及广告主选择网络视频平台的考量因素。请问就定性调查来看适合采用哪种具体调查方法来实现此研究目的？解释选择该方法的原因。

5. 某奶制品企业品牌知名度高，推出的酸奶产品市场占有率也一直不错。但该企业居安思危，希望能够通过对年轻人口味和流行趋势，以及具体奶制品产品选择的行为和态度进行研究，发现可能的新产品机会。如果你作为市场调查人员，会建议该企业选择哪一到两种定性调查方法进行该项目的市场调查？选择相关调查方法的理由是什么？

# 第5章 调查问卷的设计

## 学习目标

1. 理解问卷的作用和可能导致的误差
2. 熟悉问卷的类型和结构
3. 了解问卷设计的一般流程
4. 了解问卷设计中常见的问题和处理方法
5. 了解敏感性问题的设计技巧
6. 熟悉量表类型和设计技巧
7. 了解自填式问卷的设计技巧

问卷设计是市场调查的关键环节，对调查质量有重大影响。问卷设计的缺陷不仅会影响市场调查的其他环节，甚至可能导致整个调查项目的失败。问卷设计是调查计量误差的主要来源之一，它还直接关系到由于调查员、受访者等所引起的计量误差。例如，问卷题量过多，引起受访者的不耐烦或反感；问卷结构混乱、概念模糊，容易引起受访者的误解等。

问卷设计所涉及的知识十分广泛，需要很多技巧，既要满足调查需要，又要照顾受访者的感受；既要有科学性，又要有艺术性。设计出一份高质量的问卷非常重要，当然难度也较大。不同类型的调查项目对问卷的要求差别很大，并不存在一种适用于各类调查内容和各种调查方式的通用问卷模式，但仍有一些共同的基本原则可循。本章包括问卷设计概述、问卷设计流程和常见问题，以及两类主要问题（行为问题、态度问题）和自填式问卷的设计技巧等内容。

## 5.1 概　述

### 5.1.1 问卷的概念

问卷，又称调查表，是指调查者根据调查目的和要求设计出的由一系列问题、备选答案及说明等组成的向受访者收集资料的一种工具。问卷广泛应用于统计学、经济学、管理学、社会学、心理学等领域，它是市场调查收集资料的基本工具之一。市场研究需要进行规范的调查，标准化的问卷则不仅有利于准确、迅速地收集市场资料和信息，而且便于高速、高效地对这些数据进行处理和分析。

### 5.1.2 问卷的作用

简单地说，问卷的作用就是作为提问、记录和编码的工具，获得第一手的市场资料。具体来说，体现在以下几个方面：

（1）将所需信息转化为受访者可以回答并愿意回答的一系列具体的问题。

（2）引导受访者参与并完成调查，减少由受访者引起的计量误差。

（3）使调查人员的提问标准化，减少由调查人员引起的计量误差。

（4）根据它来记录受访者的回答。

（5）根据它来进行编码。

因此，问卷设计的目的就在于：设计一份理想的问卷，既能描述出受访者的特征（性别、年龄、职业、文化程度等），又能测量出受访者对某一社会经济事物的态度，并且能在一定条件下以最小的计量误差得到所需的所有数据。

### 5.1.3 问卷的类型

问卷的设计必须与调查目的和要求、调查主题、调查对象以及调查方式相适应，因而不同的研究问题、对象和方式适用不同的问卷类型。

（1）根据调查方式的不同，可分为派员访问调查问卷、电话调查问卷、邮寄调查问卷、网上调查问卷和座谈会调查问卷等。

（2）根据问卷的填答方式，可分为自填式问卷和代填式问卷。自填式问卷即由受访者自己填答的问卷，主要适用于邮寄调查、宣传媒体发放的问卷调查、网上调查以及派员送发问卷调查等；代填式问卷是由访员根据受访者的口头回答来填写的问卷，主要适用于派员访问调查、座谈会调查以及电话调查等。

这两类问卷的使用者不同，自填式问卷由受访者使用，代填式问卷则由经过专业培训的调查员使用，所以它们在具体结构、问题类型、措辞以及版式等方面都会有所不同。一般来说，自填式问卷要求格式清晰、问题简单、说明详细，侧重于受访者能够接受并正确理解和填答问卷；而代填式问卷更注重问卷的实地处理。

### 5.1.4 问卷的结构

问卷一般由开头、正文和结尾三个部分组成。

#### 1. 问卷的开头

主要包括问候语、填表说明和问卷编号。

（1）问候语。问候语是为了引起受访者的重视，消除他们的疑虑，激发他们的参与意识，争取得到他们的合作，因此语气应该亲切、诚恳、有礼貌，内容要能交代清楚调查目的、调查者身份、保密原则以及奖励措施等；同时，不能拖沓冗长，引起受访者的反感。如果问候语的内容和措辞恰当，可能会降低拒访率，提高调查结果的可靠性和有效性。相反，如果内容或措辞不当，可能导致无回答率增高，从而增加调查成本，甚至引起偏差和误差，影响调查结果。

（2）填表说明。目的在于规范和帮助受访者对问卷的回答。填表说明可以集中放在问卷前面，也可以分散到各有关问题之前。尤其对自填式问卷，填表说明一定要详细清楚，而且格式和位置要醒目。否则，即使受访者理解了题意，也可能回答错误，引起数据偏差或误差。例如，可能造成单选题回答成多选，排序题回答成选择题，该跳答处没有跳答，要求填写的数字单位是“升”却回答成“杯”等。

（3）问卷编号。主要用于识别问卷、访员、受访者地址等，还可用于检查访员的工作，防止舞弊行为，便于校对检查、更正错误等。

#### 2. 问卷的正文

一般包括资料收集、受访者的基本情况和编码三个部分。

（1）资料收集部分是问卷的主体，也是使用问卷的目的所在。其内容主要包括调查所要了解的问题和备选答案。显然，对这部分内容设计方法的探讨，是问卷设计研究的重点。

（2）受访者的基本情况也是问卷正文的重要内容之一。受访者往往对这部分问题比较敏感，但这些问题与研究目的密切相关，必不可少，如个人的年龄、性别、文化程度、职业、职务、收入等，家庭的类型、人口数、经济情况等，单位的性质、规模、行业、所在地等，具体内容要依据研究者先期的分析设计而定。

（3）这里的编码是指问卷中包含的前编码设计，以及为后编码设计预留的位置。

#### 3. 问卷的结尾

问卷的结尾可以设置开放题，征询受访者的意见或感受，或者是记录调查情况，也可以是感谢语或其他补充说明。

### 5.1.5 问卷设计原则

问卷设计是一门科学，同时具有较强的艺术性。在设计问卷时要求设计者具有一定的技巧性、灵活性和创造性。虽然问卷类型、内容各异，不同设计者也有不同的设计风格，但都需满足问卷设计的根本要求，即在一定成本下获取最小误差的有效数据。这一要求体现在问卷设计的四个基本原则上。

### 1. 功能性原则

功能性原则是问卷设计最基本的原则，即实现问卷的基本功能，达到规范设计和满足调查客户需求的目的。这一原则具体表现在一致性、完整性、准确性和可行性等几方面。

### 2. 可靠性原则

所谓可靠性原则，是指作为数据收集工具的问卷，应保证数据在一定的条件下维持稳定性。具体来说，调查者、受访者和调查环境的不同都可能引起数据波动，问卷应具有一定的稳健性，以减少这三方面对数据质量的影响。

### 3. 效率原则

在遵循功能性原则和可靠性原则的前提下，问卷设计应保证最大效率原则。简单地说，就是在保证获得同样信息的条件下，选择最简捷的询问方式，以使问卷的长度、题量和难度最小，节省调查成本。一方面，在一定成本下，要使问卷尽量获取全面、准确、有效的信息，但并不等于一味追求容量大、信息多，不要询问与本次调查目的无关的问题；另一方面，追求高效率并不简单等于低成本，一味节约成本可能会以数据准确性和可靠性降低为代价，反而造成低效率。

### 4. 可维护性原则

问卷的设计往往不是一次性完成，好的问卷需要经过反复的修改和检验，待错误全部修正后，再正式开展大规模的调查。一份便于修正的问卷应当结构清晰，不同的调查项目之间有明确的界限，当一个项目的内容需要进行调整时，不会影响到问卷的其他部分。此外，应注意问卷的可对比性和连续性。如果设计问卷时仅从本次调查出发，忽略问卷的标准化，数据口径不一，缺乏时间、空间和内容的可比性，将会极大地限制数据的利用价值。

## 5.2 问卷设计流程和常见问题

不同的调查目的和要求，不同的调查对象、调查内容，以及不同的调查方式等因素，可能会决定不同的问卷类型、结构和特征。在市场研究中，调查内容无所不包，每个调查项目都有各自的特点，因此，相应的问卷设计也要各有侧重。当然，问卷设计也并非完全无规律可循，多数问卷设计的基本原则和设计流程是相同的。

在问卷设计的实际操作中，每一个步骤都有许多细节需要注意，以尽量减少可能导致的计量误差。本节按照问卷设计的一般流程（见图 5－1），探讨哪些因素容易导致计量误差，并对问卷设计各环节的常见问题及其解决进行阐述。

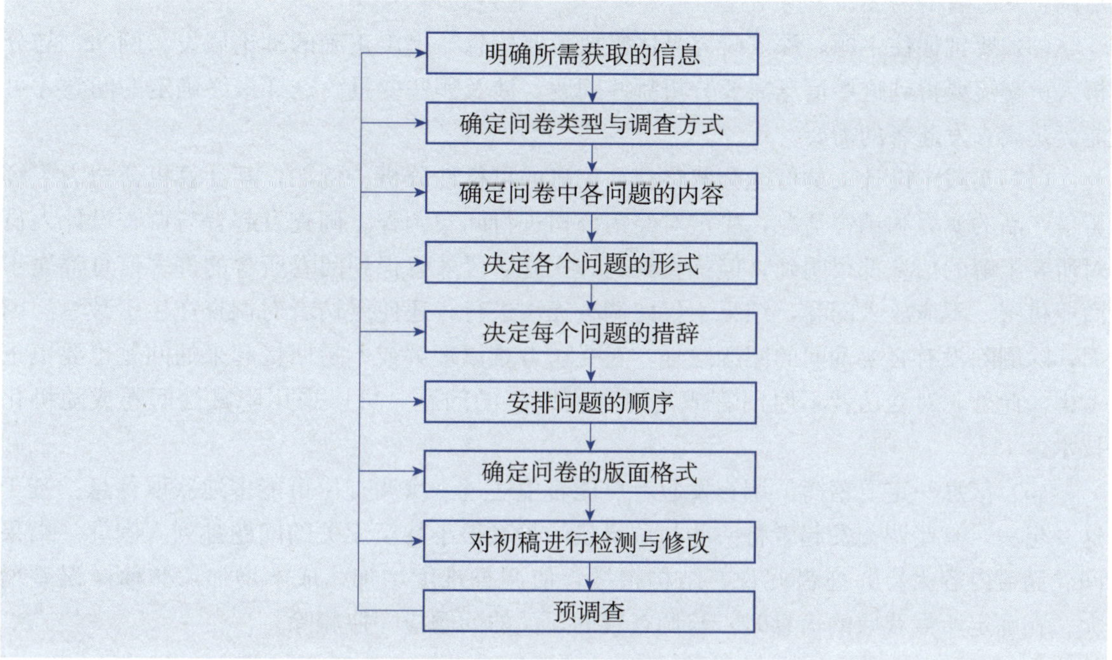


**图 5－1　问卷设计流程**

### 5.2.1　明确所需获取的信息

问卷设计的第一步，就是对调查主题和目的进行初步的探索性研究，将其转化为具体理论假设与所需获取的信息。这一阶段的工作与调研前期的工作密切相关。因为调研的第一步就是研究调查目的和调查主题，如果调研者在这一步已进行了细致的研究，那么这一阶段的工作就会容易得多。

许多调查都要求设计者对调查主题有一定的研究，提出一些理论假设，对本次调查主题各因素间的关系进行推断性判断。探索性调查的目的主要在于发现思想或见解。设计初期对问题了解较少，只有一些粗略的设想，可能难以提出理论假设。设计者应尽可能列出想到的所有假设和所需信息，再联系主题对其进行筛选，排除不必调查的内容，便可以得到本次调查的基本项目结构。然后，分析检验这些假设与获取这些信息需要进行哪些统计分析，就决定了调查总体和调查内容。

归纳起来，这一阶段应该注意的问题主要有以下几个：

（1）问卷内容应与调查发起者的需求相一致。很多时候，调查发起者可能不知道自己真正需要获得哪些信息。例如，某次关于某类电视广告效果调查的前期，调查发起者只是说想了解该类广告的影响效果，再深入解释了解什么就不清楚了。如果仅根据这一句话确定问卷内容，结果往往是很难满足调查发起者的真正需求。因此，调查设计人员要与调查发起者反复沟通交流，深入了解其真正需求。

（2）反复检查或通过预调查，分析有无遗漏重要信息，要保证信息的完整性，充分满足调查发起者的需要。

（3）要把握住主题，深入研究具体需要哪些信息，提出正确的理论假设。例如，与分析人员交流要得到这些信息需要分析哪些问题，涉及哪些变量。这样最终确定的问卷才可能满足调查发起者的需要。

（4）实践中设计人员可能会忽略获取信息的可行性分析。例如，某计算机公司为了解竞争产品的实力和销售情况，决定对经销公司进行问卷调查。调查发起者与调查设计人员对所要了解的信息都很明确，但是直到调查实施阶段才意识到问卷所含的许多信息都属于商业机密，不应放入问卷，结果不仅使调查无法进行，还使受访者对调查产生了敌意。因而，除删除没有必要询问的问题之外，对受访者难以理解或不易回忆起来的问题也要慎重考虑。此外，对受访者不愿回答或不愿真实回答的问题，可以采用隐藏性问卷或随机化技术。

（5）信息一定要精简。调查发起者可能希望通过一次调查尽可能多地获取信息。基于这一想法，有些调查发起者将一些与调研目的关系很小甚至无关的问题都列入问卷，结果问卷涵盖内容太广，拖沓冗长，结构松散，使调查难度增加，成本增加，非抽样误差增大。在确定所需获取的信息时，与调查目的无关的问题应一律删除。

### 5.2.2 确定问卷类型与调查方式

明确所需获取的信息之后，研究人员需要决定怎样收集这些信息，包括确定问卷类型和调查方式两个方面。在实际调查中，问卷类型或调查方式的选择不当都会导致很大的非抽样误差，严重影响调查质量。这一阶段要注意的问题主要有以下三个方面。

#### 1. 可行性

选择的问卷类型不合适，或调查方式不合适，或两者的搭配不合适，都可能导致高拒访率，引起调查误差。例如，某调查者既希望设计的问卷内容详细而全面，又想通过电话调查方式节省费用。问卷长而复杂正是电话调查的禁忌，显然，调查方式与问卷类型不匹配，调查结果很难令人满意。因此，应根据所需了解信息的内容、类型和数量，选择配套可行的问卷类型和调查方式。如果调查内容涉及敏感性问题，可考虑匿名性邮寄调查问卷或在派员访问调查中采用随机化技术，电话调查则显然不适合。为了提高回答率或防止对受访者的诱导，可考虑采用隐藏性问卷类型。

#### 2. 准确性

如果盲目选择调查方式和问卷类型，则调查结果的准确性可能达不到调查发起者对信息准确度的要求。例如，欲估计某品牌洗发水的市场占比，为节省费用采用社交媒体调查，结果回收率很低，使数据不可信。由于受访者分布可能有偏，使用这种结果估计产品的市场占比显然不准确。

3. 效率

效率是指在满足调查目的的基础上使成本最低。选择的调查方式与问卷类型不匹配可能造成低效与浪费。选择调查方式与问卷类型时要考虑能支付的调查费用和对时间的要求。

科学地选择调查方式和问卷类型，首先应明确各类调查方式的优缺点及适用范围。问卷类型的选择直接取决于调查内容和要求，也受制于调查方式。面对面访问调查由于调查内容广泛、数据准确、成功率高等优点，使用较普遍，但成本高，调查周期较长且不适用于某些敏感性问题。邮寄调查的调查对象分布广泛，适用于规模较大、调查内容不甚复杂、对总体推断的精确度要求不高且总体成分构成比较单一的调查项目。电话调查的适用面较广泛，但对问卷的长度、难度和敏感性有一定限制。网络调查成本低、速度快，虽然难以保证数据质量，但使用频率越来越高，尤其适用于对专题信息的收集、对特定群体的调查或者作为其他调查的补充，还可以用匿名方式调查一些敏感性问题。

### 5.2.3　确定问卷中各问题的内容

确定问卷中各问题的内容即确定问卷中具体包括哪些问题以及这些问题都应询问什么内容。这一阶段要注意：

（1）反复检查各问题的内容能否有效地获取所需信息，以及有无遗漏信息。

（2）检查问题的内容能否准确反映所需信息。实践中有些受访者喜欢隐瞒自己的收入、年龄、饮酒量或吸烟量等，有些受访者喜欢夸大自己的受教育程度、职位等。因而确定问题内容时要想办法克服或修正这些偏差，例如用家庭拥有的家用电器情况来修正收入。

确定问题内容时原则上应一题一问，尽量避免一题多问。如果一个问题内事实上包含若干个问题的内容，结果得到的回答反而会含糊不清，不知道应归属于哪个问题。例如，客户对某产品的价格和服务质量感兴趣，因此询问消费者“您对它的价格和服务质量满意还是不满意？”该问题实际上包括价格和服务质量两方面的问题，“对价格不满意但对服务满意”、“对服务不满意但对价格满意”或“对价格和服务都不满意”的受访者都可能回答“不满意”，该结果显然不能反映客户想了解的信息。因而，该问题应分为两个问题分别询问：“您对它的价格满意还是不满意？”“您对它的服务质量满意还是不满意？”

（3）检查各问题内容的可行性与可靠性。有些问题的内容可能对受访者来说要求过高，受访者根本回忆不出或不知道问题的答案，结果缺失太多，数据可信度下降。即使勉强得到了答案，也可能不准确。例如，受访者不愿在某些方面示弱，可能会对自己不知道、不理解或没有思考过的问题表达意见，或对事实进行隐瞒或夸大。还有些问题受访者不愿回答，原因可能是受访者认为问题太麻烦，或者涉及隐私，或认为根本没有必要回答等。因此，确定问题内容时应注意受访者愿意准确回答、可以准确回忆（可以在帮助下）、能够准确理解并给出有意义回答的可能性。

受访者之所以接受访问回答问题，原因可能有：慷慨地帮助别人；喜欢谈论自己或自己的观点；问题对自己无害；等等。如果回答问题的可行性较小，又不可能通过其他方法提高回答率或找到替代问题，就只能放弃。

提高问题回答率的方法主要有：取得有名望的组织单位的支持；采用隐藏性问卷使受访者消除戒备；借助辅助措施帮助受访者回答；采用随机化选答技术等。

（4）确定题量时一定要把握好度，注意效率原则。问卷中的问题并非越多越好，在问卷中加入与本次调查无关的内容，或者由于问卷结构不清致使某些问题被重复询问，都会加大调查的工作量和难度。如果问卷中多设计一个变量，后期阶段的数据收集、录入、处理和分析就会相应增加很多工作量。尤其是在大规模调查中，问卷中一个可有可无的变量会浪费大量的人力、物力。此外，研究表明，冗长的问卷可能会使受访者兴趣下降，无关或重复的问题可能会引起受访者的反感或分散其注意力，从而加大计量误差。

因此，确定问题内容时，既不要为节省成本而省略重要信息，也不要为多获取信息而忽略可行性，盲目地增加题量。尤其是在电话调查中，对问卷题量的限制要求更高，在所需信息较多的情况下，可以考虑采用分离问卷的方法。

### 5.2.4 决定各个问题的形式

问题类型主要有开放题和封闭题两种，不同题型有不同的优缺点和适用范围。

#### 1. 开放题

开放题由受访者用自己的语言自由回答，自由决定回答的角度、形式、长度和细节，而非在固定选项中选择。例如：

> 产品色彩中哪类颜色是您最喜欢的？（追问：您最喜欢什么颜色？）
> 您认为某公司的服务在哪些方面应有所改进？请您畅所欲言。

开放题的主要优点是：

（1）受访者可以充分表达自己的意见和看法。

（2）调动受访者的积极性。

（3）防止固定选项对受访者的诱导。

（4）从回答中可以检查受访者是否误解了问题。

开放题的主要缺点是：

（1）标准化程度低，调查结果不易处理，无法深入定量分析。

（2）要求受访者有一定的文字表达能力。

（3）回答率比较低。

（4）需要占用较多的时间。

开放题经常需要“追问”，追问可以获得更详细的信息，同时可以调动受访者的积极性。访员通过追问“还有其他的吗”或“在这一点上能否讲得更详细些”可以澄清受访者的回答。开放题在定性访问中起着重要的作用，但不适合在自填式问卷中使用。

### 2. 封闭题

封闭题给出固定选项，要求受访者从中选择或由访员根据受访者的回答选择，主要形式有两项选择题、多项选择题、排序题等。例如：

（1）两项选择题：

最近三个月内，您有没有购买过某品牌产品？（　　）

①有　　②没有

（2）多项选择题：

请问您对某公司的抱怨主要集中在哪些方面？（可多选）（　　）

| | | |
|---|---|---|
| ①服务态度 | ②价格 | ③业务水平 |
| ④硬件设施 | ⑤工作效率 | ⑥信息提供/反馈 |
| ⑦单证服务 | ⑧其他 | |

（3）排序题：

请问您选择代理公司时，您最看重的是（　　）；其次是（　　）；再次是（　　）。

| | | |
|---|---|---|
| ①价格 | ②服务质量 | ③公司信誉 |
| ④以往合作经验 | ⑤人际关系 | ⑥服务态度 |
| ⑦其他 | | |

封闭题的主要优点是：

（1）标准化程度高，调查结果易于处理，便于定量分析。

（2）对文化程度较低的受访者也可使用。

（3）回答率较高。

（4）节省调查时间。

封闭题的主要缺点是：

（1）受访者的选项可能不能准确表达其意见和看法。

（2）给出的选项可能对受访者产生诱导。

（3）受访者可能误解问题或圈错答案，但答案难以反映出来。

### 3. 选择题型时应注意的要点

（1）尽量为受访者考虑，预防由受访者引起的计量误差。设计者如果仅从提问角度选择问卷形式，忽略受访者的感受，主观假定受访者对不同形式问题的反应无显著差异，结果必然导致计量误差。

首先，采用的问题形式应尽量简单，复杂的问题应尽量简化。以某项邮寄调查为例，调查者为得到详细信息，设计了大量的交叉列联表和排序题，有些排序题的选项多达 20 个，结果问卷回收率远低于预期值，回收的问卷中也含有大量的项目缺失，许多表格空缺，还有一些受访者没有理解题意，把排序题当成多选题。根据这些问卷，最后推断的结论明显缺乏说服力。又如，某项调查需详细询问家庭结构，设计的问题为：

请问您家庭的结构为：

□一人　　□夫妻两人　　□两代家庭

□三代家庭　　□四代家庭或四代以上家庭

该题选项存在不少缺陷，不能满足分析的需要。例如，同是两代家庭，可能是老中结构，也可能是中青结构，还可能青少结构，这三类两代家庭的消费模式显然是不同的。另外，还有离婚、分居等情况难以判断。

其次，应充分考虑敏感性问题对受访者的影响。以最常见的收入问题为例，对大部分调查来说，收入背景资料必不可少，但许多受访者不愿真实回答，故意隐瞒自己的收入。实践表明，把收入分层让受访者选择比让他直接填写要好得多。即便如此，调查所得的收入值也明显偏低。目前，采用何种问题形式可以准确反映受访者的收入仍在探索研究中。

（2）采用的问题形式应能准确反映问题内容，尽量满足分析要求。在确定问题形式的同时，要确定最终分析所需要的数据类型，这直接影响到分析的深度和广度。

以收入分类为例，收入可以按照 500 元、1 000 元或 2 000 元的间隔平均划分，也可以不等距划分。若不考虑分析目的而盲目分层，如在某高档消费品市场调查中，不对高收入阶层进行细分，仍像一般调查一样，简单地把收入最高档设为人均月收入 3 000 元以上，导致最后分析时无法对主要消费者细分，悔之晚矣。因此，在选择问题形式时，要多与分析人员交流，尽量满足分析的需要。

（3）保证问卷标准化。在满足分析目的的前提下，尽量保持指标口径的通用性，以便于对比和可移植使用。有些设计者在设计指标时没有考虑到标准化问题，设计的指标单独从问题或本次调查来看没有问题，但如果前后联系或与同类问卷比较，则可能口径不一，缺乏可比性，数据的可利用价值大大降低。

具体内容千差万别，问题形式也多种多样。因而在具体选择问题形式时，应尽量注意上述要点，兼顾问卷设计的原则。必须指出的是，以上几方面要点之间是相互交叉、相互制约的，同时兼顾相当困难。分析者往往希望数据详细、明确、测量尺度高，受访者则希望问题简单些，测量尺度低一些，敏感性问题少一些或隐蔽一些。因此，必须对各因素进行权衡，才能选择出最优的问题形式。

### 5.2.5　决定每个问题的措辞

问题的措辞，就是将确定类型和内容的问题转化为标准提问的依据以及受访者能够理解并据其回答的问题。表面看来，这一阶段不过是确定用词语气，然而其作用却至关重要。措辞不当往往会使受访者误解题意或拒绝回答，引起计量误差，从而直接影响数据质量，事后弥补非常困难，成本太高。实践中在这一步骤经常出现的问题有：

（1）词不达意，问题的措辞没有准确反映问题的内容。造成这类问题的原因一般有：

1）措辞错误，无法表达原意；

2）模棱两可，产生歧义；

3）缺少重要句子成分等。

例如，某企业调查中有单选题询问“贵公司从事的产品活动”，而现实中许多企业兼营多种产品活动，选择时仅按照备选答案的顺序，选出见到的第一个自己公司从事的产品活动，而非最主要的产品活动，显然得出的答案有偏。

（2）受访者无法正确理解问题。其原因主要有：

1）缺少必要的定义说明。调查对象是非专业人员时，可能不理解某些专业词语的含义。例如：

请问您是否使用过基于地理位置的服务？

□使用过　　□没有使用过　　□不知道

因为不知道什么是基于地理位置的服务，有些受访者可能使用过基于地理位置的服务，却选择了没有使用过或不知道，或者是没使用过却选择了使用过，所得的结果显然有误差。此外，对于专业术语或日常用语，不同人的理解也可能不同。例如：

请您估计一下，您平均一个月在文化消费上花多少元钱？

这里的“文化消费”的范围如果没有界定，则受访者对其的理解就可能有很大差异。比如，有些人理解为教育投入，有些人认为是文化娱乐，有些人认为是旅游观光等。还有这里的“花多少元钱”，可以指购买文化产品，也可以指购买文化服务，不同人的理解显然也是不同的。

2）用词生僻或过于专业。一般调查中，调查对象文化程度分布广泛，生僻、专业的词语会阻碍受访者对问题的理解。例如，某保险公司调查顾客对本公司业务的印象，询问：

请问您对本公司的理赔时效是否满意？

请问您对本公司的展业方式是否满意？

许多受访者不明白什么是“理赔时效”和“展业方式”，即使给出答案也没有意义。

3）语句过于复杂，容易使受访者理解错误。

（3）受访者不能准确回答。主要原因有：

1）问题、答案选项的措辞诱导受访者的思维。例如：

您并不认为应该增加反污染法规吧？

这种否定式提问对受访者的回答有诱导作用。

2）问题给出的答案选项含义模糊或相互交叉，使受访者无法准确表达自己的意见和看法。例如，询问受访者对某品牌商品的购买时间，选项中有“最近三个月内购买”和“最近一年内购买”，如果受访者是上周购买的，则这两个选项都对。

3）问题要求受访者回忆、估计，而回忆是造成计量误差的主要原因。经常有市场调查要求受访者回忆之前三个月甚至半年、一年的购买情况，这显然取决于受访者的记忆力和合作程度。例如，某项汤料的市场调查询问受访者每次做几碗汤，尽管说明了碗的大致容量，但这种估计明显会有很大的计量误差。

4）问题含有假定，使受访者无法准确回答。例如：

您辞去目前的工作后是否会立即找其他工作？

受访者可能因为假设不成立（不打算辞职）而说不，也可能因为辞职后不会立即找工作而说不。

（4）缺少必要说明、问题或选项较抽象，都会使受访者的回答口径不一，导致计量误差，甚至使数据无效。例如，询问消费者购买书的单价，但没有对单价进行定义。有人认为是一套书的价格，有人认为是一本书的价格，结果得到的数字有数百元，也有几元。如果问题中含有“偶尔”“经常”“许多”“大致”等含义模糊的词语，也可能会导致不同的受访者理解不同。

（5）问题的措辞可能会影响回答率，使受访者不愿回答或不愿真实回答。例如，直接询问一些敏感性问题，会使受访者产生反感而拒答。又如受访者可能不愿示弱或怕被瞧不起而说谎。所以在决定措辞时要注意研究受访者的心理。

（6）问题中出现褒义词、贬义词或否定词都会影响受访者的回答。例如：

关于 1941 年罗格（Rugg）进行的试验：
A：您是否认为美国应该禁止反对民主的公开言论？
B：您是否认为美国应该允许反对民主的公开言论？

结果问题 A 中 54%的受访者回答“是”，问题 B 中 75%的受访者回答“否”，显然是过于严格的措辞“禁止”导致这两题结果的显著差异。

问卷措辞的确定具有很大的灵活性和创造性，不同的设计者往往具有不同的风格。这里主要针对以上问题提出预防和控制措施，建议设计者反复推敲，尽量避免措辞引起的误差。

### 5.2.6 安排问题的顺序

一旦问题的内容和形式、措辞都已确定，设计者应该考虑怎样把这些问题组合成问卷，即安排问题的排列顺序与结构。问题排列顺序和结构的不同可能会引起回答上的差异，导致出现以下问题：

（1）引起受访者的反感和厌烦。例如，问卷结构混乱，问题排列没有逻辑顺序，致使受访者回答时思维跳跃，很容易产生反感。又如，问卷开始就是一些较复杂或敏感的问题，使受访者紧张或厌烦，影响他们对后面问题的回答。例如某电话调查项目开头就询问受访者家庭常住人口数量，导致大量本来可以成功的调查被中途拒访。

（2）造成调查员提问错误和受访者回答错误。问题排列顺序、结构混乱，既不利于调查员提问，也容易使受访者疲劳。尤其对于较复杂的问卷，调查员提问和受访者回答都可能出错。例如，应该跳问处没有跳问，漏问、漏答，错问、错答等，得到的结果甚至可能前后矛盾。

（3）问题排列顺序不当可能产生诱导。例如，对某品牌的产品进行市场调查，一开始就询问对该品牌的看法，之后才询问消费者所喜欢的产品品牌，结果反映出消费者对该品牌的喜爱程度明显偏高。

针对以上问题，相应的解决方法如下：

（1）按问题所能提供的信息及受访者能够感觉到的逻辑性对问题分组。从受访者感兴趣的问题入手，由熟悉到生疏，由易到难，由浅到深，由表及里，层层深入、细化。

（2）先一般后特殊，避免诱导。将敏感性问题放在最后，这样由于调查后期气氛比较融洽，受访者的警惕性降低，有助于提高回答率。

（3）问题或选项排列顺序不同，可能会影响受访者的回答。例如，在量表中经常有一系列的题从不同角度正面或反面评价某对象，分别征询受访者的意见。显然正面语句有导致正偏差（设为 $b_1$）的倾向，反面语句有导致负偏差（$b_2$）的倾向。如果正（或反）面语句连续排列，更会加大误差。这时把正反语句交叉排列，有助于调动受访者的积极性，避免受访者不加思考地习惯性回答。此外，可以借鉴试验设计的思想，把两类将导致反向误差的问题随机分配给样本，这样所得结果的偏差（设为 $b$）肯定小于 $b_1$ 和 $b_2$（$b_1$ 和 $b_2$ 符号相反），而且 $|b_1|$ 与 $|b_2|$ 越接近，调查结果越准确（$|b|$ 越小）。

实践证明，面对多个问题或选项，受访者对前面的问题或选项比较认真。因而，对于量表或某些问题的选项，可以采用随机起点调查法，使每个问题或选项都会依次排列在各个位次上。但是，这种操作会加大工作量，实践中最适合用计算机辅助调查。

（4）问卷应该结构清晰。最好考虑采用模块化设计方法，即把问卷分为若干个功能块，每个功能块由若干个问题构成。各功能块内部具有较强的联系，功能块之间保持相对独立。

### 5.2.7　确定问卷的版面格式

把确定版面格式作为一个步骤似乎有些小题大做，然而实践表明，问卷的版面格式也会影响调查的质量。需要注意的主要问题有：

第一，调查人员为节省费用压缩版面，问题之间空间太小，不仅调查者提问或受访者回答时容易疏漏或串行，后期数据编码录入也容易出错。另外，如果开放题留出的用于答题的空间太小，将导致受访者不予以重视，只给出很少的信息。

第二，低劣的纸张和粗糙的印刷会引起负效用。尽管开头的问卷说明中一再强调本次调查的重要性，低质量的问卷外观还是会破坏受访者对调查的印象，导致其轻视该调查，从而直接影响调查质量。

第三，问卷中重要的地方没有突出，尤其对于自填式问卷，如果答题的规则或跳问的提示不醒目，很容易被忽略掉，致使受访者回答错误。

因此，问卷版面格式的设计不容忽视：

（1）外表要求质量精美、专业化。

（2）适当的图案或图表会调动受访者的积极性。

（3）内部要留出足够的空间，方便提问、回答、编码以及数据处理。

（4）重要的地方注意加以强调，以引起受访者的注意。此外，注意把同一份问卷装订在一起，防止数据丢失。

### 5.2.8 对初稿进行检测与修改

问卷的初稿很可能存在一些潜在的问题，一般都要经过仔细检查和修改，必要时重复上述步骤，反复推敲每个问题的每个词语。在这一阶段，耐心、严谨、认真的态度非常重要。对这一问题的具体阐述见第 6 章。

## 5.3 行为问题设计技巧

问题设计是调查问卷设计的核心，设计调查问题时，精准的措辞至关重要。不同类型的调查问题具有不同的特点，本节针对市场调查中常见的行为问题，基于前人总结的问卷设计技巧进行了归纳整理。

### 5.3.1 非敏感性行为问题设计

询问受访者的行为是问卷中最常见的一类问题，例如对工作生活、消费娱乐、与他人的社会交往、休假和旅行等活动的询问。这类行为问题对受访者是否敏感，不存在明确的判断标准。一种比较好的方法是询问自己一个问题：受访者是否会认为问题的答案有对错之分。当然，做预调查有助于判断问题的敏感性。

对于非敏感性行为问题，即使受访者愿意准确回答，也有可能受到受访者理解与记忆的影响。为了方便受访者正确理解并准确记忆问题，归纳设计技巧如下。

#### 1. 正确运用措辞

尽量使用每个受访者都能理解的措辞，避免使用受访者不理解的专业术语或词汇。用最简单的词汇来描述被测度的行为。考虑受访者回答问题时的语境，避免使用有多重含义的词汇。此外，还可以通过预调查等方法发现问卷措辞问题，进行试验和纠错修改。

#### 2. 使问题尽可能具体

每个问题都尽可能具体，以使受访者的填答更容易，得到的回答也会更精确。应遵循

5W 准则设计问题，即谁的行为（who），什么行为（what），在什么地方（where），什么时间（when），有时候还要问为什么（why）。

谁的行为：对行为问题而言，必须让受访者清楚问卷问题是让他们报告自己的情况，还是其他家庭成员的情况，抑或所有家庭成员的情况。

什么行为：必须明确指出所询问的具体行为。譬如，在外出就餐花费的问题中，必须说明是否包含喝咖啡、点外卖的行为。

什么时间：在表述“什么时间”这样的问题时，应当确切指明事件发生的日期或时段，而不要使用诸如“上个星期”或“上个月”等模糊表述。

### 3. 选择恰当的时间范围

个人对某种行为的回忆准确程度与行为发生时距离当前的时间长度以及行为的重要性有关。事件越重要，受访者越容易记住。人们对于非常重要的事件，一般经过一年甚至更长的时间之后，仍能较准确地记忆，但对于经常发生的小事件却很少能够清晰地记忆。所以，对于高度重要的行为，一般选择一年及以上的时间段；对于中等重要的行为，一般选择 1～3 个月的时间段；对于不太重要的事件，一般选择 2 个星期到 1 个月的时间段。例如，对于购买新住宅、孩子出生、遭遇车祸等重要事件，可以以年来记录；对于购物等不太重要的事件，可以以月或更短的时间记录。

### 4. 确定适当的问题长度

不同类型问题所需的长度有所不同。对于态度问题，问题变短，可信度随之上升；但是对于行为问题，问题变长，有助于减少被遗漏事件的数量，增加回忆的准确性。第一，更长的问题提供了记忆的线索，类似辅助回忆。第二，较长的问题需要受访者花费更长的时间来阅读，增加了思考时间。第三，问题越长，受访者回答得越多，进而回忆起越多事件。当然，过长的问题也可能会增加记忆错位，导致行为误报。

### 5. 采用辅助回忆法

当受访者很可能出现遗忘时，可以使用辅助回忆法帮助其回忆。辅助回忆法是将一个或多个回忆线索作为问题组成部分提供给受访者的方法。例如，将具体的事例放在问题当中：“您是多少个组织的成员——如工会、教会、互助组织？”再比如，不询问受访者参加了什么户外活动，而是给出选项让受访者选择具体参加了哪些活动和运动项目。

使用辅助回忆法需要注意一些事项。首先，给出的例子应尽可能全面。其次，选项不要太多，尽量只包含那些最可能被选择的事项。最后，各个选项应随机排序，以减少选项顺序对受访者的影响。

### 6. 采用关联记忆法

可以使用家庭记录或关联记忆来减少记忆错位，提高回答质量。关联记忆法涉及对同一组受访者进行重复的访谈。初次访谈是无关联的，数据也不会在这一期使用。但在所有后来的访谈中，受访者将被提示先前已经报告过的行为。访员也会将那些新报告的行为与早前报告的行为进行核对，以防止日期记忆错误。多次重复访谈的费用比较高，备选方案是在一次访谈的问卷中设计关联的问题。

#### 7. 使用日记法和追踪研究

对经常发生但是不容易记住的事件，例如消费支出、食品准备、车辆使用、电视观看以及保健等问题，可以让受访者用日记记录下来。使用日记法既能降低对回忆的依赖，又能提供更精确的行为信息。使用日记法需要注意以下几点：一是相对于定期式日记，分类式日记更便于记录者填写，也便于研究者处理。二是日记应该保持相对简短。三是应当要求受访者记录多种事件，不能仅记载一种行为类型或仅记载购买一种产品。

使用日记法的成本较高，但对于获得频繁发生的、重要度低的行为和精确的、细节性的信息而言，是值得考虑的。

#### 8. 使用二手记录

在面对面访问这类调查方式中，可以使用家庭二手记录帮助减少记忆错位，增加细节信息。比如，购物小票可以提供日期、商品类型、金额等细节，保险报销单据可以提供有关医疗和其他保险花费的信息，所有权凭证和租赁契约提供有关单位、时间等信息，金融交易记录能提供与财产和储蓄相关的信息。

### 5.3.2 敏感性行为问题设计

在问卷调查中，经常会遇到一些敏感性行为问题，包括社会赞同类行为（如疾病预防、书籍阅读、安全带的使用、慈善捐赠等）以及社会反对类行为（如交通违规、非法用药、吸烟饮酒等）。

对于敏感性行为问题，已经发明了随机化回答、编号卡、密封投票等询问方法来降低敏感性，在一定程度上提高回答的精确性。具体来说，设计此类问题有以下措施和技巧。

#### 1. 使用自填式方法

把问题设计成自填式是最广泛使用的减少问题敏感性的方法。这种方法既适用于社会赞同类行为，也适用于社会反对类行为。根据前人的研究，与访谈式调查相比，采用自填式调查既能降低社会赞同类行为调查结果高估的偏差，也能降低社会反对类行为调查结果低估的偏差。

自填式问卷起作用的关键在于受访者对问题的敏感度和匿名保证的信任度。即便被给予完全的匿名，如果受访者对问题过于敏感或者对匿名保证产生怀疑，也会降低其回答的精确性。

### 2. 使用随机化回答

随机化回答是通过随机化提问技术，避免访员和研究者知道受访者所回答的问题内容，从而确保受访者匿名的方法。具体方法是，访员准备一个敏感性行为问题和一个非敏感性行为问题。例如，问题 A 是“在过去 12 个月中，您是否有醉酒驾车?”问题 B 是“您的生日在 9 月吗?”受访者只需回答其中一个问题，而回答哪个问题取决于一种概率机制。例如，设计一个装有 70%是红色小珠子、30%是蓝色小珠子的盒子，当受访者摇晃盒子时，小珠子会出现在只有受访者看得见的窗口中，如果小珠子是红色的，受访者就回答问题 A，如果是蓝色的，则回答问题 B。

假设在一个有 1 000 个受访者的样本中，其中 200 个受访者给出了“是”的回答，另外 800 个受访者回答“否”。假定人们的出生日期均匀地分布在 12 个月中，同时假设 30%的受访者看到了蓝色的小珠子，那么问题 B 回答“是”的人的期望值大约是 25（1 000×30%÷12），于是问题 A 回答“是”的实际人数是 175 人（200－25），而回答问题 A 的人数大约是 700（1 000×70%），则承认有过醉酒驾车的人的比例约为 25%（175÷700）。

随机化回答方法的缺陷在于无法把受访者的个体特征同个人行为联系在一起，造成了信息丢失。

### 3. 使用开放式问题

一般而言，封闭式问题比较容易回答，也有利于数据整理和分析。但是，对于敏感性行为问题，采用封闭式问题很可能导致信息丢失。封闭式问题一般按照一定的逻辑顺序排列回答选项，例如从最频繁到最不频繁，或者相反。极端的回答一般位于选项的最前面或最后面。而受访者一般会倾向于选择排序居中的答案，而避免选择两端的答案，从而导致对于敏感性行为问题的误报。开放式问题没有最高或最低的预设值，这有利于更准确地调查敏感性行为。

### 4. 使用日记法和追踪调查

日记法和追踪调查可以提供重复的书面记录，降低受访者对问题的敏感程度。首先，重复发生的事件的敏感性会随着时间的推移逐渐降低，进而人们对其习以为常。受访者随着时间的推移，对敏感性行为问题会逐渐变得不那么拘谨和压抑。其次，受访者会逐渐增加对收集数据的人员的信任，在两到三次的日记记录和访谈之后，这种信任感和对问题的敏感性感受会很快趋于稳定。最后，日记法可以把敏感性较高的问题嵌入一般性的问题中。例如，在日记中报告医药支出的受访者比一次性拦截调查的受访者在避孕产品消费支出中的回答误差更小。

### 5. 嵌入问题

问题的敏感性在一定程度上也取决于问卷的背景和问题出现时的语境。例如，将饮酒问题作为一系列有关消费支出、消遣活动或生活方式的问题当中的一项，关于酗酒这类问题的敏感性可能会降低。在询问过烈酒饮用行为后，啤酒饮用行为的问题就显得不太敏感。

6. 选择合适的时间范围

对于社会反对类行为，发生在过去的事件的敏感性低于当前的行为。因此，先询问“您是否曾经醉酒驾车，即使只有一次?”然后询问发生在过去某个确切的时间段内的行为。

对社会赞同类行为则相反，受访者对承认他们从未做过某些社会赞同类行为很敏感。因此，询问发生在过去某个确切的时间段内的行为（例如，“请回想一下您最近一年内是否有慈善捐款?”）比询问是否做过社会赞同类行为的问题（“您做过慈善捐款吗?”）要好很多。

7. 降低问题的敏感性

在“人人都这样”的提问前先将询问的行为归结为常见行为，这可以降低问题的敏感性。例如，“在这个国家中最受欢迎的酒精饮料是啤酒。”当然，“人人都这样”的陈述必须合理。不合理的陈述不但无效，反而会惹恼受访者，从而增加问题的敏感性。

利用某种权威也可降低受访者的敏感性。例如，“现在很多医生都认为适量饮用烈性酒有减少患心脏病或中风的可能。请问，在过去的一年中，您喝过烈性酒吗?”

## 5.4 态度问题设计技巧

在市场调查、社会调查以及心理学研究中，经常涉及人群的态度或行为意向的询问。态度是一种主观状态，无法从外部观测到。与行为问题相比，态度问题的询问更加困难。量表设计是态度问题设计的关键。

### 5.4.1 概述

1. 确定态度的客体

人群的态度不是孤立的，通常与某个事物有关，或指向某个事物，这个事物称为态度的客体。态度的客体可以非常具体，也可以很抽象。态度的客体通常含糊不清或者定义不明确，使得很难确定什么是我们想要了解的事物。因此，清楚地了解并且明确态度的客体，是设计态度问题的第一步。

2. 态度的三个组成部分

意见和态度从语义上讲差异不大。意见通常指对某个特殊的客体的看法，例如某个人或某项政策，而态度通常指一组与某些复杂的客体有关的意见。意见一般由一个问题来测量，而态度通常由一组以某种测量模型为基础的组合问题来测量。

态度由认知、评价和行为意向三个部分组成。认知部分由一组与态度的客体有关的信念组成（例如，“在下面这些维度上，比萨是怎样有益于健康的?”）；评价部分由对客体的评价构成（例如，“您喜欢吃比萨吗?”）；行为意向部分与受访者对他们自身的行动的态度有关（例如，“下个月，您将吃几次比萨?”）。

态度往往非常复杂，而且不同组成部分有很大差别。因此，需要设计不同的问题来测量不同的态度组成部分。即使态度的组成部分彼此相关，也需要通过不同的问题来分别测量。

#### 3. 评估态度的强度

对于态度的认知、评价和行为意向都可以进行强度测量。测量态度强度的方法有：

（1）将强度尺度嵌入问题中，同时测量评价的方向和强度。

（2）设计两个问题，其中一个问题测量受访者态度的方向，另一个问题测量态度的强度。

（3）设计一系列独立的、反映潜在态度的问题，由受访者赞同的题项总数决定态度强度。

### 5.4.2 量表的类型

在问卷中对受访者的态度、意见或感觉等心理活动进行判别和测定，如消费者对某产品的喜欢程度、居民对油价上涨的态度等，都要借助量表。所谓量表，就是通过一套事先拟定的用语、记号和数目，来测定人们心理活动的度量工具。量表可以将所要调查的定性调查资料量化。

量表的优点主要有：

（1）可以对受访者回答的强度进行测量。

（2）将受访者的回答直接转换成数字，这些数字直接用于编码。

（3）量表问题可以使用一些更高级的统计分析工具。

量表的缺点主要是对受访者的记忆和回答能力要求较高，容易引起受访者的误解。

为了设计出各种符合调查目的的量表，市场研究者应首先对量表的种类有一个基本认识。量表的种类很多，可以按照各种标准加以划分。

#### 1. 根据测量尺度划分

根据测量尺度，可以划分为类别量表、顺序量表、等距量表和等比量表。

（1）类别量表，根据受访者的性质进行分类。例如：

请问您知道×××牌洗发水吗?

①知道　　　　　②不知道

例中答案的代表数值①，②只作分类之用，不能用作数值计算。

（2）顺序量表，表示各类别之间不同程度的顺序关系。例如：

请在下列数字后依次给出您最喜欢的洗发水品牌、第二喜欢的品牌、第三喜欢的品牌……

1. ________　　2. ________　　3. ________

4. ________　　5. ________

例中1，2，3，4，5等符号仅表示等级的顺序，并不表明量的绝对大小。

（3）等距量表，不仅能表示顺序关系，还能测量各顺序位置之间的距离。例如：

请您用10分制对×××公司的满意度进行打分，1分表示很不满意，10分表示很满意。

很不满意 1　2　3　4　5　6　7　8　9　10 很满意

得分6分与5分之差和4分与3分之差是相同的。但应注意的是，不能说8分为4分的2倍，这是由于等距量表上没有一个真正的零点。

（4）等比量表，表示各个类别之间的顺序关系成比率的量表。它有一个真正的零点，比如对身高、体重、收入等变量的测量。但采用这种量表的测量有一定的困难，在市场调查中，这种量表应用不多。

#### 2. 根据态度答案数目划分

按此可以划分为平衡量表和不平衡量表。如果有利态度的答案数目与不利态度的答案数目相等，该量表为平衡量表；否则为不平衡量表。例如，“您对某超市服务态度有什么看法?”

若答案为：非常好、很好、好、一般、不好、很差、非常差，则是平衡量表。

若答案为：非常好、很好、好、一般、不好，则是不平衡量表。

采用平衡量表，受访者的答案分配可能比较均匀、客观性较强；采用不平衡量表，答案可能会偏向有利或不利答案，但优点是可减少答案数目。

### 5.4.3　市场调查常用的几种量表

目前，在市场调查中常用的量表有评比量表、鲍氏社会距离量表、瑟斯顿量表、李克特量表、语义差异量表和配对比较量表等，下面分别做简要说明。

#### 1. 评比量表

评比量表是市场调查中最常用的一种顺序量表，调查者在问卷中事先拟定有关问题的答案量表，由回答者自由选择回答。量表的两端为极端性答案，在两个极端之间划分为若干阶段，阶段可多可少，少则3个阶段，多则5个、7个或更多个阶段，例如：

满意　　　　　　　　无所谓　　　　　　　　不满意

很好　　　比较好　　　一般　　　比较差　　　很差

非常赞成　　赞成　　较赞成　　中立　　较不赞成　　不赞成　　非常不赞成

在制定评比量表时，应注意中间阶段划分不宜过细，过细往往会使回答者难以做出评价。当然，也可采用不平衡量表，偏向于有利态度的答案，以减少答案数目。

### 2. 鲍氏社会距离量表

例如，探讨美国人与阿尔巴尼亚人交往的意愿，可能会询问美国人如下问题：

A. 你愿意让阿尔巴尼亚人住在你的国家吗？
B. 你愿意让阿尔巴尼亚人住进你的社区吗？
C. 你愿意让阿尔巴尼亚人住在你家附近吗？
D. 你愿意让阿尔巴尼亚人住在你的隔壁吗？
E. 你愿意让你的子女与阿尔巴尼亚人结婚吗？

注意，上述问题逐步加强了受访者对阿尔巴尼亚人的亲近程度。开始时，我们要测量美国人与阿尔巴尼亚人交往的意愿。然后逐步发展，设计了一些交往程度不同的问题。这样建立起来的项目称为鲍氏社会距离量表（Bogardus social distance scale）。

鲍氏社会距离量表的项目在强度上有明显差别。如果某人愿意接受某种强度的项目，那么他就应该愿意接受该项目之前的所有项目，因为这些项目的强度更弱。例如，一个愿意让阿尔巴尼亚人住在自家附近的人，一定也愿意让他住在自己的社区和国家，但却不一定愿意让阿尔巴尼亚人住在隔壁，或愿意让自己的子女与阿尔巴尼亚人结婚。这就是各个项目之间强度的逻辑结构。

从经验上看，可以期望大多数人都愿意让阿尔巴尼亚人住在美国，但却只有少数人愿意让其子女与他们通婚。在这种情况下，可以称某些项目为“简单项目”（譬如，让阿尔巴尼亚人住在美国），或者是“困难项目”（譬如，让子女与其结婚）。很多人都会接受简单项目，却无法接受困难项目。除了一些不可避免的特例之外，鲍氏社会距离量表的逻辑是，受访者一旦反对某个项目，则对比该项目更困难的项目也会持反对态度。

鲍氏社会距离量表具有经济性，每个受访者能够接受的最难项目的分值就能代表其对量表中其他项目的回答。但鲍氏社会距离量表显然不适用于那些逻辑结构不明显的变量的测量。

### 3. 瑟斯顿量表

瑟斯顿量表（Thurstone scale）试图在变量的指标项目之间建立一种经验性结构，其中最常出现的是“等距”结构。建立这种量表的基本步骤为：

第一步，由研究者提出若干个可能的指标项目，通常有几十条之多。例如，了解人们对一周五天工作日的看法时，可用以下语句：

- 五天工作日对于人们精神健康是绝对必要的。
- 五天工作日是社会进步的一种表现。
- 五天工作日是生产力提高的结果。
- 五天工作日是对劳动者基本权利的保证。
- 五天工作日没有必要。
- 五天工作日会使人变得懒散。
- 五天工作日有助于经济繁荣。
- 五天工作日会减少人们的收入。

…………

第二步，将这些表述提供给一组评定人员（通常在 10～20 人），要求他们对每一个项目测量变量的强度进行评判（通过赋值，譬如 1～13 分），对关系最弱的赋值 1 分，对关系最强的赋值 13 分，关系强度中等的赋予中间值，依此类推，赋予每个项目一个分值。

第三步，根据评定人员赋予每一个项目的分数，计算其平均数和标准差。平均数反映了评定人员对某语句态度的集中程度，而标准差则反映了他们态度的离散程度。然后选出得到评定人员共识最多的项目，并剔除没有得到共识的项目。

第四步，在得到共识的项目中，选择代表 1～13 分的（一个或多个）项目。在真正调查时向受访者提出，要求他们回答。

和鲍氏社会距离量表一样，瑟斯顿量表也具备经济性和效率。每一位受访者都会得到一个分值（受访者能够接受的最难项目的分值），而这个分值也能充分代表受访者对问卷其他项目的回答。但瑟斯顿量表的使用频率并不高，主要原因在于：第一，量表的确定费时费力；第二，评定人员的选择应有一定的代表性，否则当评定人员的态度和实际受访者的态度有较大差异时，会使这种方法失去信度；第三，组成变量的项目的含义也会随时间的演进而有所改变，所以每隔一段时间必须对量表进行更新；第四，无法反映受访者态度在程度上的区别，即当他们表示“反对”时，并不知道他们是反对、很反对还是极反对。李克特量表则可弥补这一不足。

### 4. 李克特量表

李克特量表（Likert scale）是问卷设计中运用十分广泛的一种量表。它也是要求受访者表明对某一表述赞成或否定，与瑟斯顿量表的不同之处在于，受访者对这些问题的态度不再是简单的同意或不同意两类，而是将赞成度分为若干类，范围从非常赞成到非常不赞成，中间为中性类，由于类型增多，人们在态度上的差别就能充分体现出来。例如：

请您给下面的观点打分：

很同意（5 分）　　比较同意（4 分）　　讲不清（3 分）

不太同意（2 分）　　很不同意（1 分）

①越是有钱，越应该参加保险。

②年轻人没有必要买养老保险。

③只有人们的收入达到一定的水平，才会考虑保险。

④我不爱生病，没必要参加保险公司推出的医疗保险。

…………

⑩目前保险定价合理。

量表的项目应围绕问题的“典型”观点，所选项目应当分散，代表问题的一个足够宽的范围。此外，需要考虑项目的正负方向（如对“非常同意”正面项目的和“非常不同意”负面项目的人都给 5 分），这样可以避免由于习惯“附和”或“反对”而造成的回答偏差。

### 5. 语义差异量表

和李克特量表一样，语义差异量表同样要求受访者在两个极端之间进行选择。例如用语义差异量表调查受访者对于某段音乐的感受，首先应确定相关维度，同时界定两个语义相反的术语代表每一个维度的两极，然后让受访者评价对音乐的感受。例如：

| | 7 | 6 | 5 | 4 | 3 | 2 | 1 | |
|---|---|---|---|---|---|---|---|---|
| 愉悦的 | | | | | | | | 不悦的 |
| 简单的 | | | | | | | | 复杂的 |
| 不和谐的 | | | | | | | | 和谐的 |
| 传统的 | | | | | | | | 现代的 |

研究者对各维度的分数进行统计，了解受访者对某段音乐的看法，还可进行群体和团体间的比较分析。为了防止回答偏差，最好是将彼此有关系的项目位置加以变化。例如，通常受访者如果认为某段音乐是“不和谐的”，同样也会认为它是“现代的”。上面的量表就将“不和谐的”和“传统的”放在左侧，而将“和谐的”和“现代的”放在右侧。

### 6. 配对比较量表

配对比较量表是通过配对比较的方法来测量人们态度的一种量表。例如，某可乐饮料经销者非常想了解几种品牌的可乐饮料在消费者心目中的地位，就可采用此法。如果现有 A，B，C，D 四种品牌的可乐饮料，即可将其两两组合成 6 对，要求受访者（100 名）成对比较，并指出何者为佳。如果对 A 与 B 的比较中回答 A 佳，则在 A 较 B 为佳栏下记录 1 人，如果共有 20 人这样认为，则频数为 20，全部 6 对可乐比较过后所得结果如表 5－1 所示。

**表 5-1　认为 $i$ 品牌较 $j$ 品牌为佳的人数分布**

| $j$ | $i$ | | | |
|---|---|---|---|---|
| | A | B | C | D |
| A | — | 80 | 70 | 40 |
| B | 20 | — | 30 | 15 |
| C | 30 | 70 | — | 35 |
| D | 60 | 85 | 65 | — |

为了进一步分析，可将次数转化为频率，如表 5-2 所示。

**表 5-2　认为 $i$ 品牌较 $j$ 品牌为佳的比率**

| $j$ | $i$ | | | |
|---|---|---|---|---|
| | A | B | C | D |
| A | 0.50 | 0.80 | 0.70 | 0.40 |
| B | 0.20 | 0.50 | 0.30 | 0.15 |
| C | 0.30 | 0.70 | 0.50 | 0.35 |
| D | 0.60 | 0.85 | 0.65 | 0.50 |
| 合计 | 1.60 | 2.85 | 2.15 | 1.40 |

在表 5-2 中，各品牌与自己比较的比率均为 0.5，将每栏的比率相加，就可得出各种品牌的态度值。四种品牌的态度值相比，显然 B 最受欢迎：

$$B(2.85)>C(2.15)>A(1.60)>D(1.40)$$

配对比较量表是顺序量表的一种，正如前面所讲的那样，根据顺序量表无法得知态度间的真正差距是多少。例如，上例中的 B 与 C 的差距为 0.70，不能说它是 A 与 D 差距 0.20 的 3.5 倍。这种方法适用于品牌（或规格、花色等）不多，而且消费者对各种品牌的商品比较了解的情况。

## 5.5 自填式问卷设计技巧

自填式问卷是一种由受访者自行阅读问卷中所有信息，并自行填写问卷的数据收集手段。随着信息技术的发展，自填式问卷由传统的纸笔问卷填写逐渐转向邮件问卷调查和在线调查。按照填写时是否有监督人员在场，自填式调查可以分为监督调查和无监督调查。常见的监督调查又包括一对一监督、集体调查、半监督式调查等。

自填式调查的最大优点是费用较低，相对于其他调研方法，可以节省费用 50%～75%。此外，自填式调查在抽样方面也有优点，例如具有较大的地理覆盖面、可以获得更大数量的样本量、在样本人群中获得更大的覆盖面。在实施阶段，自填式调查由于不需要招募访员，减少了人力成本，实施起来更容易；同时，正确运用在线调查有利于数据的后期处理，也减少了数据丢失的可能性。样本成员接受问卷调查的时间基本一致，使突发事件或者其他受访者的干扰对受访者态度、行为的影响可以忽略。

自填式调查的缺点主要为与抽样有关的缺点、与问卷结构有关的缺点，以及与调查运作有关的缺点。因此，即使受访者是从被认为有代表性的人群中抽取，自填式调查所获得的样本也不具备代表性。邮寄问卷和在线问卷的回答率也比较难以控制，即使采取了激励措施，一般也低于电话采访和面访的回答率。回答率低的原因主要是受访者的文化水平低、视力障碍、方言隔阂、电子设备操作技能缺乏等。在问卷设计方面，研究目标不明确或者比较复杂，会降低受访者的参与意愿，降低调查回答率。问卷的篇幅、问题类型、辅助信息、顺序效应对回答率有重要影响，过长的问题篇幅、过多的开放式问题、过多的辅助信息、不合理的问题顺序安排，会降低受访者的参与意愿和回答质量。在操作管理层面，最大的问题是无法保证受访者是否独立、自主完成问卷，也无法保证问卷回收的时效性。

在设计问卷内容之前，应当注意利用问卷收集数据的种类，使用自填式问卷的适当性，以及问卷内容的设计。常见的数据类型有受访者的个人信息、环境信息、行为信息、经历和状态信息、思想或感受信息等。即使只将调研重点放在态度、行为、知识等问题上，必要的人口统计变量，如年龄、性别、学历、职业等也应纳入收集范围。是否使用自填式问卷，需要考虑受访者的读写能力、受访者的积极性和自填式问卷形式的适用性。自填式问卷的适用性包括如下几个方面。首先，研究主题必须能合理安排在一个相对精练的问卷设置内，即问卷尽可能只包含一个研究主题。其次，自填式问卷特别适合研究当前发生的事件。再次，自填式问卷的使用有赖于对所研究问题的结构化问卷处理。研究人员应当尽量罗列可能的选项，同时尽量避免出现跳问。最后，自填式问卷不适合运用于探索性问题，因为此类问题的目标、思路和参数尚未明确，收集的数据与预期可能严重不符。对问卷内容的设计，包括直接引用标准问题库、对既有问题进行改编和设计全新问题等。

自填式问卷由于直接面向受访者，是受访者获取访问信息的唯一途径，因此需要最大限度地做到用户界面友好。设计中需要对问题题目、答案选项、是否为开放题、问题措辞等方面重点考虑。

### 1. 问题设计

（1）设计简短而具体的问题。问题设计应做到简短而具体。应避免在一个问题中询问两个或多个问题，同时避免题目模棱两可。

（2）注意模糊限定词的使用。问题中应尽量避免使用“一般”等使不同受访者产生不同理解的副词。具有不同读写水平的受访者对相同的名词也会产生不同的理解。即便在选项中，也应注意副词是否准确地表达了研究人员的意图。

（3）注意抽象术语和行话的使用。问题中应尽可能减少使用抽象术语或行话。在必须使用时，也应保证给出明确的定义，即使这种定义并无正式的文献来源。

（4）先易后难的设计。问卷中应当将最容易回答的问题放在前面，再逐渐设计较为复杂和敏感的问题。让问卷起始部分的问题变得简单、有趣，容易激发受访者的参与热情，提高问卷完成率。

（5）逻辑顺序。应当按照问题之间的逻辑关系，而非研究人员对问题感兴趣的程度，来安排问题顺序。例如，将具体的问题放在一般问题之后，则显得富有逻辑性。

（6）人口统计信息问题的设置。人口统计信息问题，例如年龄、性别、学历等，一般应放在问卷的结束部分，而非开头部分。自填式问卷一般会在填写之前印发介绍信或声明信来鼓励受访者参与调查，人口统计信息会对此产生消极影响。人口统计信息问题一般比较单调枯燥，容易降低受访者的参与积极性。另外，人口统计信息问题经常被视为隐私问题，放在开头容易被拒答。

### 2. 开放式问题和封闭式性问题

与封闭式问题相比，开放式问题不用设计答案选项，容易设计，而且受访者回答内容的自由度很高。同时，开放式问题对受访者的思维和语言能力要求较高，也为研究人员分析问题造成额外困难。在认真策划和预调查的基础上，封闭式问题可以尽可能概括受访者的观点和看法，免除受访者的书写过程和研究人员对开放性答案的额外编码处理。因此，问卷问题一般应避免采用开放式问题。

### 3. 设计答案选项

若自填式问卷主要由封闭式问题组成，那么如何设计答案选项就非常重要。设计选项时，应当注意如下方面。

（1）答案选项的数量。答案选项应当涵盖所有受访者可能持有的观点或遇到的情况，同时尽量避免罗列过多观点或情况。应当让受访者同时看到所有选项，减少选项顺序不同造成的数据偏倚。

（2）选项之间应互斥。答案选项之间不能相互替换或内容有交叉，同时要能够方便受访者区分不同选项间的界限。

（3）复选项。如果追求答案选项灵活且详尽，应当采用复选项形式，允许受访者使用多个选项描述自己。

（4）其他选项。在适当的情况下，答案选项应当有一个“其他选项”，以避免答案选项数量过多或者有未考虑到的内容情形。当受访者不能确定选择哪个选项时，“其他选项”将是一个比较好的选择。然而，研究人员应当审慎处理“其他选项”，可以将受访者书写的答案归入现有的变量中，也可以创建一个新的答案变量。需要注意的是，“其他选项”的回答比例过高，意味着研究人员对问题选项的考虑不够周全，需要重新审视相关问题选项的设计。

### 4. 充分且清楚的提示说明

自填式问卷的提示说明一般分为三种类型：概括性提示说明、过渡性提示说明和答题提示说明。

（1）概括性提示说明。概括性提示说明一般作为问卷介绍的一部分。提示说明中应当强调研究人员对受访者的观点、想法或者经验感兴趣，特别是当问卷是由公共机构提供时，或者受访者确实认为自己提供的信息对研究人员有帮助的时候。此外，概括性提示说明也应注明受访者完成问卷之后要完成的后续动作——例如密封问卷并交给访员。最后，概括性提示说明应当向受访者保证他们有充裕的时间完成问卷。

（2）过渡性提示说明。过渡性提示说明一般用于当问卷内容从一个主题向另一个主题转变时。过渡性提示说明的使用，有助于提示受访者问题正在发生变化，问卷接下来将会关注一个新的主题，帮助受访者转换思维的焦点。

（3）答题提示说明。答题提示说明一般向受访者详细说明如何填写问卷。是否列出答题提示说明，取决于研究人员是否认为受访者曾接触过类似调查，或者明确题目和选项的相关含义与作答要求。

### 5. 调查人员的思路映射

为了尽可能客观地设计研究问题和收集相关数据，研究人员应当将主观性和偏倚控制在最低程度。除了前面提到的设计原则和方法，研究人员还应当注意避免将自己对受访者的想法和思路或者其对调查受访者的想法映射到受访者身上。

### 6. 对问卷进行预测试、试访以及修改

通过预测试和试访，可以知道所设计的问题或提示是否易于理解，答案选项设计是否详尽、严密，问题顺序安排是否合理，调查方法是否需要改进，还可以估计收集数据所需要的时间和费用。需要注意的是，如果在预测试或者试访中发现了多个问题，就需要在必要的修改后再次进行预测试或者试访，直到不再发现明显的问题为止。

### 7. 问卷格式

（1）问卷长度。问卷长度不宜过长，但也不宜过短。过短的问卷会使重要的问题无法显现，或者因问题文字排版过密给受访者造成阅读困难。因此，问卷需要考虑在问题之间、问题与选项之间以及选项之间设置合适的间距。如果长问卷能够提高可读性和受访者的积极性，也可以考虑采用长问卷。

（2）纵排格式。问卷问题可以采用不同的排版格式，如使用阴影、方框、箭头等，但推荐采用纵排格式。纵排格式可以将问题和答案选项有效区分开，同时也能将各个答案选项有效区分开。

（3）印刷和纸张。应当使印刷文字与纸张保持良好的对比度，例如白纸黑字。当然，可以为不同人群提供不同的纸张颜色，方便访员分类回收问卷。

为强调某件事或者提示说明，可以采用诸如黑体、下划线、放大字体等方式来突出重点。但应注意的是，问卷中的强调方式应尽量采用一种，而非多种强调方式混合使用。此

外，不建议使用斜体字或者阴影，这不利于受访者阅读，还有可能降低文字和背景的对比度。过多使用强调字体，也可能使受访者将注意力集中在强调字体上，而忽略了问题和选项中的关键信息。

（4）一致性。无论在问卷设计中使用了哪种字形、字体或者印刷格式，都需要保持一致性。例如，如果在问卷主体的提示中决定采用下划线，则应当保证问卷中所有提示说明都采用下划线的形式，而且下划线不能用于表示对正文的强调等。此外，问题间的间距、缩进程度等也应保持一致。

（5）页面间的问题拆分。一些常见的错误是将提示和对应的问题、问题和对应的选项、问题和相关联的问题分别设计在不同的页面。受访者可能会因为忽略了两者之间的联系或对应关系，而对问题产生疑虑。特别是将同一问题的不同选项分别设置在不同的页面时，受访者往往仅注意到前半部分的选项，而使后半部分选项被考虑的概率大大下降。

（6）在线问卷的格式化处理。与纸质问卷类似，在线问卷也应保持用户界面友好。

1）长度。在线问卷不宜过长，特别是不应当有过多的长短文本。尽管在线问卷一般不需要关心问题之间的行间距，但仍应保证每个问题及其答案选项保持在一页屏幕上，同时每一页屏幕不要放太多问题。

2）格式。在在线问卷中引入大量图片或图示符号时，应注意不要超出屏幕像素的限制。此外，图片或图示符号的格式应风格统一，方便受访者理解。

（7）结束问卷。在问卷结束时，应当请受访者对问卷内容发表意见，提出改进建议，特别是问卷设计是否有遗漏或者受访者是否对问卷有所抱怨。此外，应当在问卷结尾处对受访者的理解和配合表示感谢。

（8）受访者的回应和积极性。调查人员应当引入如下元素来提高受访者的参与积极性。

1）发起人信息。应当特别注明是谁发起并进行这项研究的，是谁实施这项调查的。

2）日期。应当注意使问卷说明的日期略早于受访者接受调查的日期。

3）称谓。应当尽量使用人性化称谓和个性化问候，提高受访者自我感觉重要的程度。

4）研究目的。应当清楚地说明研究目的，同时避免过多专业词汇和空话。

5）入选原因。应当注明每个受访者参与的重要性，以及为什么选择了该受访者，例如采用了一定的抽样方法。

6）激励。可以通过多种方法激发潜在受访者的参与积极性。例如，提供金钱或物质奖励，提供精美的印刷问卷，承诺提供相应的分析报告。

7）答卷时间。应当直接或间接向受访者说明答卷所需时间。如果问卷较为简单或篇幅较短，可以直接给出一个估计的时间值，否则最好用间接方法给出答卷所需时间，如“我们会给出充裕的时间完成问卷”。

8）保密措施。应当保证受访者提供的身份信息和数据信息受到严格的保护，保证仅供研究使用，也应当确保问卷的匿名性。

## 小　结

调查问卷在市场调查中具有举足轻重的地位，问卷设计的好坏对调查质量有重大影响。对于不同的调查目的和要求、调查对象以及调查方式需采用不同的问卷类型，但一般的问卷均包括开头、正文和结尾三个部分。问卷设计要遵循功能性原则、可靠性原则、效率原则和可维护性原则。问卷设计的流程一般为：明确所需获取的信息→确定问卷类型与调查方式→确定问卷中各问题的内容→决定各个问题的形式→决定每个问题的措辞→安排问题的顺序→确定问卷的版面格式→对初稿进行检测与修改。

设计出一份高质量的问卷非常重要，当然难度也较大，既要满足调查需要，又要照顾受访者的感受；既要有科学性，又要有艺术性。本章依照问卷设计的步骤，结合具体案例介绍了一些技巧，当然，所有的技巧都需要经过实践才能深入体会。

行为和态度问题是市场研究中的核心问题，本章总结了非敏感性行为问题、敏感性行为问题、态度问题的提问方法和技巧。在态度问题设计中，重点介绍了量表的设计。

## 思考题

1. 什么是问卷？在市场调查中问卷有什么作用？
2. 问卷通常由哪几部分组成？
3. 简述问卷设计的基本流程。
4. 封闭题与开放题有何异同点？
5. 敏感性行为问题的设计技巧有哪些？
6. 量表有哪几种分类？市场调查中常用的量表有哪些？
7. 举例说明类别量表、顺序量表、等距量表和等比量表。
8. 某大型百货商城想了解客户对商城服务的满意度，决定进行一次市场调查。请帮助该商城设计一份市场调查问卷。

# 第 6 章 调查问卷的测试与评估

## 学习目标

1. 了解调查问卷的评价标准
2. 理解有声思维法和追问探寻法的原理
3. 了解问卷设计的一般流程
4. 掌握信度和效度的概念
5. 了解信度评价方法，掌握 Cronbach's $\alpha$ 系数的原理和判别标准
6. 了解效度评价方法，掌握建构效度评价的原理和判别标准

问卷设计可能直接引起计量误差和无回答误差，而问卷的测试和评估可以帮助检查和修正问卷设计中存在的问题，因此系统的问卷测试、评估和再修改是问卷设计流程中必不可少的环节。

评估问卷质量是件困难的事情，现实中对问卷的测试和评估主要依据以下三个标准：(1) 内容标准，例如问卷中的问题能否测量出想要研究的特征；(2) 认知标准，例如受访者能否理解题意，他们是否愿意并有能力给出可靠的答案；(3) 可行性标准，例如问卷的难度如何，实施是否有困难，访员和受访者是否愿意并有能力完成问卷。

根据上述标准，常见的问卷测试方法分为前测法和预调查。前测法主要包括专家评审法、受访者焦点小组座谈会和认知访谈法，应用于问卷设计的前期阶段；预调查主要应用在问卷设计的后期阶段。此外，可靠度和有效性是问卷的两个基本特征，因此信度与效度分析也是问卷设计中的重要环节。

# 6.1 前测法

## 6.1.1 专家评审法

问卷初稿设计出来后，可以邀请研究领域专家和问卷设计专家从研究内容和受访者认知两个角度对问卷进行评审。从研究内容角度，主要评估问卷问题是否符合研究目的，是否满足研究者的需求。从受访者认知角度，主要评估问题的措辞、结构、顺序以及回答的选项等，标出引起歧义的词语、含糊不清的概念以及回答困难的题目。专家评审提供的问题检测列表和修改建议有助于及时发现和修正设计中存在的问题，使问卷更好地满足调查分析的目的。

很多研究人员尝试总结问卷设计中的主要问题，建立具体、明确的问卷评估体系。莱斯勒和福赛（Lessler and Forsyth，1996）提出了一个包含 25 类问题的问卷评估体系。格雷瑟等（Graesser et al.，1996）提出了一个包含 12 类问题的问卷评估体系，并开发了一套计算机程序，可以在评审过程中自动地根据这 12 类问题进行专家评审。这 12 类问题是：

（1）语法过于复杂。

（2）对工作中的记忆要求过高。

（3）名词或短语模糊或模棱两可。

（4）有不熟悉的专业术语。

（5）谓语或关系词模糊或不精确。

（6）有误导或不正确的假设前提。

（7）问题分类不明确。

（8）一题多问。

（9）问题和答案选项之间不匹配。

（10）问卷要求的信息难以回忆。

（11）受访者不太可能知道答案。

（12）问题的目的不明确。

需要注意的是，专家评审法对问题的评判主要是基于专家个人的观点和判断，容易产生争议。因为对同一问题不同专家的评价可能不同，所以专家评审法主要用于问卷设计初期的问题评审，问卷设计后期会更多应用其他方法。

## 6.1.2 受访者焦点小组座谈会

焦点小组座谈会是一种深层挖掘信息的社会研究方法。无论研究者在某个特定的领域经验多么丰富，视域都有一定的局限性，而倾听他人观点会让研究者对“所研究的现实”或“人们如何思考它们”有更宽广的视野。在问卷评估阶段，通过受访者的焦点小组讨论获得问卷反馈信息，是评价认知标准的有效途径。倾听焦点小组成员讨论问卷中的问题，一方面有助于把握目标人群对调查主题的认知程度，另一方面可以很好地考察题目中的概念是否清晰，是否利于理解和回答。

例如，在关于文化产业消费研究的某个调查问卷中，要询问人们观看艺术表演的频率。研究者召开了几场受访者焦点小组座谈会，旨在发现人们可能会报告哪些不同的艺术活动并检查初拟问题的措辞。在焦点小组座谈会中，研究者发现受访者不确定偶遇的艺术表演是否属于“观看艺术表演”，比如外出吃饭时欣赏餐厅里的钢琴演奏，在博览会或游乐场碰到音乐演出，是否属于“观看艺术表演”。此外，在焦点小组座谈会中，研究者也意识到很难对音乐活动进行分类。当询问受访者观看或参加古典音乐会的次数时，有些受访者认为应该把歌剧算在内，还有一些受访者则不知道如何处理自己观看的古典音乐与非古典音乐混合的演出。

由上例可以看出，受访者焦点小组座谈会能提供两种不同的有用信息。第一，可以让研究者了解现实复杂性。比如在这个例子中，人们显然以多种复杂的方式参加艺术活动，而最初设计的调查问卷并未考虑到这一点。第二，通过专题小组讨论，研究者可以发现问卷用词的含糊性。例如人们对“参加古典音乐会”“看艺术展”等有不同的理解。认识到这些问题之后，研究者可以重新设计问题帮助受访者按照一致的理解来回答问题。

针对问卷测试和评价的焦点小组座谈会主要包含三个主题。

（1）明确受访者对调查主题和相关概念的理解，有助于设计出有利于受访者准确回答的问卷。例如上例中会询问去年观看古典音乐表演的情况，以及对古典音乐表演的理解。根据小组成员所描述事件的范围，研究者确定是否需要修改问题的目标或调整受访者被问及的现实范围。

（2）了解受访者在该主题使用的相关术语，检查问题的用词和描述是否有歧义、模糊、不准确的情况，即受访者对要回答的问题理解是否一致。例如上例中的关键概念是古典音乐。请参与者提供一些观看古典音乐表演的例子。让参与者根据对概念的理解，讨论哪些算古典音乐，哪些不算古典音乐。根据焦点小组座谈会的讨论结果，明确问卷问题的术语和概念是否有清楚的界定，以确定受访者的理解是否一致。对措辞含糊或不准确的问题进行进一步修改。

（3）了解受访者回答问题的主观意愿和难度。例如，上例中会询问人们上一年观看古典音乐表演的次数。根据讨论中所有受访者或几乎所有受访者是否能完成问题所提出的回答任务，确定是否需要调整回答难度，例如缩短报告时间，增加回答类别，调整回答尺度等。

焦点小组座谈会通常先讨论一般概念，再讨论具体概念。会议前要拟定问题清单，包括现实情况、回忆任务、报告任务以及术语理解等内容。对这些拟议的问题以及在小组讨论中出现的其他问题，主持人要注意引导相互交流经验和看法。如果在焦点小组座谈会前就已完成调查问卷的初稿，焦点小组讨论可以针对问卷初稿进行逐题评审。

相对于大规模收集问卷设计信息，焦点小组讨论的投资回报率较高，但是也有参与者难以代表总体、评价难以量化、评估结果可能不可靠等局限。所以现实中焦点小组座谈会更多地应用于问卷设计的前期阶段，后期还是需要进行预调查测试来检验焦点小组座谈会无法解决的一些问题。

### 6.1.3　认知访谈法

认知访谈是认知标准最直接的评估方式，是由访员根据设计的问题对有偿志愿者进行一对一个人访谈，探索性地了解受访者对问题的理解并试图了解他们组织答案的过程。这一过程的目的是了解受访者如何理解问题以及如何完成回答任务，不需要使用正式调查所使用的数据收集程序。访谈时受访者通常被带到便于进行观察和记录的特别场所，因此认知访谈常被称为认知实验访谈（cognitive laboratory interviews）。与预调查测试不同，认知访谈的实施者通常是认知心理学家、研究人员和高级督导，他们都很熟悉研究目标和各问题的目标，对“受访者完成任务的方式”与“研究者所设想的完成任务的方式”之间的差异比较敏感。最重要的是，认知访谈中怎样询问受访者、怎样让受访者回答问题以及怎样获知受访者在问与答过程中的思考都要按照一定的程序进行。

根据心理学家对认知过程的分析，有研究者提出回答过程模型（question-and-answer model），将受访者回答问题的过程分为四个阶段：理解问题（comprehension）、记忆检索（retrieval）、筛选判断（judgement）和做出回答（response）。即在访员提出问题后，受访者先理解问题的含义，然后在记忆中搜寻所需要的信息，并根据已有信息做出分析和判断，进而给出答案。下面介绍基于该模型发展而来的两种问卷评估方法：有声思维法（think aloud）和追问探寻法（special probe）。

有声思维法是引导受访者“想出声来”，即把心里所想的信息和思考问题的整个认知过程都说出来。然后由研究者对受访者认知过程进行分析，从而找出受访者在理解、思考和回答过程中可能存在的理解错误、记忆错误等。有声思维法的实现方式可以是同步的，也可以是追溯的。同步有声思维是指受访者在回答问题的同时说出自己的想法。追溯有声思维是指受访者在给出答案或访问结束后叙述自己得到答案的过程。引导受访者说出想法的例句有：

你是怎么得出这个答案的？
告诉我你是怎么想的？
你在回答问题前犹豫了一会儿，当时在想什么？
你觉得这个问题回答起来比较容易还是困难？为什么？

追问探寻法是通过访员主导追问的方式探索受访者的回答策略。通过受访者对认知过程追问问题的回答，可以判断受访者对于问题的理解是否存在错误，如果存在错误，出现在哪个阶段，从而判断题目是否存在设计上的缺陷，如果存在缺陷，识别缺陷出现的可能原因，以及如何对问题进行修正。例如，对于题目“在过去的六个月中，您平均每个月的生活费是多少？”，由访员根据认知过程对受访者进行如下分阶段提问：

（1）理解问题阶段：请问您在回答本题时认为生活费都包括哪些项目？（了解受访者对问题的理解。）

（2）记忆检索阶段：请问您是如何计算出结果的，是按年计算、按月计算还是按天计算乘以30，抑或是其他方法？（了解受访者的相关记忆细节、区间范围、计算方法等。）

（3）筛选判断阶段：请问您认为旅游费用包含在生活费中吗？您觉得您的记忆准确吗？（对特定事件或数据的回想，基于记忆信息的估计或判断。）

（4）做出回答阶段：您对您的回答是否确定？如果10分表示完全确定，0分表示完全不确定，请问您给出几分？（了解受访者对自己答案的感受。）

对受访者的回答进行分析，当受访者对于关键词的理解和范围界定有误时，需要对题目中的词汇进行替换或补充解释说明。当受访者对于回答问题所需记忆模糊不清时，需要在题目中添加提示，帮助受访者进行记忆检索。当受访者思考问题有误时，通过了解受访者的思考方式，可以在提问时进行答案范围限定或将问题简化。当受访者回答问题的方式有误时，则说明题目答案的形式限定不够明确，可以在问题中增加补充限制答案的方式，比如将开放式问题改为封闭式问题。

有声思维法和追问探寻法都需要受访者在完成问卷调查之外回忆认知过程，从而帮助研究者找出问卷设计中可能存在的缺陷。两种方法的差异在于：有声思维法由受访者主导，受到受访者的表达能力影响较大，有些受访者在描述自己的认知过程时会比较困难；追问探寻法则对访员要求较高，需要访员引导受访者表达，将其认知过程展示出来。

此外，认知访谈还有信度评级法（受访者对自己的答案给出可信度评价）、释义法（受访者用自己的语言复述问题）、定义法（受访者对问题中的关键词给出定义）等。不仅访谈方式有不同，记录信息的方式也不同。比较正式的是为访谈录音、录像，也可以在访谈过程中记笔记。

认知访谈法的局限有：（1）得到的是定性信息，难以给出问题的定量信息和影响大小的判断；（2）比较依赖受访者的口头报告，而并非所有的回答过程都能够准确复述出来；（3）其结果比较依赖于非标准化的访谈过程，可靠度还有待进一步评估。

## 6.2 预调查

预调查是正式开展调查之前进行的小规模“演习”，是问卷设计流程中的重要环节，目的是对可行性标准和认知标准进行评估。访员按照正式调查的数据收集程序组织一个小型的调查（一般少于100人），唯一不同的是，对受访者的选择可能是基于方便和可获得性，而不是基于随机抽样策略。

预调查除了要收集受访者的回答信息并进行定量分析之外，还需要收集访员和受访者反馈的关于调查和问卷的信息，比如印刷错误、错误的跳答指示、不适当的填答形式、访问时间等一些实际问题，以及他们认为会对访员或受访者造成不便的问题。在正式调查实施之前，获取这些实际问题的信息是一个重要步骤。在预调查测试中，可使用以下方法。

### 1. 对访员和受访者的行为进行编码

在预调查中，可以对访员和受访者之间的互动进行编码记录，分析问卷中可能存在的问题，这种方法简单高效，并且是系统、量化的。预调查访谈可以当面完成或在电话里完成，录音之前必须明确告知受访者访谈会被录音，并就此获得他们的许可。访问后对录音记录进行编码，可以进行问题的评估。实际操作中有多种编码方案可供使用。表 6－1 给出了行为编码表的一个例子。

**表 6－1　访谈行为编码表样例**

| 访谈行为 | 编码 | |
|---|---|---|
| A. 访员读题 | 1. 正确<br>2. 访员读题时稍做改动，但没有改变题意。例如访员漏读了“这个”<br>3. 访员读题时做了较大改动，改变了题意。例如访员没有按要求读出选项 | |
| B. 访员重复问题 | 1. 没有<br>2. 访员完全重复问题<br>3. 访员部分重复问题 | |
| C. 访员追问 | 1. 访员用其他追问技术获得答案 | 0. 没有 |
| D. 受访者打断 | 1. 受访者在访员读完问题前就给出答案 | 0. 没有 |
| E. 受访者要求澄清 | 1. 受访者不知道词意，要求澄清 | 0. 没有 |
| F. 受访者回答 | 1. 给出适当回答<br>2. 给出高质量回答<br>3. 给出不适当回答<br>4. 回答不知道<br>5. 拒绝回答 | |

预调查访谈行为编码的基本原理是：当调查访谈顺利进行时，访员会逐字念出问题，随后受访者会给出符合问题目标的答案。一旦完备的“问与答”过程出现偏差，可能就是问题缺陷的征兆。偏差出现得越频繁，问题存在缺陷的可能性就越大。通过行为编码分析的结果可以看出每个问题的简单分布。研究者使用这些数据的方式各不相同。一种常见的策略是，在预调查后的访员报告会上讨论预调查访谈行为编码的数据。在讨论问题的过程中，如果行为编码有缺陷，就可以让访员来分析一下是什么原因导致了这个缺陷。为什么很难逐字地念问题？受访者在作答时究竟有什么困难？

接下来的问题就是如何修补缺陷。在有些情况下，解决方案简单明了。比如有受访者对专业术语的理解不一致，通常的解决办法是给这个术语下定义。如果访员没有念出问题中的修饰语，很可能是出现了冗余的措辞。表 6－2 列出了行为编码中常见的问题缺陷。

表6-2　受访者和访员行为问题编码的可能原因

| 问题 | 可能原因 |
|---|---|
| 访员读题有误 | 措辞不流畅<br>访员发现冗余或不合语境的措辞<br>在提问时发现有漏词 |
| 打断 | 题干后面有多余的从句<br>受访者没有意识到还会有回答选项 |
| 访员追问（或不适当的答案） | 题意不清<br>含糊、未定义的术语<br>含糊的回答任务<br>题序混乱，受访者无法回忆起前面的回答选项 |
| 要求澄清 | 含糊、未定义的术语<br>含糊的回答任务<br>题序欠佳，因此受访者无法回忆起回答选项 |

### 2. 访员的问题评价表

在预调查访问结束后召开讨论会，与访员交流他们对调查问题的看法和访问经验，让访员对每个问题进行评估，问题评价表样例见表6-3。

表6-3　访员的问题评价表样例

| 问题编号 | 逐字读题有困难 | 受访者有理解问题 | 受访者有作答困难 | 其他问题（请注明） | 备注 |
|---|---|---|---|---|---|
| Q1 | A | A | A | | |
| Q2 | B | A | A | | |
| Q3 | A | B | A | | |
| Q4 | A | A | A | | |
| Q5 | C | C | B | | |
| Q6 | A | A | B | | |
| Q7 | A | A | A | | |

注：A=没有明显缺陷；B=可能有缺陷；C=肯定有缺陷。

表6-3中第1列是问题编号，要求访员对每个问题给出三种评价：

(1) 逐字读题是否有困难？如果有的话，困难有多大？

(2) 问题中是否有受访者理解不一致或不易理解的措辞或概念？如果有的话，不一致的程度有多大？

(3) 受访者在区分选项或作答上是否有困难？如果有的话，困难有多大？

访员只需要对每个问题在三档评估中做出选择：A. 没有明显缺陷；B. 可能有缺陷；C. 肯定有缺陷。访员对问题的评估表可以为研究者列出有缺陷的问题，并使研究者了解问题缺陷的严重程度和主要类型。

## 6.3 信度与效度分析

对问卷质量进行标准化的定量评价非常困难，而对问卷进行可靠性和有效性定量评估相对容易一些。本节介绍如何通过信度和效度来定量评估问卷设计质量，尤其是对量表的评估。

### 6.3.1　信度和效度的定义

信度（reliability）是指问卷调查结果的一致性、稳定性和可靠性。如果研究单位的属性不变，测量结果也不变，则这种测量是可信的；否则，就是不可信的。以货物重量的测量为例，某种货物第一次所称重量为 50 千克，再称一次仍然是 50 千克，那么作为一种测量方法，使用的磅秤是可信的，因为两次测量结果都是 50 千克，具有前后一致性。如果第一次称为 50 千克，第二次称为 55 千克，则所使用的磅秤就不可信。在市场调查中，所需测量的属性往往比货物重量这类属性复杂得多，其信度问题就更加复杂。此外，问卷的内容、措辞、问题形式、顺序等都会影响答案的一致性。

效度（validity）是指问卷能否真正测量到所要测量的东西，也就是能否达到测量的目的，是否正确衡量了研究者所要了解属性的程度。效度有两个基本要求：一是测量方式确实是在测量所要测量对象的属性，而非其他属性；二是测量方式能准确测量该属性。当某一测量方式符合上述要求时，它就是有效的。以测试某课程学习成绩的试卷为例，如果试卷内容过于简单或远远超出学习内容，无法准确反映学生学习水平，则该试卷就属于无效试卷。

信度仅指测量结果的可靠程度，不涉及测量所得结果是否达到目的；效度则针对测量的目的，考察问卷能否发挥其测量的功能，考察的是测量的有效程度。效度与信度是评价问卷质量的两个主要条件。效度与信度之间的关系可以用一句话来概括：信度是效度的必要条件而非充分条件。就是说，问卷要有效度就必须有信度，不可信就不可能正确；但是，信度不是效度的充分条件，即有了信度，不一定有效度。

### 6.3.2　信度评估

信度评估常用的方法包括对同一群受访者重复测量两次，用其变异情况的相关系数来表示；或者利用受访者相互之间的变异进行估计。因此对于问卷设计，信度评估的方法主要有重复检验法、交错法、折半法和内部一致性等。

重复检验法（test-retest reliability）是通过同一测量手段对同一群受访者前后测量两次，再根据两次测量的相关系数测度信度。例如，对一群人进行问卷调查后，隔一段时间再用同一份问卷对同一群受访者进行调查，两次测量结果之间的相关系数就反映了问卷的信度。该种方法要求对同一样本重复实施两次调查，优点是可以提供有关测量结果是否随时间而变异的资料，作为预测受试者将来行为表现的依据。缺点是受时间和经费的限制，现实中往往难以实现。此外，为避免记忆的影响，前后两次测量相隔时间要适度，一般而言，相隔时间越长，稳定系数越低。

交错法（alternate-form reliability）是指研究者设计两份问卷，每份使用不同的问题，但测量的是同一个属性，让同一群受访者回答。根据两份问卷的测量结果的相关系数计算问卷信度，该种信度称为交错信度。该种方法要求两份问卷在题数、形式、内容以及难度、鉴别度等方面都要一致。

折半法（split-half reliability）是将一份问卷中的问题随机分为两组（通常要求这两部分问题数目相等），然后考察这两部分的测量结果的相关系数。如果结果高度相关，问卷就是可信的，否则就是不可信的。该种信度称为折半信度。将问卷分为两半的方法很多，常用的是将奇数题和偶数题分开。

内部一致性（internal consistency）是利用量表中题项的同质性来测量的信度。测量理论表明，题项之间的相关与题项和潜在变量的相关之间有某种逻辑关系，如果量表的题项与潜在变量之间存在强相关，题项之间应该也有很强的相关。量表的内部一致性程度会影响题项的相关。我们常用 Cronbach's $\alpha$ 系数度量内部一致性，Cronbach's $\alpha$ 系数被定义为量表中由共同的因素所引起的总体方差的比例，计算 Cronbach's $\alpha$ 系数的一般公式为：

$$\alpha=\frac{k}{k-1}\left(1-\frac{\sum\sigma_i^2}{\sigma_y^2}\right)$$

式中，$\sigma_i^2$ 为各题项的方差，每个方差所包含的信息都是以单一题项为基础的，非共有的；$\sigma_y^2$ 代表量表的总体方差，等于所有题项方差与协方差之和；$\left(1-\frac{\sum\sigma_i^2}{\sigma_y^2}\right)$ 代表了潜在变量引起的共有的方差比例；$\frac{k}{k-1}$用来把 Cronbach's $\alpha$ 系数的取值限定在 0～1，其中，$k$ 为量表中问题项目的总个数。

一般说来，信度的判别标准如表 6-4 所示。

**表 6-4　信度的判别标准**

| 信度 | 判别标准 |
|---|---|
| 信度≤0.30 | 不可信 |
| 0.30<信度≤0.40 | 初步的研究，勉强可信 |
| 0.40<信度≤0.50 | 稍微可信 |
| 0.50<信度≤0.70 | 可信（最常见的信度范围） |
| 0.70<信度≤0.90 | 很可信（次常见的信度范围） |
| 信度>0.90 | 十分可信 |

信度是评价问卷收集数据的可靠性的统计测量标准，内部一致性系数、折半系数、相关系数等信度分析指标主要是通过测量结果相关性来评价数据的可靠性。通常可以对整个问卷做信度分析，也可以对问卷中一类问题进行信度分析。做信度分析之前要看是否适合或有必要做信度分析，比如职业、家庭结构、性别等人口背景问题就不需要进行内部一致性信度分析。要提高问卷的信度可以考虑以下方法。

（1）适当增加问卷的长度。问卷题目较多，这在一定程度上排除了偶然因素的影响，从而提高了问卷的信度。但是问卷长度的增加与问卷信度的增加并不是成正比的。当信度系数较小时，增加问卷长度，问卷的信度系数可能有较大增加；而当信度系数达到一定程度时，增加问卷长度对信度系数基本没有明显的影响。

（2）问题的难度适中。问卷题目太难或太易都会使问卷得分差异减小，使得数据方差减小，从而降低问卷的信度。

（3）内容尽量同质。内容同质可以提高问卷的信度，所以信度分析经常应用于内部相关的量表评价，不同主题的量表应该分别进行信度分析。

（4）调查的程序要标准化。问卷内容、指导语、访员的提问、受访者回答情境等都要尽量标准化，这些是问卷有较高信度的基本保证。

### 6.3.3　效度评估

低效度的问卷往往无法达到测量目的。对效度的评估非常重要，但也十分复杂和困难。

效度评估的基本理论模型为：假定 $Y_{it}=\mu_i+\varepsilon_{it}$，其中 $Y_{it}$ 为第 $i$ 个受访者在第 $t$ 次实验中的回答值，$\mu_i$ 为第 $i$ 个受访者组成的真值，$\varepsilon_{it}$ 为第 $i$ 个受访者在第 $t$ 次实验中回答值与真值的差异。用 $Y_i$ 和 $\mu_i$ 之间的相关系数可以评价效度。

$$\text{Validity}(Y)=\frac{\sum_{it}(Y_{it}-\overline{Y})(\mu_i-\overline{\mu})}{\sqrt{\sum_{it}(Y_{it}-\overline{Y})^2\sum_{i}(\mu_i-\overline{\mu})^2}}=\text{Correlation}(Y_i,\mu_i)$$

因此，效度可以用 0～1 之间的数字表示；数值越大，效度越高。

在实践中，由于真值是未知的，效度的计算比较困难。研究者可以侧重从三个角度进行判断：一是观察问卷内容切合主题的程度。二是测量调查结果与有关标准间的相关程度。例如，可观察消费者对某种产品的满意状况与对该产品的使用情况的相关性，当显著相关时，说明此问卷具有较高的效度。三是从实证角度分析其结构效度。

对于问卷设计，效度的度量可以从内容效度、准则效度和建构效度这三个角度来进行。

#### 1. 内容效度

内容效度是测量内容的适合性和相符性，要看问卷内容是否抓住或体现调查问题的所有或主要特征，能不能实现调查的目的。问卷内容与事先所要调查内容越一致，就说明调查问卷的内容效度越高，调查结果越有效。例如要调查顾客对某家餐馆的印象，不能只调查参观周边环境、停车位等项目的印象，而遗漏对食物质量、卫生状况以及服务等重要维度的调查。

### 2. 准则效度

准则效度指的是用几种不同的测量方式或不同指标对同一变量进行测量时的一致性程度。选择其中的一种方式或指标作为准则，其他的方式或指标与这个准则做比较，如果不同测量方式或不同指标的调查结果高度相关，则具有准则效度。例如 $X$ 是一个变量，用 $X_1$，$X_2$ 两种工具测量。如果用 $X_1$ 作为准则，$X_1$ 与 $X_2$ 高度相关，那么我们说 $X_2$ 也具有很高的准则效度。当然，关键在于，作为准则的测量方式或指标一定要是有效的，否则越比越差。

例如，研究受访者在过去的12个月中向医生进行健康咨询的次数，如果受访者的健康咨询次数是有案可查的，可以选择受访者在规定的时间内被记录的次数为 $X_1$，受访者回忆的次数为 $X_2$，如果在所有可能的实验中所有回答者回忆的次数 $X_2$ 都与记录值 $X_1$ 相同，则回忆法的效度等于1，如果 $X_1$ 与 $X_2$ 弱相关，则认为 $X_2$ 具有很低的准则效度。

### 3. 建构效度

建构效度也称结构效度，指问卷调查结果能够测量其理论特征，即问卷调查结果与理论预期一致，则认为有建构效度。换言之，建构效度就是调查结果与所要调查属性的同构程度。例如对婚姻满意度调查问卷的效度分析中，根据理论预期，婚姻满意度与婚姻忠诚度相关。调查结果表明：与对婚姻不满意的夫妻相比，对婚姻满意的夫妻不太可能欺骗对方。调查结果与理论预期一致，证明调查问卷具有建构效度。

很多调查题目是测量主观态度的，很难找到“黄金标准”，没有清楚的事实可以说明回答者的答案是否准确，也就是说，对于任何受访者 $\mu_i$ 都是未知的，这就使效度的评价更为复杂。这种情况下我们可以尝试两种方法进行建构效度的分析。

第一种方法是假设问题的答案理论上应与其他调查问题的答案高度相关，构建建构效度评价模型，分析它们的相关性，这也是最常用的建构效度分析方法。例如，一项健康调查中，如果一个人认为自己非常健康，相应地，他也应该感觉每天的状态比普通人群更好，因病误工的时间更少，可以做更多的事。可以利用相同构建下的多重指标建立更复杂的模型，同时评价建构效度和相关关系的力度。假设有5个指标在不同的效度水平 $\lambda_\alpha$ 下反映了同一个目标构建 $\mu_i$：

$$Y_{\alpha i}=\lambda_\alpha\mu_i+\varepsilon_{\alpha i}$$

与基本的效度评价模型 $Y_i=\mu_i+\varepsilon_i$ 相比，该模型描述的是对多个题目的回答，每个题目用一个不同的下标 $\alpha$ 表示。每个题目都可以看成是用系数 $\lambda_\alpha$ 表示的目标构建 $\mu_i$ 的函数。

假如对应着5个题目，$\alpha=1，2，3，4，5$，建立的模型可写为：

$$Y_{1i}=\lambda_1\mu_i+\varepsilon_{1i}$$

$$Y_{2i}=\lambda_2\mu_i+\varepsilon_{2i}$$

$$Y_{3i}=\lambda_3\mu_i+\varepsilon_{3i}$$

$$Y_{4i}=\lambda_4\mu_i+\varepsilon_{4i}$$

$$Y_{5i}=\lambda_5\mu_i+\varepsilon_{5i}$$

模型中的 $\lambda_a$ 就是对每个题目效度的测量。

第二种方法是假定在符合预期构想的情况下某些组的答案应该不同，通过对预期有不同回答的受访人群的实际答案进行比较评价效度。如果差异不大，可能说明问题的区分度不高，或者预期是错误的。比如，我们假定文科生的语言表达能力比理科生更强。那么对于测量表达能力的题目，文科生的平均得分应该更高。如果不是这样，可能意味着该问题并不能很好地测量表达能力，或者我们的假定是错误的。需要注意的是，这种方法只有在确信预期理论内容正确的情况下，才能评价结果准确性的好坏。

效度测定的这三种类型，从内容效度、准则效度到建构效度，可视为一个累进的过程，建构效度常被认为是最强有力的效度测量。内容效度只需要一个单一的概念和对该概念的一种测量法；准则效度仅需要一个概念，但需要对该概念的两种以上的测量法；而建构效度不仅需要概念和测量法，而且需要命题中的相关概念及其测量法。效度是针对某种评测目的而言的，并不具有普遍意义；而且效度分析具有多面性，只有综合分析各类型的效度才能把握结果的有效性。

现实中当回答值与真值之间出现系统性偏差时，效度的衡量也会不准确。比如，所有的受访者都把他们的收入少报 10%，他们的报告收入与真实收入之间的相关系数是 1，但其实报告的均值要比真实均值少 10%。实践中降低测量回答偏差有两种途径：一是使用目标人群个体单元的外部数据；二是使用不受调查测量误差影响的总体统计量。

(1) 使用目标人群个体单元的外部数据。每个受访者的真值可以通过外部数据获得，只需比较他们的回答值和外部数据即可。举个例子，在健康调查中，受访者报告自己在过去的 12 个月中是否曾经住院。调用医院的记录进行统计和对比，会发现均值的偏差与住院发生时间离调查时间的久远程度和住院天数有关。住院发生时间离调查时间越长，偏差越大；住院天数越少，偏差越大。

(2) 使用不受调查测量误差影响的总体统计量。有时，虽然无法评价个体回答的精确程度，但可以得到对总体精确程度的评价。比如，在有关赌马的调查中，提问了受访者在赌马中获得的收入。赌马的总赌注是公开的，因此，虽然研究者不能判断个体回答的准确程度，但是可以比较回答结果的估计总值和已知的总值，看是否有显著的偏差。如果二者没有显著差异，可以得出在平均水平上，受访者没有虚报他们的赌马收入这一结论。

量表信效度分析案例

## 小　结

调查问卷的评估内容主要包括问题内容是否适当，受访者是否正确理解题意、愿意并有能力给出可靠的答案，以及现场调查实施中能否顺利完成数据的收集。本章给出专家评审法、受访者焦点小组座谈会、认知访谈法、预调查、信度和效度分析等问卷评估方法。不同的方法收集的信息不同，能够反映的问卷问题类型也不相同，实践中具体评估方法的选择取决于研究者所关注的问题、研究预算约束以及问卷本身的难易度、成熟度等特征。

可靠度和有效性是问卷的两个基本特征，因此信度与效度分析是问卷设计中必不可少的环节。信度是指问卷调查结果的一致性、稳定性和可靠性。在市场调查中，所测量特征的属性、问卷的内容、措辞、问题形式、顺序等都会影响问卷信度。效度是指问卷能否真正测量到所要测量的东西，也就是能否达到测量的目的。信度是效度的必要条件而非充分条件。就是说，问卷要有效度就必须有信度，不可信就不可能正确；但是，信度不是效度的充分条件，即有了信度，不一定有效度。

## 思考题

1. 简述有声思维法和追问探寻法的原理，比较两种方法的差异。
2. 什么是信度和效度？两者的关系如何？
3. 简述 Cronbach's $\alpha$ 系数的原理和判别标准。
4. 对第5章思考题第8题设计的关于满意度的市场调查问卷进行质量评估，并通过预调查收集50份问卷数据，进行信度与效度分析。

# 第 7 章 抽样设计

## 学习目标

1. 理解抽样调查的特点
2. 熟悉抽样的基本概念
3. 了解抽样设计的一般流程
4. 区分概率抽样与非概率抽样，以及各自的优缺点
5. 了解常用的几种概率抽样方法与非概率抽样方法
6. 理解抽样误差（样本代表性）的概念、测度和计算方法
7. 理解样本量的影响因素，了解样本量的计算方法
8. 了解网络调查中的抽样方法

## 7.1 抽样调查的特点

抽样调查是市场调查中使用频率最高的一种调查方式。它是指按照某种原则和程序，从总体中抽取一部分单位，通过对这部分单位进行调查得到的信息，达到对总体情况的了解，或者对总体的有关参数进行估计。相对于全面调查，抽样调查之所以被广泛使用和信任，是因为其具有如下特点。

（1）节省费用。抽样调查由于只调查总体当中的一部分单位，调查的涉及面较小，可以大大降低调查费用。事实上，抽样方案是在数据精确度和费用约束之间的折中选择。调查费用越多，就为调查数据精确度的提高提供了越有利的条件。但是，通常的情况是，调查费用是有约束的，这些费用不可能支持对调查对象进行全面的调查，研究工作又急切需要这些数据，这时就只能采用抽样调查。抽样调查可以在费用约束的条件下，通过科学的设计，选择与调查费用相适应的调查方式，所以抽样调查在与调查费用的协调方面，具有

较大的灵活性。

（2）调查周期短、时效快。许多调查具有很强的时效性，要求在较短的时间内完成。全面调查由于规模大、耗时多，不能按时提供调查结果。抽样调查则由于规模小，接受调查的单位少，可以在较短时间内完成。

（3）有助于提高原始数据质量。任何调查都会存在调查误差。全面调查由于涉及的人员多，在调查员的培训及采用先进的测试手段等方面都有一定的局限。抽样调查由于调查工作量小，有条件选择精干的调查员，进行严格的技术培训，采用虽然复杂但更为先进可靠的测试手段，同时督导人员可以对现场调查进行更为仔细的监督和检查，被调查者的心理负担也容易减轻，等等。这些都有助于提高抽样调查原始数据的质量。

当然，抽样调查也有自身的局限。如果采用抽样调查的目的是用样本数据对总体特征进行推算，那么大范围的调查更容易发挥抽样调查的优势，而小总体并不适合采用抽样调查。如果调查对象分布于很小的区域内，例如对一个街道或一个乡内的个体商贩的零售额进行调查，调查对象比较集中，个体之间又存在较大差异，抽样调查的优势就不能充分发挥，这种情况下采用全面调查的方式更好。所以总体规模越大，实施全面调查的难度越大，抽样调查的用武之地也就越大。

## 7.2 抽样设计的流程和内容

抽样设计的流程一般包括如下步骤，这些步骤之间密切联系（见图7-1）。

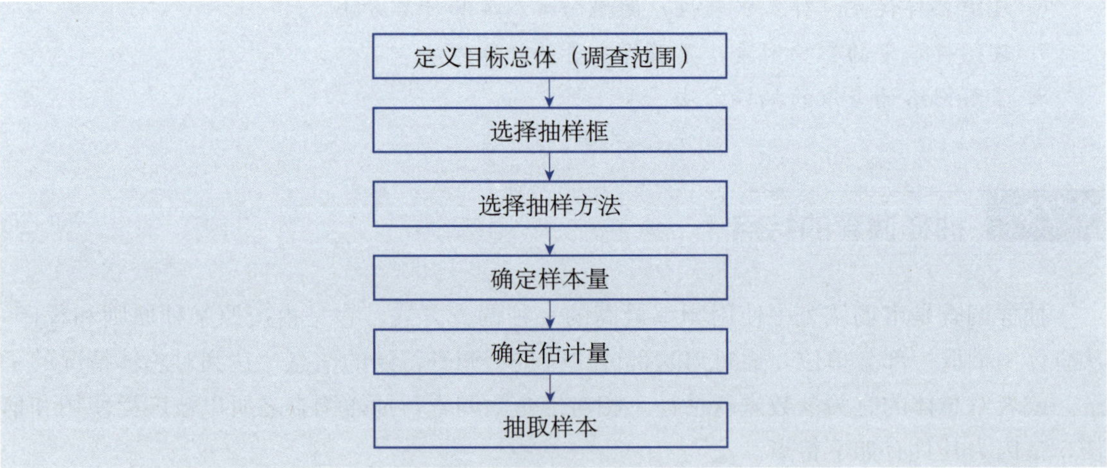


**图7-1　抽样设计的一般流程**

### 1. 定义目标总体

抽样设计从定义目标总体开始，目标总体指的是调查对象或个体的集合。这些个体拥有调查人员想要寻找的信息。这些信息将被用于推断总体特征。如欲对北京市的个体商业进行抽样调查，则所有北京市的个体商业单位就构成目标总体。又如欲通过抽样调查方式了解北京市小学生的视力状况，目标总体就是北京市的所有小学生。由此看出，总体的限定是人为的。在一项具体的调查项目中，调查对象必须是明确的而不能是模糊的，根据定义可以准确区分属于或不属于目标总体。模糊、不准确的目标总体定义将会导致调研无效甚至产生错误的结果。

### 2. 选择抽样框

抽样框是供抽样使用的所有调查单位的名单。在抽样框中，可以给每个单位编一个号码，由此可以按一定随机化程序进行抽样。在抽样后，调查人员也可以根据抽样框所提供的信息找到被选中的入样单位，从而实施调查。

抽样框有多种形式，常用的是名录框，如企业名录、电话簿、人员名册等。抽样框也可以是一张地图或其他适当形式。不管是什么形式，抽样框中的单位必须是有序的，便于编号。高质量的抽样框应当提供被调查单位更多的信息，并且没有重复和遗漏。

抽样框和目标总体不一致时产生的误差称为抽样框误差。抽样框误差有以下几种类型：(1) 丢失目标总体单位。指抽样框没有覆盖全部目标总体单位，因而有些目标单位没有机会被选入样本，这些单位成为丢失目标单位。(2) 包含非目标单位。指抽样框中包含一些不属于研究对象的非目标总体单位。(3) 丢失目标单位和包含非目标单位共存。指在抽样框中既有丢失目标单位，也有包含非目标单位。(4) 复合连接。指抽样框单元与目标总体单元不完全一一对应，而是存在一对多、多对一或多对多模式的现象。(5) 辅助信息不正确。复杂抽样框中的辅助信息可以用于特殊的抽样方式和不同的估计方法。如果辅助信息不完全或不准确，不但不能提高估计效率，还会降低估计准确性。此外，在连续抽样调查中会出现抽样框老化，即随着时间推移，原来的抽样框不符合实际情况。

例如，北京市规模以下企业调查欲了解企业的生产经营状况和预期，目标总体是北京市所有规模以下企业法人单位和个体经营单位。如果采用企业名录库作为抽样框，不在名录库中的企业和个体经营单位没有机会被选入样本，存在抽样框误差，因此该项目采用双抽样框设计，除企业名录库之外，还构建了村/居委会抽样框，用于抽取村/居委会内的非目录企业和个体经营单位。

### 3. 选择抽样方法

选择抽样方法时，最重要的决定是使用概率抽样还是非概率抽样。

概率抽样也称随机抽样，是指按照随机原则抽取样本。也就是说，在抽取样本时排除主观上有意识的挑选，总体中的每个单位都有一定的机会被抽中。如果每个单位被抽入样本的机会相同，称为等概率抽样；如果每个单位被抽入样本的机会不同，称为不等概率抽样。无论是等概率抽样还是不等概率抽样，抽取时都要通过一定的随机化程序来实现，每个单位的入样概率也通过抽样的随机化程序得到认定。

在概率抽样条件下，样本统计量的分布一般是可测的，因而可以用样本统计量对总体参数进行估计，并根据概率样本计算抽样误差。在对总体参数进行估计时，估计量不仅与样本观测值有关，还与样本单位入样概率有关，所以每个单位的入样概率必须是已知的或可测的。

概率抽样的最大特点是可以用样本数据对总体参数进行估计，并计算总体参数可能落入的区间范围，故从概率样本中所获信息的含金量较高。但抽取概率样本的技术操作相对复杂，同时必须有抽样框，因而概率抽样的成本较高，对抽样设计人员的专业技术要求也较高。

非概率抽样是相对于概率抽样而言的，是指抽取样本时并不遵照随机原则，而是根据主观判断有目的地挑选，或者是依照方便、快捷的原则抽取。因此，这种抽样效果的好坏在很大程度上依赖于抽样者的主观判断能力和经验。与概率抽样相比，非概率抽样的最大特点是操作简便、时效快、成本低，但在非概率抽样条件下，无法查明样本统计量的分布，或者这种分布根本就不存在，所以尽管利用样本数据有可能对总体特征做出不错的描述，却无法计算抽样误差，无法对估计结果的精确性做出评价，也不能从概率的意义上控制误差，从而在理论上不具备由样本对总体进行推断的依据。

具体抽样方法的原理将在下一节进行详细介绍。

#### 4. 确定样本量

样本是总体的一部分，它由从总体中按一定原则或程序抽出的部分个体组成。因此与总体一样，样本也是一个集合。每个被抽中进入样本的单位称为入样单位。样本中包含的入样单位的个数称为样本量。一般来说，样本量越大，获取的信息就越精确，同时花费的成本就越大。

调研的性质对样本量的要求不同。一般探索性调查，尤其是定性调查的样本量较小，描述性调查需要的样本量较大。样本量的确定需要复杂的分析计算，将在后面进行详细介绍。

#### 5. 确定估计量

采集样本信息后要想估计总体特征，需要选择相应的估计量对总体参数进行估计。样本的抽选方法和估计量选择都是抽样设计的重要内容，而且两者密切相关。总体参数是我们所关心变量的数字特征，它是根据总体中所有单位的数值计算的。例如在对北京市个体商业进行的调查中，北京市个体商业的零售额就是一个总体参数。也可以说总体参数就是总体指标值，它是未知的，是我们通过调查想要了解的。常见的总体参数有总体总量、总体均值、总体比例、总体方差等。

样本估计量是根据样本中各单位的数值计算的。常用的样本统计量有样本均值、样本比例、样本方差等。样本估计量是样本的函数，如果样本是随机抽取的，则在大样本情况下，样本估计量趋于正态分布。也正是因为如此，我们可以根据样本估计量对未知的总体参数进行估计，并计算抽样误差。关于具体抽样方法下不同的估计量的选择，可以表示为估计量中样本单元的权数设定。

权数是以某种数量形式，权衡被评价事物总体中诸因素相对重要程度的量值。对总体的估计可采取如下形式：

$$T = \sum_{i \in S} w_i y_i$$

式中，$S$ 为样本单元的集合；$w_i$ 为样本单元 $i$ 的权数；$y_i$ 为样本单元 $i$ 的取值。样本通过样本单元权数还原到总体，样本单元权数之和等于总体单元数。

样本单元权数的作用主要体现在以下两方面。其一，在不等概率抽样设计中，样本单元入样概率不同，权数不同，可通过样本对总体进行还原；其二，由于抽样的随机性，样本结构与总体结构可能不一致，可通过样本单元权数调整样本结构。

一般，样本对总体的还原通过计算样本单元设计权数实现；样本结构的调整通过对设计权数进行事后分层调整实现。在概率抽样的条件下可以计算样本单元的入样概率，样本入样概率的倒数即为设计权数。为实现样本单元权数之和等于总体规模，需根据调查中出现的不同问题对设计权数进行调整。调整一般在分类、分层基础上进行。调整内容主要包括特殊因素调整和无回答调整。特殊因素调整主要针对调查实施中与设计不符的情况；无回答调整通过计算无回答调整因子实现。样本结构调整还可利用总体辅助信息进行事后分层实现。

而对于具体估计量的性质推导，本书中不再展开介绍，有兴趣的读者可以继续学习有关抽样技术的教材。

抽样方案的内容一般包括：

第一，确定抽样调查的目的、任务和要求；

第二，确定调查对象的范围和抽样单位；

第三，确定抽取样本的方法；

第四，确定必要的样本数；

第五，对主要抽样指标的精度提出要求；

第六，确定总体目标量的估算方法；

第七，制定实施总体方案的办法和步骤。

## 7.3 概率抽样方法

概率抽样有不同的方法，用样本统计量估计总体参数的方法及这种估计的精确度都与具体抽样方法有关。概率抽样技术是统计学中的一个专门分支，若想详细了解需要阅读专门的书籍，本节只对概率抽样中几种最基本的方法予以简要介绍。

### 7.3.1 简单随机抽样

简单随机抽样是从总体 $N$ 个单位中随机抽取 $n$ 个单位作为样本，有放回简单随机抽样和不放回简单随机抽样两种方法。放回简单随机抽样是指从总体中随机抽出一个样本单位，记录观测结果后，将其放回总体中，再抽取第二个，依此类推，一直到抽满 $n$ 个单位为止。采用这种方法，单位有被重复抽中的可能。这种抽样方法容易造成信息重叠而影响估计效率，所以较少采用。不放回简单随机抽样是指抽取第一个样本单位后，将其放置在一边，再从总体 $N-1$ 个单位中抽取第二个，依此类推，一直到抽满 $n$ 个单位为止。采用这种方法，每个单位最多只能被抽中一次，故不会由于样本单位被重复抽中而提供重叠信息，因此比放回简单随机抽样有更高的估计效率。

简单随机抽样是最基本的随机抽样方法，操作简单，且每个单位入样的概率是相同的，因而计算抽样误差和对总体参数进行推断都有比较简单的形式。但是，简单随机抽样没有利用抽样框中更多的辅助信息，所以用样本统计量估计总体参数的效率受到影响。同时，在简单随机抽样条件下，样本的分布可能非常分散，这就增加了调查过程中的费用和时间。这种抽样方法的适用条件是：抽样框中没有更多可以利用的辅助信息；调查对象分布的范围不广；个体之间的差异不大。

### 7.3.2 分层抽样

分层抽样是将总体按一定的原则分成若干个子总体，每个子总体称为层，抽取样本时在每个层内分别进行。分层抽样的最大好处是可以提高估计的效率，这里通过一个简单的例子加以说明。

设某学生宿舍共有6人，其中3名新生（A，B，C），3名老生（D，E，F）。现欲估计该宿舍平均每人拥有书的数目。假定他们拥有书的数目如表7-1所示。

**表7-1　6名学生拥有书的数目**

| 学生编号 | 拥有书（本） | 学生编号 | 拥有书（本） |
|---|---|---|---|
| A | 20 | D | 2 |
| B | 22 | E | 4 |
| C | 24 | F | 6 |
| 合计 | 66 | 合计 | 12 |

容易算出总体均值为：

$$\overline{Y}=\frac{66+12}{6}=13(\text{本})$$

现在用抽样方法随机抽取2人作为样本，并用样本数据对总体进行推断。在简单随机抽样下，抽中拥有最少书的2人的样本均值为3本，即 $\overline{y}_1=\frac{2+4}{2}=3(\text{本})$，最多书的2人的样本均值为23本，即 $\overline{y}_2=\frac{22+24}{2}=23(\text{本})$，显然与总体均值13本相比，误差都比较大。如果抽样前掌握有关信息，如该宿舍住有老生和新生，且知道老生和新生在拥有书的数目上存在较大差异，则可以采用分层抽样，在老生中抽1人，在新生中抽1人，共同组成样本，这时样本最小的可能值为 $\bar{y}_1=\frac{20+2}{2}=11$（本），最大的可能值为 $\bar{y}_2=\frac{24+6}{2}=15$（本），它们与总体均值要接近得多。两种抽样方法的结果比较如图 7-2 所示。

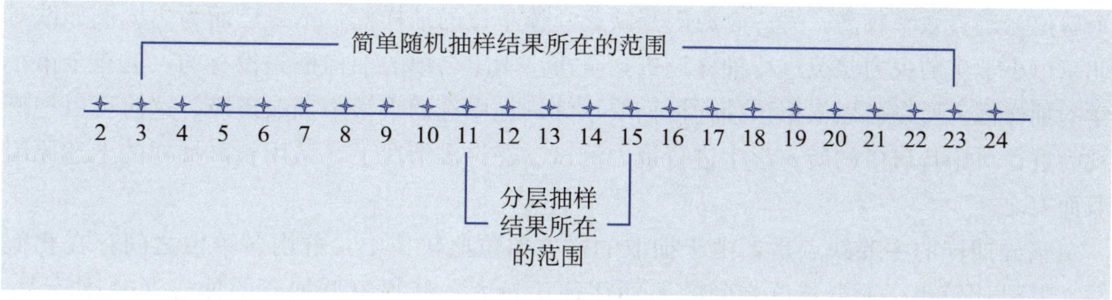


**图 7-2　两种抽样方法的结果比较**

分层抽样的一个特点是，由于样本取自各层，因此汇合起来可以对总体有关参数进行估计，分开来又可以对各层的参数进行估计。例如前例对老生、新生拥有书的数量的调查，采用分层抽样，不仅可以估计所有学生平均拥有书的数量，还可以分别估计老生、新生两类群体拥有书的数量。

分层抽样中，对于样本量如何在各层中进行分配有不同的方法。这些分配方法可以归结为两类：等比例分配和不等比例分配。等比例分配是指该层中单位数越多，在该层中抽取的样本单位就越多，该层的样本单位比例与该层中的总体单位比例相一致，即

$$\frac{n_i}{N_i}=\frac{n}{N}$$

式中，$n$ 为样本量；$n_i$ 为第 $i$ 层的样本量；$N$ 为总体单位数；$N_i$ 为第 $i$ 层的总体单位数。等比例分配操作比较容易，也易于理解，有其合理性，在实践中广泛使用。因为在有些情况下各层单位数相差很大，如果按等比例分配，总体单位数少的层所分到的样本量过小，代表性不足，就需要在该层适当增大样本量，即使用不等比例分配；或者有些层内的方差过大，为了提高估计精度，在方差大的层中可以多抽，在方差小的层中可以少抽，这些都属于不等比例分配。显然，在条件具备时，例如知道各层的总体方差，不等比例分配比等比例分配有更高的效率。

分层抽样的估计原理是，首先利用各层样本对各层的有关参数进行估计，然后将各层的估计结果加权综合，得到总体的参数估计。分层抽样的应用条件是，抽样框中有足够的辅助信息，能够将总体单位按某种标准划分到各层之中，实现在同一层内各单位之间的差异尽可能小，不同层之间各单位的差异尽可能大。

### 7.3.3　整群抽样

由若干总体单位组成的集合称为群，总体被分解为群，抽样时直接抽取群，对所抽中群中的所有单位都进行调查，称为整群抽样。

采用整群抽样的主要原因有两个：一个是方便实施调查，可以节省费用和时间。在总体单位分布很广的条件下，若采用简单随机抽样，样本的分布很分散，调查实施有一定难度，费时费力。而群中各单位的分布非常集中，抽中一个群以后，在一个点上可以调查多个单位，调查效率较高。另一个原因是缺乏总体单位的抽样框，不得已而为之。例如欲对北京市小学生的视力状况进行抽样调查，全市小学生名单的抽样框是没有的，但有全市小学的抽样框，所以可以依据该抽样框抽取小学，在中选的小学中抽取班级，这时可以把班视为群，对中选班中的所有学生进行视力测试。在许多情况下，采用整群抽样的上述原因兼而有之。

整群抽样的主要缺点是，由于抽取的样本单位比较集中，群内各单位之间存在相似性，差异比较小，而群与群之间的差别往往比较大，使得整群抽样的抽样误差比较大。为了达到一定的精度要求，就有必要增大样本量，例如多抽取一些群进行调查。这说明，整群抽样的估计精度与群的性质有关，但是，如果群的构造是相反的情况，即群内各单位之间存在较大的差异，而群与群的结构相似，整群抽样反而会提高估计效率。例如，欲估计某地区的男女比例，采用简单随机抽样，抽取若干人可以得到总体男女比例的估计值；采用整群抽样，以家庭为群，对抽中家庭中的所有人进行统计，也可以得到总体男女比例的估计值。在后面这种情况下，群内个体之间存在很大差异（有男有女），而群与群之间即各家庭中的性别结构却十分相似（同样是有男有女），使用整群抽样估计男女比例的效率就高于简单随机抽样。所以整群抽样特别适合对某些特殊群结构进行调查。

整群抽样中，群的规模可以相等（如以家庭为群，每个家庭中的人口数相同），也可以不等；抽取群时，可以采用等概率抽样（每个群的入样概率相等），也可以采用不等概率抽样。这些情况构成不同的组合，因而对总体参数有不同的估计形式。

### 7.3.4 系统抽样

系统抽样是将总体中的单位按某种顺序排列，在规定的范围内随机抽取起始单位，然后按一定的规则确定其他样本单位的一种抽样方法。总体单位的排列可以是一维的（如直线排列），也可以是二维的（如平面排列）；起始单位可以是一个，也可以是一组；总体单位的抽取可以是等概率的，也可以是不等概率的。

最简单的系统抽样是等距抽样。将总体 $N$ 个单位按直线排列，根据样本量 $n$ 确定抽样间隔，即抽样间隔$=\frac{N}{n}\approx k$，$k$ 为最接近$\frac{N}{n}$的一个整数。在 $1\sim k$ 范围内随机抽取一个整数 $i$，令位于 $i$ 位置上的单位为起始单位，往后每间隔 $k$ 抽取一个单位，直至抽满 $n$ 个。这时总体中每个单位的入样概率都相等，均为$\frac{1}{k}$，因此等距抽样是一种等概率抽样。

系统抽样的突出特点是操作简便，因为它只需要随机确定一个（或少数几个）起始单位，整个样本就自然确定了，而不像其他抽样方式那样抽取多个单位。系统抽样对抽样框的要求也比较简单，它只要求总体单位按一定顺序排列，而不一定是一份具体的名录清单，因而非常便于某些内容的现场调查。例如，欲对某地区树木进行抽样，了解病虫害影响情况，可以将树木所处的位置视为顺序排列，每隔一定间隔，抽取一棵树；又如欲对某城市汽车尾气排放情况进行调查，抽样比为 1%，即平均每 100 辆车中抽一辆，采用系统抽样，可以将汽车牌号作为一种排列，在 1～100 中随机抽取一个号，譬如 53，凡牌号尾数为 53 的车辆均作为样本单位。

系统抽样的估计效率与总体单位排列顺序有关。如果排列顺序与调查内容没有联系，称为按无关标识排列，这时系统抽样的估计效率与简单随机抽样的估计效率相仿。如果排列顺序与调查内容有关，称为按有关标识排列。按有关标识排列的系统抽样的精度比简单随机抽样的精度高。例如，欲对大学二年级的学生进行抽样调查，了解学生的平均身高。采用系统抽样，如果是按学号排列，学号与学生身高没有关系，属于按无关标识排列。如果是按学生入学时身高顺序排列，则属按有关标识排列。在后一种情况下的系统样本中，既有身材较矮的同学，也有身材较高的同学，样本的结构与总体的结构十分相似，因而可以有效提高估计的精度。

系统抽样也有局限性，从估计方面看，当 $N \neq nk$ 时，样本均值不是总体均值的无偏估计量，虽然当 $N$ 很大，$n$ 也较大时，这种偏差很小。更为重要的是，系统抽样的方差估计比较复杂，这就给计算抽样误差带来一定困难。

采用系统抽样方法时，特别需要注意研究变量是否存在周期性变化。例如，欲对商场的零售额进行抽样调查，以每周 7 天为抽样间隔。事实上，每周 7 天中，零售额的情况是不同的，一般规律是：周末和节假日零售额较大，平日较小。若抽中周末为系统样本的起点，估计结果会偏高；反之，若抽中平日为起点，估计结果会偏低。若遇到这种情况就需要调整抽样间隔，使处于周期中各个位置的单位都有相同机会入选样本，或者改用其他抽样方法。

### 7.3.5　多阶段抽样

多阶段抽样是指在抽样中不是一次性直接从总体中抽取最终样本，而是经过两个或两个以上阶段才能抽到最终样本单位。首先从总体中采用随机方法抽取若干个小总体，称为初级单元，再在这些中选的初级单元中随机抽取若干个单位。如果经过两个阶段抽样，抽取到接受调查的最终单位，称为二阶段抽样；如果经过三个阶段才抽取到接受调查的最终单位，称为三阶段抽样；依此类推。所以多阶段抽样是对经过两个及两个以上抽样阶段的抽样方法的统称。

在大范围的抽样调查中，采用多阶段抽样是必要的。首先，在大范围抽样调查中，往往没有包括所有总体单位的抽样框，或者编制这样的抽样框十分困难。多阶段抽样不需要包含所有总体单位的抽样框。因为抽样是分阶段进行的，抽样框也可以分级准备。在第一阶段抽样中，只需准备总体中关于初级单元的抽样框；在第二阶段抽样中，仅在那些被抽中的初级单元中准备第二阶段抽样所需的抽样框。其次，因为多阶段抽样是在中选单位中的再抽选，这样就使样本的分布相对集中，从而可以节省调查中的人力和财力。调查实践中，往往是以各级行政区划作为划分阶段的依据，如进行全国性的居民入户调查，先抽市、县，然后在中选的市、县中抽街道（乡），再从中选的街道（乡）中抽居委会（村委会），最后在中选的居委会（村委会）中抽取居民户。如果构造下一级抽样框的工作和抽取样本的工作能得到各级行政单位的配合，则为多阶段抽样的实施创造了十分有利的条件。

多阶段抽样的设计比较复杂，不仅涉及如何划分阶段，还包括在每个阶段应当抽取多大样本量，以及每个阶段的抽样方法。要达到总体的最好效果，需要对多种因素综合考虑，加以平衡或取舍。此外，多阶段抽样的误差计算也比较复杂。

## 7.4 非概率抽样方法

非概率抽样是指抽选样本时不是依据随机原则，而是根据方便原则或研究人员的主观判断选择样本。在市场调查中，非概率抽样也是经常使用的，这是因为有些情况下，由于客观条件的限制，比如调查经费有限或没有适当的抽样框，难以采用概率抽样；或者对调查结果的时间要求紧，无法从容进行概率抽样；或者调查人员具有丰富的积累，凭经验可以抽出很好的样本。最重要的是，非概率抽样都是在对抽样误差没有要求，不必对总体参数进行区间估计的条件下使用的。

常见的非概率抽样方式主要有以下几种。

### 7.4.1 方便抽样

顾名思义，方便抽样就是依据方便原则抽取样本，最典型的方式就是拦截式调查，即在街边或居民小区内拦住行人进行调查。想要了解消费者对某商场服务状况的看法，可在该商场门口向出来的顾客询问调查的问题；想要调查外地居民在本市的购物状况，则机场、火车站、长途汽车站、宾馆等场所都是可选择的调查场所。

方便抽样操作简便，能及时取得所需要的信息，节省调查经费。它的主要局限在于，样本信息无法代表总体，即不能根据样本信息对总体进行任何推论，因而方便抽样不适合描述性研究和解释性研究，它比较适合探索性研究，通过调查发现问题，产生想法和假设。方便抽样也可以用于正式调查前的预调查。

### 7.4.2 判断抽样

判断抽样是指抽取样本时，由调查人员依据对实际情况的了解和经验，人为确定样本单位，或由了解情况的专家圈定样本。

在判断抽样中，如何确定样本单位，取决于调查的目的。通常有几种情况。第一种是选择平均型样本，所谓平均型是指在调查总体中，选定的样本可以代表平均水平。其目的是了解总体平均水平的大体位置。第二种是选择众数型样本，即在调查总体中选择能够反映大多数单位情况的个体为样本。第三种是选择特殊型样本，如选择很好（高）的或很差（低）的典型单位为样本，目的是“解剖麻雀”，分析研究造成这种异常的原因。

判断抽样简便、快捷，节省费用，符合调查目的和特殊需要。但因为样本选择是主观的，所以样本的质量取决于挑选人员的经验、专业知识和对情况的了解。判断抽样的目的多在于了解总体的数量特征和对问题的深入分析，而不是利用调查结果对总体参数进行估计。例如通过判断抽样，我们可以了解到总体均值的大体位置，但是无法从概率的角度推算其置信区间，也缺乏足够的理由说明用样本结果进行推算的客观性。

### 7.4.3 配额抽样

配额抽样是指将总体中的各单位按一定标准划分为若干个类别，将样本数额分配到各类别中，在规定的数额内由调查人员任意抽选样本。

配额抽样与分层抽样有相似之处，都是事先对总体所有单位按某种标准分层，将样本分配到各层中，但它们也有明显的区别。在分层抽样中，是按随机原则在各层中抽取样本，所以分层抽样属于概率抽样。而在配额抽样中，样本的抽取不是随机的，调查人员可以根据主观判断或方便原则抽取样本，所以配额抽样属于非概率抽样。

在配额抽样中，可以按单一变量控制，也可以按交叉变量控制。表7-2是单一变量控制的例子。在一个城市中欲采用配额抽样抽出一个$n=500$的样本。控制变量有年龄和性别，配额是按单个变量分别分配的。如各个年龄段的配额和性别的配额。这种配额抽样操作比较简便，但有可能出现偏斜，例如年龄小的均为女性，年龄大的均为男性。

表7-2 单一变量控制配额分配表

| 年龄 | 人数 |
|---|---|
| 20～30岁 | 150 |
| 30～40岁 | 150 |
| 40～50岁 | 100 |
| 50岁以上 | 100 |
| 合计 | 500 |
| 性别 | 人数 |
| 男 | 250 |
| 女 | 250 |
| 合计 | 500 |

表7-3是交叉变量控制的例子。交叉变量控制配额可以保证样本的分布更为均匀，更具有代表性，但现场调查时的操作难度要大些。

表 7-3　交叉变量控制配额分配表

| 年龄 | 性别 | | |
|---|---|---|---|
| | 男 | 女 | 合计 |
| 20～30岁 | 70 | 80 | 150 |
| 30～40岁 | 75 | 75 | 150 |
| 40～50岁 | 55 | 45 | 100 |
| 50岁以上 | 50 | 50 | 100 |
| 合计 | 250 | 250 | 500 |

配额抽样不需要抽样框，还能保证样本结构与总体结构的一致，所以在市场调查中得到广泛应用。由于它属于非概率抽样，所以具备非概率抽样方法的共有特征。

### 7.4.4　自愿样本

自愿样本不是经过抽取，而是由自愿接受调查的单位组成的样本。例如，在有些饭店的餐桌上有调查表，就餐者可以自愿填答，飞机上也不时有乘务员向乘客发放调查表，乘客自愿参与调查。网络调查是构造自愿样本的另一个例子，调查人员将调查问卷粘贴到相关内容的网页上，上网读者可以自愿参与。还有一些调查采用将问卷刊登在报刊上这种方式进行。这类调查所得到的样本都可以视为自愿样本。

青少年健康状况调查案例

自愿样本有一些特点：首先，样本集中于某些特定群体，只有那些能够接触到调查问卷的人才有机会参与调查；其次，构成样本的单位往往对调查内容感兴趣，并愿意陈述自己的看法，所以这类调查的样本结构具有独特性，通常与总体结构相去甚远，因而调查结果不能反映总体状况。但这种自愿参与性的调查组织方便、成本低廉，而且参与者大多是对调查内容的关心者，调查人员能够了解这个特定群体的意见和看法，这对于了解情况、分析问题、查找原因都是十分重要的信息。

## 7.5　抽样中的误差问题

### 7.5.1　描述误差的一些概念

只要是调查就一定有误差，误差或大或小总是存在的，不可能完全避免。由于产生误差的原因不同，误差的性质不同，因此有描述误差的各种概念，对误差问题的深入讨论也离不开这些概念。

#### 1. 估计量方差

设总体某个待估参数为 $\theta$，在概率抽样条件下，用样本数据计算出统计量 $\hat{\theta}$ 作为总体

$\theta$ 的估计，所以把 $\hat{\theta}$ 称为 $\theta$ 的估计量。在一个总体中，包含众多的样本，抽中不同的样本，会得到不同的估计量 $\hat{\theta}$，将所有可能样本估计量的期望值记为 $\hat{\theta}$，则估计量方差的定义式为：

$$V(\hat{\theta})=E[\hat{\theta}-E(\hat{\theta})]^2 \tag{7.1}$$

估计量方差是描述估计精度的一个重要指标。方差越大，说明样本统计量之间的差异越大，用样本统计量估计总体参数的效率（估计的精度）就越低。

### 2. 偏差

仍然令 $\theta$ 为总体待估参数，也可以把它视为总体真值，$\hat{\theta}$ 为样本估计量的期望值，则偏差的定义式为：

$$Bias(\hat{\theta})=E(\hat{\theta})-\theta \tag{7.2}$$

由定义式可以看出，偏差的含义是，如果反复进行抽样，其所有可能样本估计量的均值（数学期望）$E(\hat{\theta})$ 与总体真值 $\theta$ 之间的离差。偏差与估计量方差不同，它属于偏于某个方向的系统性误差，而估计量方差是随机性误差，没有系统性。而且，估计量方差可以随着样本量的增大而减小，而大多数的偏差（少数有偏估计量除外）并不随着样本量的增大而减小。因此，如果用样本推断总体，在有偏差的情况下，无论怎样增大样本量，都不可能有效地提高估计的精确度。

### 3. 均方误差

均方误差（mean square error，MSE）的定义式为：

$$MSE(\hat{\theta})=E(\hat{\theta}-\theta)^2 \tag{7.3}$$

将式（7.3）进一步展开，可以写成：

$$\begin{aligned} MSE(\hat{\theta}) &= E\{[\hat{\theta}-E(\hat{\theta})]+[E(\hat{\theta})-\theta]\}^2 \\ &= E[\hat{\theta}-E(\hat{\theta})]^2+[E(\hat{\theta})-\theta]^2+2E[\hat{\theta}-E(\hat{\theta})][E(\hat{\theta})-\theta] \\ &= E[\hat{\theta}-E(\hat{\theta})]^2+[E(\hat{\theta})-\theta]^2 \\ &= V(\hat{\theta})+Bias(\hat{\theta})^2 \end{aligned} \tag{7.4}$$

由此看出，$MSE$ 是估计量方差与偏差平方之和。如果估计量是无偏的，便有

$$MSE(\hat{\theta})=V(\hat{\theta})$$

由于均方误差 $MSE$ 包含了估计量方差和偏差，因而它更全面、更综合地反映了估计误差的状况。

## 7.5.2　抽样误差

抽样中的误差可以分为两类：抽样误差和非抽样误差。

抽样误差是由抽样的随机性造成的，是用样本统计量估计总体参数时出现的误差。对任何抽样方案，都会存在许多待选样本，实际抽到的只是其中一个样本。抽到哪一个样本完全是随机的，而抽到不同的样本，对总体的估计就会不同，这就是抽样误差产生的根本

原因。描述抽样误差，可以采用不同的指标，前面谈到的估计量方差就是其中之一。此外，估计量方差的平方根 $S(\hat{\theta})$ 也是描述抽样误差的一个指标。

$$S(\hat{\theta})=\sqrt{V(\hat{\theta})} \tag{7.5}$$

$S(\hat{\theta})$ 称为估计量标准差或抽样标准误（差），它与估计量方差具有相同的性质。

允许误差也常用于描述抽样调查的误差。允许误差是指某一调查的特定统计量的置信区间的“半径” $d$，用于表示一定的置信度（$1-\alpha$）下样本估计值 $\hat{\theta}$ 与总体参数 $\theta$ 之间的误差不超过某一给定的最大可能范围，又称极限误差、误差限。

允许误差越大，表明人们就越不应该相信抽样结果接近于“真实”。允许误差有绝对允许误差和相对允许误差两种形式。绝对允许误差一般用 $d$ 表示，在置信度为 $1-\alpha$ 条件下满足：

$$\Pr(|\hat{\theta}-\theta|\leqslant d)=1-\alpha$$

相对允许误差一般用 $r$ 表示，在置信度为 $1-\alpha$ 条件下满足：

$$\Pr\left(\frac{|\hat{\theta}-\theta|}{\theta}\leqslant r\right)=1-\alpha$$

通常置信度 $1-\alpha$ 是某个接近于 1 的数值，例如 99%（$\alpha=1\%$），95%（$\alpha=5\%$），90%（$\alpha=10\%$）等。

允许误差与抽样标准误差之间有密切的关系。在大样本时，抽样调查中常用估计量 $\hat{\theta}$ 是渐近正态的。根据正态分布的性质，若 $t$ 是标准正态分布的双侧分位数，$d=tS(\hat{\theta})$，$r=tS(\hat{\theta})/\theta$。由于允许误差的含义比较直观，很多抽样设计方案、抽样调查分析报告、样本量的计算中都使用允许误差描述抽样误差。

在概率抽样中，抽样误差是不可避免的，其大小受到以下因素的影响：

第一，抽样误差与总体分布状况有关，总体各单位之间差异越大，即总体方差越大，抽样误差就越大；反之，抽样误差就越小。

第二，抽样误差与样本量有关，在其他条件相同的情况下，样本量越大，抽样误差就越小；反之，抽样误差就越大。

第三，抽样误差与抽样方式和估计方式也有关系。例如，分层抽样的估计精度高于简单随机抽样。在有辅助信息的条件下，比率估计、回归估计也可以有效地减小抽样误差。

抽样误差的最大特点是它的可计算性。虽然抽样误差无法避免，但调查人员可以知道抽样误差有多大，并采用适当的方式（如增大样本量）对其进行控制。

### 7.5.3 非抽样误差

非抽样误差是指除抽样误差以外，由其他原因引起的样本统计量与总体真值之间的差异。非抽样误差产生的原因主要有以下几种。

#### 1. 抽样框误差

例如，用工商管理部门签发的营业执照作为个体商业调查的抽样框，对个体商业单位实施抽样调查，以掌握个体商业零售额的情况。但有些个体商贩是无照经营，这部分零售额就会被漏掉。有些人虽有营业执照，但已经转行。用抽样框中的单位数对总体零售额进行推估，也会造成误差。有些人虽然只有一个摊点，却办理了多个营业执照，其入选样本的概率就是其他人的数倍，使得在设计入样概率基础上的估计结果失真。凡此种种都是由抽样框不完善造成的，故称为抽样框误差。

2. 无回答误差

现场调查中可能由于各种原因，调查人员不能从受访者那里得到所需要的数据。例如受访者不在家、生病无法接受调查、拒绝接受调查等。可以把无回答分为两类：一类是由于随机因素造成的，如调查时受访者恰巧不在家。这种无回答减少了有效样本量，会造成估计量方差增大。另一类无回答是受非随机因素的影响，如受访者不愿告诉实情而拒绝回答，这时，回答者与无回答者在调查指标上存在数量的差异，调查的结果中只有回答者的信息，却没有无回答者的信息。这种无回答不仅造成估计量方差增大，还会带来估计偏差。

3. 测量误差

测量误差又称计量误差，主要由调查人员、受访者、调查问卷等原因造成。由调查人员造成的测量误差，包括在调查中有意无意地渲染某种东西，诱导受访者；调查中提问错误或记录答案错误等。最恶劣的是调查人员有意作弊，因此对调查人员的职业道德教育和业务培训十分重要。

由受访者造成的测量误差，是指在现场调查中，受访者没有能够提供准确、真实的信息。受访者误差的产生有以下几种情况：

(1) 理解。由于问卷的原因或受访者自身的原因，受访者在对调查问题的理解上有偏误，提供了与真实情况不符的答案。

(2) 记忆。对调查的问题，受访者记忆模糊，回答结果与事实有出入。

(3) 有意隐瞒。对某些调查问题，受访者不愿意提供真实情况，在无法回避的情况下或由于其他原因，向调查人员提供了虚假数字。有意隐瞒的虚假数字往往带来较大的偏差，对调查结果的危害最大。

除此之外，非抽样误差还可能产生自其他一些原因，如测量工具（问卷）的信效度低造成的计量误差，数据编码和录入的错误造成的数据整理误差等。

### 7.5.4 误差问题小结

本节对抽样中的误差问题的讨论是从两个方面展开的。

首先，从误差的性质上看，可以分为估计量方差、偏差和均方误差。估计量方差是一种随机性误差，它描述了样本统计量的分布状况，是评价概率样本估计精度的重要指标。偏差是一种系统性误差，其偏误具有特定的方向，且不会随着样本量的增大而减小（少数有偏估计量除外）。均方误差则是估计量方差与偏差平方之和。对于同一个估计目标，可以使用不同的估计量。有些估计量方差大、偏差小，有些估计量方差小、偏差大，所以均方误差是综合评价估计量优劣的一个指标。在估计量性质的讨论范围内，如果一个估计量是无偏估计量，则该估计量的方差与均方误差相等。

其次，从误差的类型上看，可以分为抽样误差和非抽样误差。抽样误差是由抽样的随机性引起的，所以只有在概率抽样中才涉及抽样误差的问题。估计量方差是反映抽样误差的一个重要指标。此外，抽样误差也可以用抽样标准误差（估计量方差的平方根）表示。抽样误差随样本量的增大而减小，可以计量并且能够通过抽样方式和样本量加以控制。非抽样误差是除抽样误差外由其他各种因素造成的误差。非抽样误差与抽样的随机性无关，可以存在于各种类型的调查方式之中。非抽样误差成因复杂，难以准确对其进行计量，且样本量越大，非抽样误差出现的机会就越多。对非抽样误差的控制从设计开始，到数据采集直至数据处理，贯穿整个调查过程。所以从一定意义上讲，能够把非抽样误差控制在很小水平上的调查，一定是一个精心设计、精心实施的调查。

## 7.6 样本量的确定

样本量的确定是抽样设计中的一项重要内容。确定样本量需要对影响样本量的因素进行分析。

### 7.6.1 影响样本量的因素

#### 1. 调查精度

调查精度是指用样本数据对总体进行估计时可以接受的误差水平。它常用绝对允许误差（$d$）或相对允许误差（$r$）表示，两者的关系为：

$$d=r\times\theta \tag{7.6}$$

式中，$d$ 为绝对允许误差；$r$ 为相对允许误差；$\theta$ 为目标总体参数。要求的调查精度越高，即 $d$ 和 $r$ 的值越小，所需要的样本量就越大。

#### 2. 总体的变异程度

总体的变异程度用总体方差表示。在其他条件相同的情况下，总体的变异程度越大，所需要的样本量越大。

#### 3. 总体的规模

小规模和中等规模的总体，其规模大小对样本量的需求会产生一些影响，而大规模的总体对样本量的需求则几乎没有影响。也就是说，规模很小的总体逐渐扩大时，为保证相同估计精度，样本量会随之增大（但不是同比例的）。当总体规模达到很大程度时，随着规模的继续扩大，样本量却几乎可以维持不变。大规模总体中的抽样比$\frac{n}{N}$要远远低于小规模总体中的抽样比。

4. 无回答情况

无回答减少了有效样本量。在无回答率较高的调查项目中，样本量要大一些，以减少无回答带来的影响。

5. 调查经费

调查经费是影响样本量的一个十分重要的因素。事实上，样本量是调查经费与调查精度之间的某种折中和平衡。

此外，调查的限定时间、实施调查的人力资源也是影响样本量的客观因素。

### 7.6.2 确定样本量的方法

在抽样调查中，对于概率抽样和非概率抽样，确定样本量的方法是不同的。

非概率抽样的目的主要在于进行探索性研究，而不是用样本数据对总体进行数量上的推算。所以样本量的确定主要是根据设计人员的主观判断和从事实际调查的经验，这样就具有一定的随意性。样本量大小是否恰当，与设计人员的判断能力、调查经验的积累有密切关系。在市场调查中，对于一些项目的配额抽样，也常常使用一些经验数据，如每个样本城市抽取200个或500个样本单位。经验数据是长期从事该项调查的经验积累和总结，十分简捷，便于操作。但因为缺乏严格的理论证明其合理性和必然性，所以对由非概率抽样确定的样本量提出质疑是可以理解的。

概率抽样的样本量则是在计算的基础上确定的。在其他客观条件已定的情况下，样本量的确定主要在于对估计精度的要求。这取决于估计量的用途和使用者可以接受的误差范围。如果调查结果将用于意义重大的风险决策，就要以较高的精度要求计算样本量。此外，还需要考虑是否需要对调查的子总体进行估计。如果调查结果需要包括一些细分的数据，就要对不同子总体单独计算样本量，总样本量是单独计算的子样本量之和。如果仅仅需要总体数据，则是按既定需要标准计算出总样本量，然后把总样本量按某种方法分配到各子总体（层）中。

本节以下部分将主要讨论概率抽样中样本量的计算问题。

### 7.6.3 样本量的计算

由于概率抽样中有不同的抽样方法，对不同的抽样方法，样本量的计算方式是不同的。这里仅以简单随机抽样为例，介绍样本量计算的基本原理，其他抽样方法样本量的计算可以参考抽样技术的专门书籍。

在无放回简单随机抽样条件下，可以使用绝对允许误差和估计量标准差计算所需要的样本量。均值估计量标准差的表达式为：

$$S(\bar{y})=\sqrt{V(\bar{y})}=\sqrt{\left(1-\frac{n}{N}\right)\frac{S^2}{n}} \tag{7.7}$$

式中，$\bar{y}$为样本统计量，它是总体均值$\bar{Y}$的估计量；$S(\bar{y})$ 为估计量标准差；$N$ 为总体单位数；$n$ 为样本量；$S^2$ 为总体方差。$1-\frac{n}{N}$为有限总体校正系数，如果是有放回随机抽样，这部分是不存在的，即

$$S(\bar{y})=\sqrt{\frac{S^2}{n}} \tag{7.8}$$

绝对允许误差的表达式为：

$$d=tS(\bar{y})=t\sqrt{\left(1-\frac{n}{N}\right)\frac{S^2}{n}} \tag{7.9}$$

式中，$t$ 为标准正态分布的双侧$\alpha$ 分位数。当 $\alpha=0.05$（通常取值）时，$t=1.96$。其含义为，以 95%的概率对总体参数的置信区间做出估计。

由式（7.9）可以解出

$$n=\frac{n_0}{1+\frac{n_0}{N}} \tag{7.10}$$

式中，$n_0$ 为有放回简单随机抽样条件下的样本量，即

$$n_0=\left(\frac{tS}{d}\right)^2 \tag{7.11}$$

总体方差 $S^2$ 是客观存在的，$t$ 和 $d$ 则取决于设计人员对估计的精度要求。当这些数值确定以后，所需要的样本量便可以计算出来。

如果抽样设计中使用相对允许误差的要求，由式（7.6）

$$r\bar{Y}=d=t\sqrt{\left(1-\frac{n}{N}\right)\frac{S^2}{n}}$$

解得

$$n=\frac{n_0}{1+\frac{n_0}{N}}$$

此时

$$n_0=\left(\frac{tS}{r\bar{Y}}\right)^2 \tag{7.12}$$

由上述公式看出，计算样本量，需要知道总体方差 $S^2$。$S^2$ 通常需要根据过去的资料求得。有时候过去的资料没有，可以使用类似总体的方差代替。与对方差的直接估计相比，人们可能更愿意使用变异系数 $C$，即 $C=\frac{S}{\bar{Y}}$。变异系数是个相对数，具有更好的稳定性。

由式（7.12），采用变异系数，样本量的计算式可以写为：

$$n_0=\left(\frac{tC}{r}\right)^2 \tag{7.13}$$

当调查中要估计的是总体的比例 $P$ 时，对于大的总体，$P$ 的总体方差为：

$$S^2\approx P(1-P) \tag{7.14}$$

代入式（7.11），得

$$n_0=\frac{t^2P(1-P)}{d^2} \tag{7.15}$$

再根据式（7.10），可以求出无放回简单随机抽样比例估计的样本量。

如使用相对允许误差的要求，根据 $S^2\approx P(1-P)$，$\overline{Y}=P$，则 $C=\sqrt{\frac{1-P}{P}}$，代入式（7.13），得

$$n_0=\frac{t^2(1-P)}{r^2P} \tag{7.16}$$

如果总体比例 $P$ 未知，而且没有以前的信息可以利用，那么可以取 $P=0.5$，这时的总体方差 $S^2$ 最大，可以求得一个保守的样本量。

以上是关于简单随机抽样设计中样本量的计算。如果抽样设计不是采用简单随机抽样，如前面所提到的，就需要在抽样技术的专门书籍中查阅其他抽样方法样本量的计算公式。此外，也有一种简单的处理方法，即使用设计效应对简单随机抽样的样本量进行调整。设计效应是对于同样规模的样本量，其他抽样方法的估计量方差对简单随机抽样估计量方差的比值。在本章所提到的几种抽样方法中：

简单随机抽样，设计效应$=1$

分层抽样，设计效应$<1$

整群抽样，设计效应$>1$

系统抽样，设计效应$\leqslant 1$

多阶段抽样，设计效应$>1$

设计效应通常是从过去相同或相似主题的调查中取得的，前提是过去调查使用的抽样设计与现在计划实施调查的抽样设计相同或相似。

有了该种抽样方法设计效应的经验数据，对简单随机抽样样本量 $n$ 进行调整，即可以得到该种抽样方法所需的样本量 $n'$：

$$n'=deff\cdot n \tag{7.17}$$

式中，$deff$ 为设计效应。

最后，无回答会造成样本量事实上的减少，为了弥补这种缺失，还需要根据回答率对计算结果进行再次调整，以确定最终的样本量。

$$\text{最终样本量}=\frac{n}{R}\quad\text{或}\quad\frac{n'}{R} \tag{7.18}$$

样本量计算示例

式中，$R$ 为估计的回答率，通常根据以往类似调查的经验确定。

## 7.7 网络调查

网络调查是一种借助互联网采集调查数据的方式。它将具有某类特征的网民构成的总体作为研究对象，按照随机或非随机方法抽取一部分网民作为研究样本。网络调查的主要方式包括：电子邮件方式，即受访者通过回复邮件来回答调查问题；网页调查方式，即受访者通过登录网页浏览或其他设备回答调查问题，图形、多媒体等元素可用于网页调查中；在线调查方式，指依赖于信息技术和通信网络的数字化调查方式，该方式自动将受访者的回答传输给调查者。网络调查常用的抽样技术有：在线固定样本组抽样（online panel survey）、自愿网络抽样、在线随机拦截抽样、滚雪球抽样（snowball sampling）和受访者驱动抽样（respondent driven sampling，RDS）。

在线固定样本组抽样是指市场调查公司为其特定的在线调研目的，根据一定的方式（通常为非概率抽样方法，比如通过网页弹窗、广告、社交网络、邮件的形式）向网民发送邀请，以招募大量的网民建立网络受访者志愿者数据库（固定样本组），这些志愿者网民在网上提交基本的辅助信息，比如性别、年龄、收入、文化程度、兴趣爱好等，以方便调查公司根据一定的原则抽选样本实施调查。虽然固定样本组的志愿者属于非概率样本，但是针对固定样本组的抽样可以实施概率抽样和配额控制，再加上在线调查的低成本、迅速快捷等优点，使得该方法在调查行业内被广泛使用。

自愿网络抽样，是指调查人员在网络平台上以网页弹窗、邮件、社交媒体等形式，贴出或发送问卷链接，网民在访问该平台的过程中，根据自己的时间、对该问卷调查主题的感兴趣程度等因素决定参与或者不参与该调查。自愿网络抽样可以视为两阶段抽样，在第一阶段选择不同的网络平台，第二阶段则从选中的网络平台中选取网络样本单元。这类调查在实践中应用范围较广，然而自愿样本单元的入样概率，不仅取决于目标总体单元是否上网，还取决于其对调查主题感兴趣的程度、在特定发放问卷的平台停留的时间等，因此入样概率无法控制，进而无法保证自愿网络样本对目标总体推断的有效性。

在线随机拦截抽样是对网站访问者的随机选择。这种方法是依据访问者访问网站的时间或从访问者流中随机选择，具体方法可能是简单随机抽样，随机起点、固定间距的系统抽样，也可能是分层随机抽样等。然而，如果目标总体不是网站的访问者，网站之外还有很多的目标总体单元，那么这种抽样类似于拦截抽样，属于非概率样本。

滚雪球抽样是指研究人员通过一定的方法，通常为非概率抽样方法，从目标总体中选取符合研究目的且可以上网的初始受访者，然后通过 QQ、微信等网络社交工具，分享网页版调查问卷，每个被选中的初始受访者从自己的人际关系中推荐一定数量网民形成第二波受访者，第二波受访者继续推荐形成第三波受访者，直至满足一定的样本量。在滚雪球抽样的实施过程中，抽样调查人员无法控制推荐的过程，完全由受访者自己决定，同一个受访者推荐的下一波受访者之间会有一定的相似性。因此滚雪球抽样属于非概率抽样，往往受初始点的影响较大，且调查数据具有一定的群内单元相关的特征。

受访者驱动抽样在抽样方式上沿袭了滚雪球抽样的基本形式并进行改进。RDS 也是先用非概率抽样方法选取一定数量的、符合研究目的的受访者作为初始种子；对“种子”进行调查之后，给每个“种子”发放若干张招募券（通常为 2 张或 3 张），请其分配给与其邻接的目标总体单元；接受招募券和调查访问的样本单元成为下一轮次的招募者，以此类推，直至获取到预设的样本量。RDS 可视为马尔可夫过程，随着招募轮次的不断推进，无论种子的特征如何，经过足够多轮次的招募，样本都将达到平衡状态，最终获得的样本可以看成概率样本。此外，抽样中招募者和被招募者均将获得奖励，这种双重激励机制使得 RDS 的抽样过程更稳定持续，样本更具代表性。传统抽样方法与 RDS 方法的区别见图 7－3。

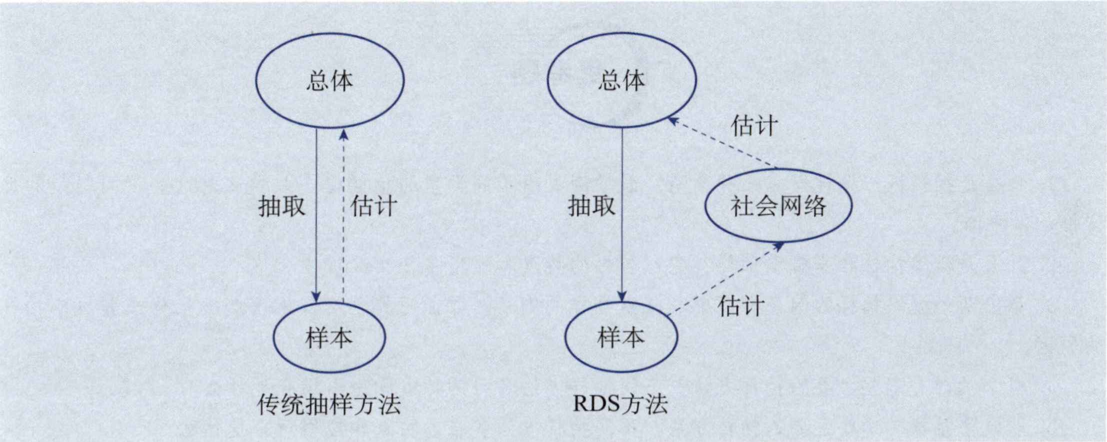


**图 7－3　传统抽样方法与 RDS 方法的区别**

与传统统计调查方法相比，网络调查的特点可以归纳为：使调查的空间扩大，不受时间限制，不受时差影响；大大提高调查的时效性；可以降低统计调查的成本；可以减少统计调查的故意回答误差（由于受访者被问及敏感性等问题，故意隐瞒真实情况而产生的误差）与计量误差（调查结果的登记、汇总、计算等过程中产生的误差）；使调查问卷设计灵活性大大提高，可用技巧增多。

网络调查同样存在一定的局限性，比如绝大多数的网络调查都采用了非概率抽样，难以估计网络调查样本推断总体的数量特征的误差。此外，网络调查的结论只反映部分总体单元，自愿样本的有偏性、自填问卷的数据真实性、网络安全因素等都可能影响调查结果的可靠性。

## 小结

抽样调查中正确识别总体、总体参数、抽样框，准确把握概率抽样与非概率抽样有十分重要的意义，因为概率抽样和非概率抽样获取的数据的作用是有区别的。使用中的误区往往是，样本是采用非概率方式抽取的，却用来推算总体。抽样调查中的误差从类型来看主要包括抽样误差和非抽样误差，非抽样误差主要包括抽样框误差、测量误差和无回答误差。抽样误差只在概率抽样中存在，非抽样误差则在概率抽样和非概率抽样中都同样存在。抽样技术中的核心问题是对误差的计量和控制问题。概率抽样样本量的确定涉及的主要内容有：影响样本量的因素、确定样本量的方法以及样本量的计算。

网络调查是一种借助互联网采集调查数据的方式。它将具有某类特征的网民构成的总体作为研究对象，按照随机或非随机方法抽取一部分网民作为研究样本。网络调查常用的抽样技术有：在线固定样本组抽样、自愿网络抽样、在线随机拦截抽样、滚雪球抽样和受访者驱动抽样。

## 思考题

1. 什么是抽样框？抽样框有几种类型？请举例说明不同类型的抽样框，并尝试对这些不同类型的抽样框加以评价。

2. 什么是概率抽样和非概率抽样？它们各自的特点和作用是什么？

3. 举出两个概率抽样的例子和两个非概率抽样的例子，并说明其之所以采用概率抽样或非概率抽样的原因。

4. 概率抽样有哪些主要的抽样方法？不同抽样方法各自的特点和应用场合是什么？

5. 非概率抽样有哪些主要的抽样方法？不同抽样方法各自的特点和应用场合是什么？

6. 什么是抽样误差和非抽样误差？它们各自具有什么特点？

7. 谈谈你对目前市场调查中非抽样误差的看法。如何对这些非抽样误差进行控制？

8. 为调查学生购书支出，某高校在全校6 000名大学生中按简单随机抽样抽取78名学生，调查了他们最近一个学期用于购书的支出，结果为：$\overline{y}=102.30$元，$s^2=13\ 712$。根据这样的资料，如果要求置信度为95%，估计的相对误差不超过10%，则采用不重复抽样，应抽取多少学生进行调查？又知在这种调查中，分层抽样的设计效应为0.7，在其他条件相同的情况下，如果采用分层抽样，则需要抽取多少名学生？

9. 对某企业生产的一批袜子进行质量检查，随机抽取了50双，发现有3双没有达到优质品的标准。若要估计优质品袜子的比例，在95%的置信度下，把估计的绝对误差控制在1%的范围内，应抽取多少双袜子作为样本？

# 第8章 定量调查的实施

## 学习目标

1. 了解调查前的准备工作
2. 熟悉调查员的挑选原则和培训内容
3. 熟悉调查实施的访问技巧
4. 了解调查实施阶段的质量控制要点
5. 了解调查实施的质量评估方法

本章主要介绍定量调查的具体实施，包括调查前期人员的组织和培训、材料和物品的准备，调查中的访问技巧，现场调查的质量控制和调查质量评估等。如果是自填式调查，可忽略调查员招募培训和访问技巧，但对调查前的准备、现场调查的质量控制、调查质量评估和进度控制要求更高。

## 8.1 调查前的准备

### 8.1.1 调查团队的组织

一次完整的市场调查活动大体可以分为三个阶段，即调查的设计、调查的实施和数据的处理。一个优秀的调查团队应当由各方面的优秀专业人员组成。调查的设计人员负责项目设计中的技术问题，包括抽样设计、问卷设计、加权和估计方法设计、质量控制方法设计、数据质量的评估设计和统计分析方面的设计等。在数据处理阶段，录入人员负责调查数据的录入，统计分析人员负责数据的统计处理并按照设计的要求进行统计分析，完成统计分析报告。在团队组成中，还应有计算机系统管理人员，负责设计和开发计算机系统和程序，以确保统计方面的计算机处理得以有效实施。

在调查的具体实施，即数据采集阶段，也需要有一些专门的人员承担相应工作。本章内容的主题是调查的实施，这里先对调查实施团队的情况做一些介绍。团队的组织及团队成员所负责的工作，实际上体现了管理体制。由于调查机构规模不同，调查内容不同，可以采用多种管理体制对调查的实施进行管理，这里以项目管理的一般情况为例加以介绍。

（1）项目主管。项目主管负责整个项目的管理，包括协调各部门的关系，起草初步的计划，制定预算并监督资源的使用。项目主管需要与高级管理层和客户保持紧密联系，向他们报告调查的进度。他应保证严守行业法规或法定的职责，遵守行业政策、标准、指导方针和条例。项目主管的责任是确保调查项目的目标、预算和计划得以实现。

（2）实施主管。实施主管负责项目的具体实施。在不同的场合，如在规模不大的市场调查机构中，或对于规模不大的调查项目，项目主管也可能就是实施主管。实施主管的责任主要包括：了解调查项目的目的和具体的实施要求，根据调查设计的有关内容和要求挑选调查员，负责督导队伍的管理和调查员的专业培训，负责调查实施中的质量控制。实施主管一方面要与上游的项目主管甚至高层领导沟通，另一方面要与下游的督导和调查员打交道，这就要求实施主管既要掌握市场调查的基本理论和方法，又要有比较强的组织和运作能力，还要有丰富的现场操作经验。实施主管的水平在很大程度上可以反映一个市场调查机构现场操作的水平。

（3）调查督导。调查督导是数据采集过程中的监督人员，负责对调查员工作过程的检查和调查结果的审核。调查督导又可以分为调查现场督导和调查技术督导。调查现场督导负责调查员日常工作的管理，包括现场监督、回收问卷、对问卷进行复核和其他服务工作。调查技术督导负责调查员访问技巧的指导，回答现场调查中有关技术问题的咨询，协助实施主管挑选调查员和进行专业培训等。在很多情况下，调查现场督导和调查技术督导是融为一体的。有些时候由实施主管充当调查技术督导的角色。

对调查督导的要求是，工作认真、踏实、有责任心，同时具有一定的组织管理能力。此外，还要具有访问经验，对调查技术有一定的了解。在调查机构中，调查员一般是通过社会招聘方式招募的兼职工作人员，所以可以把调查督导视为调查机构的入门职位。调查督导也可以从调查员中选拔。

### 8.1.2　调查员的挑选

在调查项目的实施中，调查员是必不可少的重要因素，然而一般情况下，商业调查机构都不设立常年的调查员队伍。因为调查业务具有突发性，在没有业务的时候，调查员是空闲的，维持成本比较高，而有的时候又可能有几个调查同时进行，需要较多的调查员。此外，有些调查业务可能涉及多个城市，任何调查机构都无力在每个城市设立自己的调查员队伍。因此调查机构通常都握有一份调查员名单，或掌握一些潜在调查员的资源。调查机构可以根据调查员名单或潜在资源，在需要的时候招聘调查员。如果需要大量调查员，还可以招聘社会上的各类人员充当临时调查员。调查员的流动性很大，因此调查员的招聘已成为调查机构的一项常规工作。

调查员的挑选需要考虑以下几个因素。

第一，要考虑调查的方式和调查对象的人口特征，尽量选择与调查对象相匹配的调查员。一般来说，调查员与受访者的共同特征越多，越有利于调查的实施。例如，进行全国性的电话调查，对有不同口音或方言地区的调查，最好招聘该地区或熟悉该地区口音、方言的人员作为调查员，这样不仅可以增加亲切感，还有助于调查速度的提高。对于入户调查，男性调查员的成功率通常不如女性调查员高，因为从受访者的角度看，陌生男性具有威胁性，不敢轻易放其入户。在这种场合，居委会成员是不错的人选。

第二，调查员的职业道德水平十分重要。应聘人员之所以应聘，在很大程度上是想通过调查活动得到一定的经济收入，这是无可厚非的。通常调查员的经济收入是与调查的工作量（如完成有效问卷的份数）联系在一起的，因此作弊的诱惑力很强。有些调查员在现场调查中只是挑容易的题项问，略过复杂的题项，然后冒充受访者填答，以增加完成问卷的份数。还有些人不按采访地址分发问卷，将调查问卷交给自己的亲朋好友代答，或索性自己填答。对作弊行为的监测和监控成本都是比较高的。所以一开始就要特别注意调查员的职业道德水平。挑选一位尽管在其他方面能力稍差，但却诚实、可信的调查员要远远优于调查员能力较强但不诚信的情况。

第三，调查员的语言交流能力也是一个要素。调查员的任务是与受访者进行交流，因此需要调查员吐字清楚，注意说话的节奏，能细心聆听别人说话，正确领会和解释他人的回应。这些都是一名合格调查员所应具备的素质。

兼职调查员的主要来源是在校大学生、居委会的积极分子、热心的下岗职工等。

### 8.1.3　其他准备工作

调查实施前的一项重要工作是调查员的培训，下节将对此进行专门讨论。除此之外，还有一些准备工作需要关注。

#### 1. 编写手册

条理清楚的指导手册对于现场工作人员的工作指导具有不可忽视的作用。调查指导手册包括调查员手册和督导手册。

（1）调查员手册。调查员手册的内容不能一概而论，但其主体部分是调查员在现场调查中所应遵守的操作条例和有关的技术指导。尽管手册中的内容也是培训中的内容，但文字有助于工作中的随时查阅。调查员手册中的内容应当包括：

1）与受访者的接触。解释怎样与受访者第一次接触，怎样确保所接触到的是正确的样本，如何进行就近访问。

2）一般的访问技巧和技术。对特殊的调查还应给出具体的例子。

3）问卷的审核。要求调查员在调查现场或调查结束后立即进行问卷审核。该部分应给出审核的方法和规则。

4）疑难解答。这部分应包括调查中所使用概念和术语的定义，调查中最可能出现的问题，以及处理这些问题的建议。

（2）督导手册。工作的性质决定督导必须十分熟悉调查员手册中的内容。此外，在一些情况下还需要有专门的督导手册，为调查的管理提供指引。督导手册的内容主要有：

1）作业管理。包括如何给调查员分配任务，怎样向调查员分发和回收问卷，如果调查员的财务问题由督导负责，手册中还应该有如何查找调查员的开销凭证（如调查旅费）以及怎样向调查员分发报酬。

2）质量检查。对调查员的工作进行质量检查的原则和方法。

3）执行控制。如何通过各种表格记录调查实施过程中各环节的执行情况。

#### 2. 其他材料

除了编写手册，调查前还需要准备好其他所需要的印好的文字、图片材料。这些材料包括：

（1）调查问卷。

（2）示卡。示卡即在调查过程中需要使用的卡片，以及图片或照片等其他展示物。

（3）样本单位名单。包括受访者的地址表、显示地理位置的地图等。

（4）相关表格。调查过程中所需要的表格。如入户登记表、问卷收发表、项目进度表、陪访记录表、复核记录表等。

（5）介绍信等证明文件。通常包括介绍信和调查员证。

#### 3. 物品准备

物品准备指与调查有关的所有实物准备。这部分工作也比较烦琐，需要考虑周到。现场调查中常用的物品有：

（1）礼品。礼品通常是在调查结束后，为向受访者表示感谢而准备的。一般根据调查时间的长短或难易程度不同而准备不同价值的礼品。同时，准备礼品时要注意针对不同的受访者选择不同种类的礼品。其原则是实用，并且使受访者乐于接受。

（2）测试用品。有些调研项目如概念测试、包装测试、口味测试和产品留置等需要用到测试用品。在项目开始前要做好这些用品的准备。鉴于食品的特殊性，应尽量避免使用食品，如必须使用，应向受访者提供有关的卫生检疫证明及有效的食用日期。

（3）使用工具。这是指调查实施中需要用到的工具，如记录笔、访问夹、手提袋（装问卷及礼品）、手表（记录访问时间）、手电筒（预防楼道无灯或天黑）等。

## 8.2 调查员的培训

### 8.2.1 培训内容

调查员的培训是调查实施过程中一项重要的工作，它对调查数据的质量起着关键作用。一个优秀的调查员是经过培训、实践、再培训、再实践的过程成长起来的。培训的内容可以分为基础培训和项目培训。

### 1. 基础培训

基础培训主要是针对新聘用的调查员。基础培训的内容主要包括：

（1）责任心教育。调查员的职责是利用合法的手段，以严谨的态度采集市场信息，在这里职业道德十分重要。调查员要坚决杜绝弄虚作假和作弊行为，以健康和积极的心态面对访问工作，同时要为受访者和客户保密。

（2）行为规范。按调查项目的要求，规范调查员行为。例如严格按照项目要求确定受访者，在需要使用随机表确定受访者时，不要轻易被周围环境（如受访者推脱）影响；严格按照规范要求进行操作，包括提问、记录答案、使用卡片等；调查中保持中立的态度，不能加入自己的观点和意见来影响受访者。

（3）调查技巧的培训。在培训中不仅要告诉调查员怎么做，同时要解释为什么这样做。获得数据可以有不同的途径，通常要求调查员走的是一条比较困难的途径。在这种情况下，向调查员解释必须这样做的原因，以及如果不这样做可能带来什么样的后果就显得十分必要。

### 2. 项目培训

项目培训面对所有的调查员，其目的在于让调查员了解项目的有关要求和标准做法，使所有调查员都能以统一的口径和标准的做法进行访问。同时，进一步明确调查纪律和操作规范。项目培训的内容通常包括：

（1）行业背景简介。市场调查项目会涉及不同的行业，每个行业都有不同的情况和专业知识，而调查员对此未必都了解。适当介绍一些行业背景和与调查内容有关的专业知识，有助于调查员理解调查问题，更好地理解受访者回答的含义。

（2）讲解问卷内容。向调查员解释调查问卷中每一个问题的含义，以及问题之间的逻辑关系。在问卷讲解中，应特别注意对复杂题项的分析，分析一般的情况、可能出现的特殊情况，以及处理特殊情况时应掌握的原则。

（3）其他要求。例如，受访者的条件（筛选）；需要完成的样本量和时间进度的要求；介绍所需要的调查工具，如示卡、调查介绍信等。

## 8.2.2　培训方式

从调查项目主持方（如承接项目的调查机构）的角度看，培训方式有两种。一种是书面培训，采用这种方式的背景通常是调查项目主持方将数据采集的具体工作委托给专门的数据采集机构，对调查员和督导的具体培训由数据采集机构负责，调查项目主持方提供培训材料；另一种方式是调查项目主持方直接派人进行现场培训。在前一种情况下，数据采集机构也要在项目主持方的指导下，针对特定的调查项目，对调查员进行现场培训。所以，培训方式主要是针对现场培训而言。

现场培训有以下一些方式：

（1）讲授。这是指将接受培训的人员集合在一起，采用讲课的方式进行培训。讲授的内容包括：介绍调查项目的背景材料，讲解调查问卷、实施要求，介绍调查技巧。

（2）模拟。在讲授的基础上，通过模拟锻炼调查员处理各种可能局面的应变能力。与讲授相比，模拟更强调操作中的实际运用，侧重于应变手法的培训。

（3）试访。试访是在项目正式实施之前，调查员所进行的“热身”。试访后进行总结。实地的操作往往会给人留下更深的印象。对于内容复杂的调查项目以及新的调查员，试访是必要的。

（4）陪访。陪访即督导陪同调查员一起进行访问，实地检查调查员对问卷的理解程度、访谈技巧以及操作规范，然后由督导总结访问的情况。陪访和试访有时可以合并进行。

### 8.2.3 访谈基本技巧

访谈是一种面对面的语言交流，掌握访谈技巧可以更好地发挥面访的优势，保证调查结果的质量。按照访谈的过程，其基本技巧涉及以下几个方面。

#### 1. 接触前有关事项

调查员在与受访者接触前需要注意一些问题，这些问题处理得好将有利于调查的进行。

（1）仪表。调查员要注意仪表，着装整洁大方，头发、指甲干净，所带的袋子（装问卷、礼品及记录工具）不要太大，要给人以朴素、精明、整洁的感觉。

（2）调查时间。调查时间对回答率和调查结果都会产生影响。入户调查最好在周末或工作日晚上进行。若在工作日的白天实施调查，或者家中无人造成回答率低，或者待在家中的是一些特殊的群体，如无业和离退休人员，造成样本有偏。要注意避开吃饭时间。晚上太晚敲门也会引起受访者的反感。

（3）调查地点。调查地点的选择应该按调查设计的要求进行。入户调查应当争取对方允许自己进入家中，坐在桌子边与受访者进行交流。有时对方态度坚决，不允许调查员进入，在这种情况下，调查也可以在楼道、院子里进行。拦截式调查的地点变数较大，但如果调查是在商场内、音乐厅门口等公共场所进行，事先要与有关方面取得联系，征得其同意，以避免不必要的误会。

#### 2. 自我介绍

中国有许多俗语，如“万事开头难”和“好的开始是成功的一半”，都表达了开始时的工作既困难又重要的意思。自我介绍是调查员与受访者第一次接触时的“表白”，是能否顺利实施调查的关键，在态度上要予以高度重视，在技巧上要仔细推敲。

自我介绍的一般要求是，话语简单明了，态度友善礼貌。通过自我介绍，表明调查目的，有针对性地回答受访者的疑问，创造一个轻松、愉快的气氛。除良好的形象和礼貌的谈吐外，要注意表达意思准确，语言规范、流利，不用“哼”“哈”“哦”等语气助词。自我介绍要简短，把握入户时机，不要在门口耽搁时间，应尽早提出调查的问题。一旦受访者回答问题，他的注意力就会从是否接纳调查员的思考中转移。随着问题的展开，调查员就会很自然地入户开展工作。

受访者在一开始对调查的态度大体可以分为三类：表示可以接受调查，处于犹豫状态，坚决予以拒绝。其中处于犹豫状态的占大多数。犹豫部分的成功率对整体的回答率影响很大。犹豫的原因有几种：对调查员怀疑，怕调查时间长，正忙于其他事情，对调查不感兴趣，等等。调查员的应变能力可以在此时得到最充分的体现。例如，对于怀疑和有疑问者，及时出示有关证件，消除其怀疑；对担心调查时间长的受访者可以说，“调查只占用几分钟时间，您看如果我们一见面就开始，现在可能已经结束了”；对于那些不感兴趣者，可以强调他们的意见对于反映民意、项目的研究起着多么重要的作用，并可以补充说“对于您的配合，我们将赠送小小的礼品表示感谢”；对于那些正忙于其他事情者，调查员可以强调调查时间的短暂，如果对方确实抽不出身，如家中有客人，可以约定另外一个时间进行访问。

### 3. 提问

提问表明调查实施已经开始，这是一个相互交流的过程，调查员要随时注意受访者的理解程度和配合态度，调节自己的节奏，调动受访者的情绪，让受访者自始至终能以感兴趣的态度配合访问。在读问卷中问题的时候，注意用声音和眼神与对方沟通，掌握好提问节奏、快慢有序，用眼神和表情表示对对方回答的关注和鼓励。

同时，在提问过程中也要注意按规定的程序操作，在问题的措辞、提问的方式上不能各行其是，也不能按照自己的理解修改问卷中问题的提法。如果需要出示卡片，一般在问题陈述完以后再出示。出示卡片的方向是使卡片斜向上方 45 度，正好使受访者的目光能够垂直投射在卡片上。调查员自己不应看卡片，而是要注意记录受访者的回答。因为调查员看卡片会影响受访者的视线，也可能会对受访者造成一些暗示，例如将目光落在自己感兴趣的选项上。

### 4. 引导

引导不是提出新问题，而是帮助受访者正确回答已经提出的问题，所以引导是提问的补充。在访问中，受访者应当多说，但内容要由调查员控制，这就需要引导。例如，当受访者滔滔不绝而又离题太远的时候，调查员要采取适当的方式将内容引导到所提的问题上。如果受访者一时遗忘了某些情况，调查员可以从不同的角度帮助对方回忆，例如询问受访者是否参观过科技馆，调查员可以说明科技馆的地理位置。受访者一时想不起洗衣机的购买时间（假如这是问卷中的问题），调查员可以利用是搬家前还是搬家后或孩子上学前还是上学后这样有明显标志的日子帮助回忆。为了促使受访者进一步合作给出完整的回答，调查员可以做这样的启发：“我不太明白您说的是什么意思，您可以再多谈一些吗？”

引导的作用在于排除访问过程中的干扰，使访谈按预定计划顺利发展。同时，引导不应带有倾向性，是引导而不是诱导。

### 5. 追问

追问是更深入的提问，是更具体、更准确、更完整的引导。在访谈过程中当受访者的回答含糊其词、模棱两可的时候，或当回答前后矛盾、不能自圆其说的时候，或者受访者回答过于笼统、很不准确的时候，就需要采用追问这种形式。追问的技术要求是利用中性的标准追问语，客观、中立，没有诱导。例如常用的标准追问语有：

还有其他吗？
其他理由呢？
您指的是什么？
您为什么那样认为？
您是怎么想的？

追问的方式也有多种。常用的方式有：重复提问，即用同样的措辞再一次提问，刺激受访者说出进一步的看法；复述追问，即复述受访者的回答，让其再一次思考回答是否正确，是否有遗漏；停顿或沉默，即通过停顿、沉默或注视，暗示正在等待受访者提供更详细的答案。

### 6. 非语言控制

在访谈中，除了通过语言交流外，调查员还可以通过双方的表情与动作，即通过非语言交流，达到对访问过程的控制。非语言控制包括表情、目光、动作和姿态。

表情是传达思想感情的一种方法。调查员要做到自始至终有礼貌、谦虚、诚恳、有耐心，运用表情创造良好的访谈气氛。例如，用微笑鼓励受访者讲下去，用略微严肃的表情表示这个问题很重要，正在认真地倾听。在整个访谈过程中，如果调查员表情一直很严肃，会使受访者感到不愉悦或紧张。

目光是访问时重要的非语言交流方式。在对方讲话时与其交流目光，是表示在全神贯注地倾听，但如果一直目不转睛地盯着对方，也会使对方感到拘谨和不自在。

动作和姿态同样受到思想感情的支配。微笑、点头表示对受访者回答的感谢和肯定，匆匆记录表示对受访者回答的重视。在对方讲话时，切忌目光游离。挠头皮、挖耳朵等小动作也会使对方反感。

同时，调查员也应注意观察受访者的表情、目光、动作和姿态，从中捕捉对方的情感信息。例如，通过观察对方的目光，注意其是否对所谈的问题感兴趣；通过观察对方的细微动作，如东张西望、频频看表、注意力不集中、不断打哈欠等，判断对方已经厌倦，要转变话题或加快速度尽早结束访谈。

7. 结束

访谈工作的最后一个环节是做好结束工作。正常的结束是在完成所有调查问题之后。结束前可以先给对方发出访谈快要结束的信号，例如可以问“您还有什么需要补充的吗?”以保证对方把想要说的话说完。结束时，应向受访者表示感谢，向受访者赠送小礼品，并回答受访者关于调查项目的提问，以给对方留下一个良好印象。有时，结束是在调查没有全部完成的情况下发生的，如受访者家来了客人，不得不中断访谈。此时，调查员应该同样对对方给予的配合表示感谢，并约定再次访问的时间。离开访问场所之前应注意检查一下，确认有关的材料（问卷、卡片、文件夹等）没有遗忘。

## 8.3 现场调查的质量控制

### 8.3.1　督导与复核

1. 督导

在调查开始前，需要对调查员进行严格的培训。除此之外，在调查实施过程中和调查结束后，还需要对调查员的工作进行检查和监督，以保证调查员按培训中所要求的方法和技术进行访问。现场督导的工作内容主要有：

（1）检查已完成的问卷。包括现场的记录是否规范，字迹是否清晰，有没有缺失数据，答案之间的逻辑关系是否成立。对发现的问题，采取及时的补救措施。对工作质量较差的调查员，需要进行再次培训。

（2）严格的文档管理。对现场操作中每个阶段的实施情况都要建立必要的文档管理。如问卷收发表、入户接触表、陪访报告、复核记录等。这些文档材料不仅有助于现场督导及时发现问题，有针对性地进行工作，而且有助于项目组对现场操作的质量进行评估。

（3）调查员的报告。随着现场调查活动的展开，调查员应定期提交工作报告，汇报调查过程中的情况。必要时，督导可以将调查员召集在一起进行座谈总结，交流经验和体会，研究处理棘手问题的方法。这些报告所提供的信息，有助于提高现场工作的质量，同时也可以提示问卷中存在的问题。这些问题在问卷设计阶段可能没有意识到，但却是调查员在访问过程中切身体会到的。将这些信息反映到数据处理和数据审核过程中，对整个调查来说极为有价值。这些信息可以为以后问卷设计的改进提供参考。

2. 复核

复核是对调查员完成工作的抽查，即对受访者再一次访问以检查访问工作的真实性。复核这套工作程序本身对调查员的作弊行为就是一个“威慑”，同时也是对调查结果的质量进行的一次检查。复核的比例根据现场操作的情况可以有所不同，一般在 10%～20%，对存在质量问题的调查员可以增大复核比例。复核的内容包括以下方面。

（1）访问情况。向受访者求证调查过程，如是否接受过访问，接受访问的时间和地点是否属实等。有时也需要对调查员放弃的样本进行复核，例如调查员声称某一户拒访时，可以由复核人员登门核实是否存在拒访的情况及拒访的原因。有时调查员为了避免走较远的路，可能伪称某一户居民不在家或者拒访，复核人员需要确定在调查员所声明的时间内该户居民是否真的不在家。

（2）问卷内容的真实性。调查员作弊可以有多种手法。其中一种是虽然登门进行了访问，但是为了赶进度，调查中只涉及问卷中的部分内容，而略去了比较难、比较费时间的题项，然后回来自己填写。为此，复核人员需要对问卷中的关键问题进行再次询问，核查与调查员的记录是否一致。

（3）调查员的工作态度。向受访者了解调查员的工作态度，包括：现场的表现，是否有礼貌，是否赠送了礼品，让受访者对调查员的工作加以评价。

在复核时如果出现复核结果与调查结果不符合的情况，需要进行具体分析。除调查员作弊外，还可能有一些其他原因造成结果不符。一个原因是受访者记忆误差。由于记忆的原因，受访者向调查员和复核人员提供的答案不一致。此时，复核人员可以给予受访者适当提示，以确认正确的结果。另外，接受复核的人并不是当时的受访者本人，因而给出不一致的答案。所以当出现复核结果与调查结果不一致时，处理要慎重。通常的方法是加大对该调查员的复核比例，通过多次复核做进一步的判断。

### 8.3.2 调查质量评估

对现场调查活动而言，最重要的是收集到高质量的原始数据。但是高质量的原始数据不是凭空产生的，它是一系列具体调查活动的结果。在一项复杂的调查活动中，没有高质量的现场实施，要获得高质量的数据是不可能的。所以高质量的现场实施是高质量调查数据的基础和前提。同时也要看到，除了现场实施以外，有些时候，数据质量本身还受到调查员以外的其他因素的影响。所以，调查质量评估包括实施过程的质量评估和数据质量的评估。

#### 1. 实施过程的质量评估

实施过程的质量可以反映在以下方面。

（1）调查员的工作质量。调查员是成功收集数据的关键因素。要确保聘用的调查员具备进行访问的素质和能力，同时还需要有很强的责任心，经过良好的专业技术培训。调查员工作质量的评估包括以下一些内容。

1）访谈过程的规范性。例如，具有亲和力的自我介绍，提问、追问的规范性操作，现场调查中的应变能力，等等。

2）问卷的填写。严格按照要求填写问卷，记录字迹清晰，格式规范，没有错答或漏答。

3）工作记录。按要求填写接触记录（入户接触表）。

4）完成时间。按规定的时间上交问卷，在规定的时间内完成布置的访问数。

（2）管理工作的质量。管理工作的质量可以通过一系列的文档文件得以反映。这些文件包括：

1）培训材料。主要指培训手册、调查员操作手册等。

2）操作控制文件。例如问卷收交表、项目进度表、配额表等。这当中入户接触表（包括街访的接触表）是很重要的文件。接触表是对调查现场的全面记载，接触表的内容包括样本单位的详细地址、成功访问的实施情况、未成功访问的具体原因。入户接触表是评估数据质量不可缺少的材料。

3）检查性文件。如陪访报告、问卷复核记录、复核报告等。

### 2. 数据质量的评估

高质量的调查实施过程是高质量数据的前提。但是，良好的调查现场操作也不能保证数据质量就一定高。因为数据质量如何还取决于其他因素的影响，最重要的是受访者对调查活动的支持与配合。数据的质量直接影响最终的分析结果。在数据分析阶段之前，对原始数据质量进行评估确实十分必要。

可以从两个方面对原始数据的质量进行评估。

（1）受访者的配合程度。在调查问卷的尾部，一般要设计几个题项，这些题项由现场的调查员在访问结束后填写，题项的内容主要包括：

1）受访者对问卷的理解程度。受访者对调查内容的充分理解有助于提高回答的质量。这方面的信息也可以作为修改、完善问卷设计的参考。

2）受访者的配合程度。受访者的配合程度高，说明受访者在回答问题时比较关注和用心，这有助于提高数据的信度。在调查过程中，如果受访者不耐烦、不情愿、不认真，通常会对数据的信度产生一定影响。

（2）问卷回答率。问卷回答率是评价数据质量的一个重要量化指标。回答率低的调查项目，数据的质量肯定受影响。在用问卷回答率评价数据质量时要考虑以下几个因素。

1）采集数据的方式。采集数据有面访、电话调查、邮寄调查等不同方式，不同方式的回答率是不同的。一般而言，面访的回答率较高，而邮寄调查的回答率较低。

2）问卷难度。内容较难、较长的问卷，含有敏感性问题的问卷，回答率通常都会降低。

3）无回答的类型。调查中的无回答有两种类型：一种是单位无回答，是指整个问卷是空白的，没有获得受访者的任何信息；另一种是项目无回答，是指在一份问卷中，有些问题（如容易的、不敏感的）受访者进行了回答，而另一些问题（如难的、敏感的）受访者没有回答。显然，无回答的不同类型对数据的影响是不同的。单位无回答的负面影响大于项目无回答。严格的质量评估应当分别计算单位无回答率和项目无回答率（或回答率）。

用问卷回答率（无回答率）评估数据质量，要特别注意无回答产生的原因。有时无回答率虽然相同，但造成这种无回答的原因不同，数据的质量很可能不同。造成无回答的主要原因有：

1）拒访。受访者拒绝接受调查。

2）不在家。调查时受访者家中无人。

3）被迫放弃。这是指调查员虽然接触到受访者，但由于客观原因无法实施调查，例如受访者生病或正在忙于其他事情而无法脱身。对于这种情况，现场调查中通常要求调查员与受访者预约再次调查的时间。而再次调查时仍然由于客观原因而没有成功，只能放弃调查。

无回答产生的原因不同，对调查结果的影响也不同。例如，在概率抽样中，目的是用样本数据对总体参数进行估计。如果无回答与调查内容有关，由于调查内容敏感而遭到受访者的拒绝，这时回答层与无回答层的数量特征往往存在差异。这种无回答既减少了样本量，增大了估计量方差，又造成了估计偏差。如果无回答产生自一些客观原因，与调查内容无关，那么回答层与无回答层之间的数量差异可能是随机的。这种无回答虽然会由于样本量减少而增大估计量方差，但不会带来估计偏差。从这个意义上讲，拒访的无回答对调查结果的影响比较大，由于其他随机因素造成的无回答对调查结果的影响相对比较小。当然也需要注意另一种情况，无回答集中于某个特殊的群体，而该群体与其他群体在数量特征上有明显差异，这种无回答也会造成估计偏差。例如，由于工作忙而脱不开身被迫放弃的受访者可能都是高收入者，若调查的内容是估计平均收入，这部分无回答的比重又很大，则将使估计结果发生系统性偏差。

关于无回答率的计算，可以有不同的口径，相应说明不同的问题。下面通过一个例子，就几个主要的方面加以说明。

设调查的设计样本量为 1 000 个单位，调查实施后只找到 900 个地址，另外 100 个根本无法找到，这是因为有些房屋拆迁，有些地址记录不详而无法找到（无法判断该地址是否存在）。这些情况使设计的样本量无法实现，它虽然发生在现场调查中，但却是抽样框的原因造成的，因此这里用可查找率来反映抽样框的质量，计算公式为：

$$\text{可查找率}=\frac{\text{可以找到的地址个数}}{\text{设计的样本量}}=\frac{900}{1\ 000}\times 100\%=90\%$$

显然，可查找率从抽样框角度说明了样本的质量。

对 900 个可找到的地址进行入户面访，结果如表 8－1 所示。

**表 8－1　调查实施情况表**

| 项目 | 户数 |
|---|---|
| 拒访 | 150 |
| 被迫放弃 | 50 |
| 不在家 | 100 |
| 回答 | 600 |
| 合计 | 900 |

由此可以计算出单位无回答率。

$$单位无回答率=\frac{无回答个数}{可以找到的地址个数}=\frac{300}{900}\times 100\%=33\%$$

在回答的问卷中，有些是全部回答（回答了所有调查的问题），有些是部分回答，所以可以进一步计算项目无回答率。首先，需要确定重要问题。重要问题是调查实施前确定的，是调查设计人员最需要得到的信息。在一份调查问卷中，如果重要问题的回答率不足 50%，应将该问卷视为无效问卷舍弃，将其归并到“被迫放弃”类中。重要问题回答率超过 50%才视为有效问卷。项目无回答率的计算公式为：

$$项目无回答率=\frac{有效问卷中重要问题的缺失值个数}{一份问卷中重要问题个数\times 有效问卷份数}$$

### 8.3.3　进度控制

一个调查项目的实施要做到有计划、按步骤、平稳地进行，需要对实施的进度进行合理安排。进度安排首先要满足项目对时间的要求，在规定的时间内完成整个调查任务。但也需注意，调查员每天的访问量并不是越多越好。如果每天规定的工作量过大，调查工作的质量就难以保证。对具体的调查项目，调查员也需要有一个不断熟悉的渐进过程，工作量的安排应体现这个规律。一般情况下，可以将现场调查分为慢、快、慢三个节奏阶段。

第一阶段，慢节奏。在调查实施的初期，调查员需要熟悉问卷，掌握访问技巧，相互交流体会和经验，总结访谈中遇到的各种问题。这时的进度可以安排得慢些。

第二阶段，快节奏。这是相对于初期的慢节奏而言的。调查进行一段时间后，调查员已经十分熟悉问卷内容，访谈技巧有所提高，这时的进度可以适当加快。

第三阶段，慢节奏。现场调查进入后期，可能会涉及调整配额、对有问题的问卷进行补做等，这时每天安排的问卷数量可以少些。

在安排进度时，还要根据调查员的实际能力、受访者地点的远近以及其他相关因素综合考虑。同时，安排问卷的份数要保证督导的检查工作能够同步进行。

## 小　结

本章对调查活动实施过程中的有关问题进行了讨论。进行调查是一个团队的活动，团队中不同的人员承担不同的任务，调查实施前要做好相应的准备工作。在访问调查中，调查员的培训是十分重要的，调查的成败往往取决于调查员，涉及调查员的工作态度和调查专业技巧。现场调查的质量控制是保证高质量数据不可缺少的工作环节，质量控制包括督导与复核、调查质量的评估和调查进度的控制。

## 思考题

1. 结合调查过程中可能出现的各种情况，讨论督导如何更好地发挥其监督职能。
2. 如果由你对调查员进行培训，请列出你的培训计划。
3. 结合现场调查的实际，说明如何使用各种访谈技巧。
4. 现场调查质量控制的意义是什么？怎样进行质量控制？

# 第 9 章 定性调查的执行

## 学习目标

1. 掌握如何将受访者条件转化为甄别问卷的问题
2. 理解讨论大纲的设计原则
3. 学习如何进行定性访谈的主持
4. 了解定性调查中常见的投射方法

本书第 5 到 8 章分别介绍了定量调查执行过程中调查问卷的设计、调查问卷的测试与评估、抽样设计和调查的实施。本章的主要内容是定性调查的执行过程，包括前期受访者的招募与甄别、讨论大纲的设计和访谈主持，最后一节补充了定性调查中常用的投射技巧和方法。

## 9.1 受访者的招募与甄别

招募和甄别高质量的、符合研究要求的受访者是完成定性调查最基础的条件。定性调查的受访者一般需要按配额条件提前招募，并在约定的时间和地点执行具体的定性访问。

确认调查启动后，定性研究者即需要开始进行定性受访者的招募与甄别。首先需要把调查中需要招募的受访者条件一一列举出来，通常包括几个部分：

（1）受访者基本信息。包括性别、年龄、婚姻状况、收入等基本属性。

（2）与该定性调查相关的要求所涉及的信息。比如针对酸奶产品的调查，需要的信息可能是受访者日常饮用酸奶产品的频率、品牌和具体的产品选择，还可能需要了解受访者购买酸奶产品的渠道、花费情况等。

（3）与调查尤其是定性调查相关的信息。能够成为调查对象的受访者通常要求为本地常住居民、过去 6 个月内没有参与市场调查的经历以及是所调查主题的决策者，这些都是为了保证受访者所提供信息的真实性和有效性。在此基础上，定性调查由于以访问形式为主，因此会收集和描述受访者在陌生人面前的表达能力、是否太过紧张和拘禁以及是否愿意配合定性调查的访问时长和形式等。

然后就要根据列举出来的受访者条件来设计甄别问卷。甄别问卷是执行人员判别受访者是否符合招募条件的工具。

在甄别问卷中，所有需要判断的受访者条件均以问卷中问题的形式出现，类似定量调查中所使用的问题设计，但通常甄别问卷的题目数量比定量调查问卷少很多，也不会有过多逻辑跳转的设计。此外，甄别问卷中会包含一定数量的开放题，即以文字形式记录需要了解的受访者某方面信息，多为前述受访者条件（3）中相关的内容。

以封闭题和开放题组合的甄别问卷，通常还要加上调查人员的主观意见，才能综合判断受访者是否合格、是否合适参与某次定性调查。而越是复杂的定性调查方法、对受访者典型性要求越高的定性调查，受访者条件设计和甄别问卷也就相对越严格。比如相对于针对渗透率较高的酸奶产品的小组座谈会来说，针对渗透率相对较低的豪车车主的深访或者针对运动爱好者的民族志观察和访问，其对受访者条件的判断就会更复杂，要求也相对更高。

在受访者招募和甄别这一步骤中，受访者如何配比和分组也是需要重点考量的问题。尽管定性调查的受访者数量通常为小样本，但仍然会涉及受访者在不同的分类变量上如何进行样本量配置，以及对于小组座谈会等多位受访者同时参与访谈的形式，选择哪些特征作为受访者的分组变量而哪些特征作为同一组受访者中的配额变量。

以深访为代表的一对一访问形式中，主要涉及的是选择合适的变量设计受访者配比。举例来说，某酸奶品牌进行定性深访来了解消费者的购买决策过程，样本量合计 20 位、主要面向高线级城市的 18～30 岁年轻人。涉及的变量包含城市线级、性别、年龄段及婚姻状态、饮用酸奶的品牌。最终经过调查人员与委托方的沟通协调，样本在各变量上的分布如表 9－1 所示。

**表 9－1　某酸奶品牌定性调查样本配比分组示例**

| 城市线级 | 男性 | | | | | | 女性 | | | | | | 小计 |
|---|---|---|---|---|---|---|---|---|---|---|---|---|---|
| | 18～22 岁 大学生 | | 23～26 岁 未婚 | | 27～30 岁 已婚 | | 18～22 岁 大学生 | | 23～26 岁 未婚 | | 27～30 岁 已婚 | | |
| | 本品 | 竞品 | 本品 | 竞品 | 本品 | 竞品 | 本品 | 竞品 | 本品 | 竞品 | 本品 | 竞品 | |
| 一线城市 | 1 | 1 | 1 | | | 1 | 1 | 1 | 1 | 1 | 1 | 1 | 10 |
| 二线城市 | 1 | 1 | | 1 | 1 | | 1 | 1 | 1 | 1 | 1 | 1 | 10 |
| 小计 | 8 | | | | | | 12 | | | | | | 20 |

城市线级由于其地理属性，是影响到调查人员出差、受访者指定城市招募等的“硬性”变量，需要首先考虑。在这个项目中委托方对于一、二线城市没有偏向性，因此均分。性别、年龄、本品与竞品基本上要分布均衡，但由于总的预算有限，而且该品牌酸奶

的女性用户稍多于男性，18～22 岁的大学生是其重点考虑的用户群，因此男性用户和 23 岁以上的两个年龄段的样本量稍有调低。

以小组座谈会为代表的一对多访谈形式，尽管与深访的考量有类似之处，还需要额外考虑在同一组小组座谈会中所覆盖的受访者类型是否利于该组座谈会的讨论和相互碰撞，而不是带来无法协调的矛盾冲突或者一方有绝对压倒性的心理优势。比如如果是对于食品饮料使用和购买习惯的讨论，同级别的不同品牌混合在一组中进行讨论就是合理的，不同用户对于自己所选择品牌的理由还会起到相互启发的作用；但如果是关于购买汽车的讨论，那么豪华车品牌的车主和经济型品牌的车主就不适合放在同一小组内对于如何选择汽车抒发自己的看法，因为很可能会引起经济型车主出于维护个人面子而产生的冲突，或者出于车价差异太大而不敢表达的情形。

尽管由于定性调查项目的多样性，受访者的配比和分组并没有严格和确定的一定之规，但总的来说需要考虑如下几个方面：

（1）若涉及多地理地点的访谈执行，则执行地点需要作为样本分配的首要考虑变量。

（2）与该项目所研究的主体内容相关的变量，如消费品研究多包含品类、品牌、消费频次、商品价位等，通常作为主要考量变量。样本配比根据该研究项目倾向性进行分配，分组变量与组内混合变量的选择则需要秉承避免冲突或一方过度优势的原则。

（3）人口属性变量，如性别、年龄、收入、职业等，保留与该研究项目相关度高、受访者划分特征明显的变量，同样按上述第二点的原则进行考量。

## 9.2 讨论大纲的设计

讨论大纲是在定性访问执行前所设计的、包含主要访问流程和具体访问内容的纲要文件。讨论大纲对于定性调查的作用类似于定量调查中的调查问卷。定量调查中的调查问卷是结构化的，除少量开放题外，大部分题目已有预设答案作为选项提供；而定性调查中的讨论大纲是开放式的、半结构化的，没有预设答案。尽管如此，讨论大纲对于定性调查来说仍然至关重要，因为讨论大纲能否紧密围绕该次定性调查所需达成的研究目标、能否充分且全面地覆盖需要讨论的话题以及能否通过精心设计的问题达成挖掘的深度，都直接决定了定性调查的成败。

在受访者招募和甄别的过程当中，定性调查研究人员可以同步进行讨论大纲的设计。

下面是一个简单的示例，表 9－2 给出了“消费者药妆护肤行为和态度挖掘”小组座谈会讨论大纲，可以从中看到一份讨论大纲的大致结构和内容。

这份讨论大纲分为 4 个部分：

A. 热身和开场：这是讨论大纲的标准配备内容。定性调查的时长有限，主持人与受访者、受访者与受访者之间都是第一次见面，因此需要快速“破冰”，使受访者愿意与主持人进行讨论，也愿意彼此互动。

表 9-2 某药妆研究讨论大纲流程示例

| 话题 | 用时 | 目的/产出 |
| --- | --- | --- |
| A. 热身和开场 | 10 分钟 | ● 主持人介绍会议规则<br>● 受访者自我介绍 |
| B. 肌肤需求和护肤消费者使用习惯及态度（U&A） | 50 分钟 | ● 收集肌肤问题和护理需求<br>● 还原护肤行为和需求，护肤步骤，品类和品牌使用，未满足需求<br>● 药妆品类理解和角色，产品使用和期待，产品考量与购买 |
| C. 药妆品牌选择 | 45 分钟 | ● 药妆品牌使用和评价，流失与转换<br>● 本品和主要竞品品牌形象、特色和优劣势 |
| D. 新产品和沟通测试 | 15 分钟 | ● 控油产品落地方向<br>● 本品/沟通测试（tbc） |

B. 肌肤需求和护肤消费者使用习惯及态度（U&A）：药妆是针对问题肌肤的产品，因此通常会先开放性地收集受访者遇到的肌肤问题，不同问题的严重程度，以及针对不同问题目前采用的解决方案（早晚的护肤流程、用到的产品和品牌、对此还有什么未能满足的需求）。然后聚焦到药妆这一品类，收集消费者对药妆的理解和期待等。

C. 药妆品牌选择：聚焦到药妆这一品类的主要品牌，收集消费者对本品和竞品的评价，评估本品的核心竞争优势和短板。

D. 新产品和沟通测试：针对创新产品方向的简单测试，在定性调查中初步把握受访者的偏好，后续会有大样本的定量调查进行验证。

讨论大纲需要根据定性调查所要达成的调查目标进行有针对性的具体设计，也要根据定性调查方法的不同进行调整，比如一对一深访可以就该受访者自然陈述的购物流程进行每一步骤的细节和前后关联的详细追问，而在小组座谈会中可能需要先讨论购物流程包括哪些步骤，然后就每一步骤与座谈会中的所有受访者进行该步骤下重要话题的讨论。但无论如何调整，讨论大纲的设计均需遵循以下一些基本原则：

（1）以终为始。即始终以该定性调查需要达成的调查目标为核心，进行全面完整的问题设计。通常在讨论大纲设计之初需要再次回溯调查的具体需求、目标和期待的产出，进行梳理和归类，并将这些商业语言、营销问题转化成调研语言，有逻辑地、详略得当地串联起来。

（2）循序渐进。这指的是讨论大纲中问题排布顺序和层级上的考量。整体上应该是由浅入深，由易到难，由放到收，逐渐聚焦在核心问题上，这样受访者会水到渠成地进入状态；定性调查人员也会从由放到收的过程中，收集到更多有深度的洞察，做到知其然更知其所以然。比如对于有预设刺激物的讨论，需要先设计一些相关问题来启发用户自己思考和回答，然后再出示刺激物请受访者进行讨论，以避免预设刺激物的干扰。具体问题之间也要分层级，即一个大的问题下有一些小问题作为细化支撑，并对可能的讨论话题分支均进行一定的预设准备。

（3）开放和中立。由于定性调查中行为背后的动机和原因是重点之一，因此讨论大纲需要多追问开放性的“为什么”“怎么样”的问题，少采用“是否”这类的二元问题。如探寻用户对某个产品的评价，不能在讨论大纲中设置直接问受访者“你觉得这个产品好吗？”的问题，而是以“你觉得这个产品怎么样？”这样的更开放的问题来代替。同时问题的问法也要保持中立，避免方向性提示对受访者的干扰。如“该广告脚本带给你的感受有多感动？”这样的问题就已经将受访者的回答框定在“有感动”的范畴当中了，需要修正为：“该广告脚本带给你的感受可以怎样来形容？”如果有必要，在对受访者的自发反馈充分收集后，可以针对性地对方向性的感受进行逐一提示确认。

以下是针对某广告脚本的访问大纲片段示例：

● 广告整体喜好度

◇ 喜欢这个广告吗？你会怎么形容这个广告的氛围和带给你的感觉？

◇ 具体喜欢哪里/不喜欢哪里？为什么？

◇ 像是放给你们看的广告吗？

◇ 该广告能吸引你看下去吗？你会以怎样的状态看下去？什么吸引你的投入？

◇ 适合形容广告调性的关键词（正方向刺激）是什么？看过后愿意跟家人朋友聊起吗？为什么？

● 主要信息传递

◇ 这个广告主要讲了什么？这一点重要吗？为什么？容易理解吗？

◇（如果前面没有提到）片中有没有提到“多方位防治一体”“随时随地随需”？怎么体现的？

◇ 有没有听到什么新的之前不知道的内容？具体有哪些？你被打动了吗？为什么？

从上述大纲中我们可以看到，每部分问题都会设置层级，按不同层级逐级问下去。在需要重点挖掘的问题上，会追问“为什么”来了解受访者在相关态度背后的原因。关于主要信息部分体现出先让受访者根据自己的理解来回答，然后再出示刺激物，即“片中有没有提到‘多方位防治一体’‘随时随地随需’？”

广告创意测试案例

## 9.3 访谈主持

尽管主持的工作看起来是在访谈的过程中进行的，但主持人的角色却不应该从访谈开始时才存在。为了确保对定性调查目标的彻底贯彻，主持人应该参与到定性调查项目的全过程，尤其是上一节提到的讨论大纲的设计。

而访谈具体执行前，主持人还需要做以下两个方面的充分准备：

一是对研究对象的深度沉浸。这里的研究对象既包括定性调查内容中所针对的主题、品类或产品，也包括受访人群。作为辅助营销决策的利器，定性调查能够覆盖的行业、品类非常丰富，确定了某次定性调查需要重点研究的主题或品类后，主持人和主要的定性调查人员就需要采用各种方法进行深度沉浸。比如针对常见的食品饮料等快速消费品的调查，看似日常每个人都能接触到，有一定的熟悉度，但就其细分品类、品牌竞争、渠道铺货和陈列、产品卖点、包装宣称等要素，均需提前有相当程度的理解才能做好访谈。而若是定性调查主题涉及亚文化领域或品类比较小众，比如粉丝群体的“黑话”、篮球赛事研究时涉及的历史里程碑事件和传奇人物等，就更需要主持人和定性调查人员在前期深度沉浸上多花时间，采用更多元化的方法进行理解和沉浸。互联网上的资料搜索和收集、实际店铺走访，甚至试访、试用等方式的运用，是达成专业层级理解的途径。

二是对讨论大纲流程和内容的熟悉和内化。上节中谈到讨论大纲是一份半结构化的纲要文件，其中结构化的部分确定了整体访谈的逻辑顺序和脉络，之所以在结构前强调“半”字，是因为定性调查访谈本身具有一定的自由度和弹性。尽管已经预先设计好访谈的问题顺序，但由于受访者的个体差异，甚至可能是因为定性调查人员对主题的理解不似受访者那么深入，非常常见的情况是主持人要在访谈过程中根据受访者的回答调整问题的顺序、新增有意义的访谈问题等。因此主持人就需要在访谈前通过演练等方式将所有问题内化成自己的深入理解，并对访谈过程中可能出现的各类情况进行充分假设以及对应调整的准备，这样才能在把握整体逻辑顺序和脉络的基础上，对访谈过程中出现的各种变化随时进行调整，更加游刃有余。

无论具体的定性调查方法是哪一种，顺畅的主持和讨论流程应如图 9－1 所示。

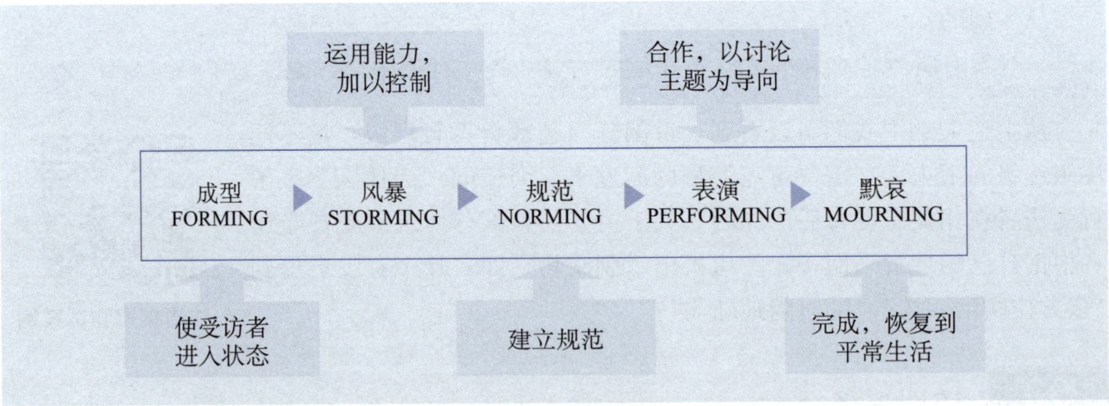


**图 9－1　小组座谈会或深访顺畅的主持和讨论流程**

若是小组座谈会这类主持人面对多位受访者进行讨论的调查方法，主持人进行访谈和组织受访者进行讨论的过程应该是“互动型”的，而不是将一对多的互动讨论变成数个一对一的访谈，后者会损失掉受访者之间相互讨论的价值。图 9－2 非常生动地表现了互动型一对多主持和讨论与生硬拆解成数个一对一访谈的形态对比。

**图 9-2　主持人与受访者互动示意图**

在访谈的具体过程中，主持人需要牢记以下原则：

（1）中立客观。这一点与讨论大纲设计中的原则一脉相承，主持人应尽量使用开放式提问而不是封闭式提问；不问有明显倾向性及偏见的问题，保证受访者自发回应的时间和空间。

（2）充当催化剂。最大限度地允许受访者发言和互动，无形中推动受访者回到调研的主题和重点上来。

（3）倾听受访者观点。尽管这些观点可能与主持人的想法有很大分歧，但主持人要尽力理解这些观点及其背后的思想基础；尽量不打断受访者的讲述，顺着消费者的思维方式挖掘（即使不遵照讨论大纲原本的顺序）；能够允许和接受不同受访者的不一致的观点，不要表达单一维度的判断和评估。

（4）敏感捕捉有价值的新增讨论点并适度挖掘。尽管主持人在访谈前要对研究对象进行深度沉浸、对讨论大纲进行熟悉和内化，但在具体执行访谈时仍然会因与受访者的互动而产生新的讨论点。在牢牢把握调查目的和主题的基础上，主持人应该对受访者讨论互动中阐发的新的讨论点保持敏感，根据新增讨论点对调查目的和主题的贡献决定挖掘的深度。

（5）时间把控。在规定时间内控制讨论的进程，确保所有关键问题都被讨论到，并且达到一定的深度。缺乏经验的主持人往往会在时间安排上有拖延的问题，比如 2 小时座谈会讨论大纲的设计中，前半小时需要对热身和品类初步了解讨论完毕，但由于受访者对品类的熟悉程度更高，主持人在执行访谈时这部分不加控制就可能延长甚至令讨论时长加倍，以至于后面更重要的内容的讨论时间被压缩。

（6）灵活调整。对于不同特征的受访者（如妈妈组、儿童组、年轻人组、专业人士组等），对提问方式、讨论节奏进行有针对性的调整。比如青春期的孩子对于偶像的维护非常强烈，访谈过程中需要避免对广告代言人本身的评判性讨论；儿童的注意力有限，半小时讨论后就需要设置一些小的游戏环节，也要准备一些“道具”（比如玩具甚至快餐）以使访谈可按计划进行下去。

经过了严密周到的准备，遵循了上述主持的原则后，定性调查人员仍然需要通过大量访谈实践才能成为一名合格、优秀的主持人。

下面是一些常见的主持人引导讨论和追问的方式：

“你是说……”（表示你不太理解，让受访者多讲一些，更详细地描述。）

“多告诉我一些，我以前从来没听说过！”

定性小组座谈会
主持片段

"你最想获得什么？"
"（这种方式/选择）跟你现在的方式有什么不同？"
"你从哪里感觉到的？/你是怎么有这种想法的？"
"你会怎么跟别人讲这个产品好的地方？"
"你同意她（指其他受访者或主持人抛出的观点）的观点吗？"
"昨天我听人说……"（用一些想法刺激受访者进行讨论。）

## 9.4 定性投射技巧和方法

投射是定性调查执行中常用的技巧，作为一种间接的、非结构化的提问方法，它的目的在于鼓励受访者间接地透露其对有关问题的动机、信念、态度或感受等。之所以采用投射技巧与访问相结合，是因为对于受访者来说存在一些无法通过直接问答的方式输出答案的情形，比如有些观念根深蒂固或者潜藏于内心深处，观念之深或者隐藏之深连受访者自己都没有意识到；而有时由于主题所限或受访者本身的语言描述能力有限，也需要投射技巧的辅助。在定性调查中，投射方法对以下情形尤其适用：

- 需要挖掘受访者的"感觉/情感"类的信息，尤其当涉及的话题比较敏感时。
- 需要挖掘"潜意识"层面的动机/观念/态度时。
- 需要促使更具创造性的右脑发挥作用，而不是注重逻辑的左脑时。
- 当受访者羞于表达或者并不擅长用语言来表达某些话题时。

尽管投射方法具体应用于访谈执行的过程中，但需要在执行前即将其设计和运用于讨论大纲的具体环节当中，而在访谈执行后则需要将具体的投射结果综合运用于定性调查分析当中。

常见的投射技巧和方法包括：

（1）联想。就研究的对象询问受访者的自发、首要联想。具体的对象多为品牌、品类等。比如："一提到××品牌，你的第一联想是什么呢？"对联想的对象无须加以控制，但如果受访者不太适应这样的联想方式，不知道如何作答，可以进一步告知受访者无论联想到何种内容都可以表达出来，并对联想的维度给出示例，比如画面、颜色、人、物体、情形、故事等都可以。

（2）拟人、比喻和剥离法。请受访者将研究的对象想象成人物并进行描摹，具体描摹的维度可以包含年龄、职业、穿着、性格、爱好以及和本人的关系等。拟人法适合品牌形象的相关研究。如："如果我们把××品牌模拟成一个人的话，会是怎样的一个人呢？多大年纪？做什么工作？喜欢穿什么衣服？性格如何？有什么兴趣爱好？跟你是什么关系？"比喻则是将研究主题和受访者更熟知的领域进行类比，比如男性受访者可能更熟悉车，而女性受访者更熟悉化妆品，当我们想了解所研究的某个品类对于受访者的重要程度和角色时，就可以问"如果把××产品比喻成车，你觉得是什么车？为什么是这种车？""如果把

××产品比喻成护肤品，你觉得是什么品牌/哪种护肤品?”剥离法则是采用假设将研究对象从受访者生活中剥离出去这样的形式，来探索相关产品、品牌或品类和受访者的关系，以及带给受访者的心理感受。剥离法的问题方式可以是“假如有一天××从你的生活里消失了……”，也可以为“剥离”加上时间限定，即询问消失一天、一个月、一年或永远消失，借以观测受访者感受表达的强烈程度，找到剥离时限的拐点。

（3）图片拼贴法。图片拼贴法起源于艺术领域，在定性调查中通常请受访者采用网络搜索图片或现场提供杂志、图片库等进行选择和剪贴，来表达研究主题带给受访者的感受。而相对于直接的语言表达来说，图片提供了更有弹性、更大的表达空间，图片的色彩、调性、氛围、其中的人和物以及关系和情境等元素，都可能触发受访者对“感受”的具象表达。即便不同受访者选择了同样的图片，由于其对图片的理解、解读的方式以及选择该图片的原因都可能存在差异，也会带来不同的感受表述。

（4）其他投射性练习。如星球家园、派对狂欢等，均是将研究对象放置于星球或派对当中。比如：“请大家闭上眼睛，想象自己进入了××品牌星球，请描述一下这个星球的样子”或者“假设现在举办一个狂欢派对，你使用过的品牌都来参加这个派对，它们在这个派对里分别是什么角色呢?”前者可以描述星球的景色、建筑，听到的声音，看到的居民等，后者可以通过想象派对上各品牌承担的角色和互动，都可以更形象化地挖掘受访者的感知和体验。

上述投射技巧和方法的运用，既要根植于坚实的心理学基础，也要有人文视角的解读和剖析。作为有效的辅助挖掘工具，与整体主持环节精心设计、有效结合，会起到相辅相成的作用。

**延展阅读**

## 受访者条件和甄别问卷的转化

这里以一个研究Z世代人群兴趣爱好的定性调查为例，呈现招募条件和甄别问卷的转化。

首先是受访者基本信息。Z世代的常规定义是1995—2009年出生的人群，到项目执行的2022年，即13～27岁的人群；而客户希望进行该调研的核心目的是为旗下某线上平台产品方向革新提供洞察支持，因此，综合考虑该平台主要受众的年龄后，决定研究招募14～24岁的年轻人群体。在这个年龄段高考是重要的分水岭——高考前的学生面临较严格的监督，学业压力较大，高考后的人群则通常拥有更多选择自由和可支配的时间、资金，所以区分为中学生组（14～17岁）与成年人组（18～24岁），分别开展座谈会。

在性别、工作和学习身份的指标上，尽量实现组内的均匀或多样化分配，如中学生组需同时包含初中生、高中生，而成年人组需同时包含大学生和职场新人。该研究中的组内年龄差异已经较小，因此不再做年龄的均匀分布要求，在其他年龄区间较大的研究中，可能会以区间中间值年龄为标准，要求实现两部分人群的均匀分布。商业调查通常还对受访者的购买力有所要求，因此职场人士将被询问个人月收入。这些条件最终体现在下面的甄别问卷里。

S1. 记录受访者性别：

| 性别 | 选项 | 备注 |
|---|---|---|
| 男 | 1 | |
| 女 | 2 | |

注意：每组性别均匀覆盖，个别组别男女比例可以为 2∶4 或 4∶2，但需要保证整体性别均衡。

S2. 请问您的周岁年龄是多少？自然记录：________岁，访员自行归入年龄段。

| 年龄 | 选项 | 备注 |
|---|---|---|
| 13 岁及以下 | 1 | 终止访问 |
| 14～17 岁 | 2 | |
| 18～24 岁 | 3 | |
| 25 岁及以上 | 4 | 终止访问 |

注意：初高中生组为 14～17 岁，组内尽量均匀覆盖 14～15 岁的初中生和 16～17 岁的高中生。
成人组为 18～24 岁，组内均匀覆盖 18～21 岁的大学生和 22～24 岁的职场新人。

S3. 请问您现在的身份是？

| 身份状态 | 选项 | 备注 |
|---|---|---|
| 中专/职高学生在读 | 1 | 终止访问 |
| 初中在读 | 2 | |
| 普通高中在读 | 3 | |
| 大学生 | 4 | |
| 全职工作 | 5 | |
| 其他 | 6 | 请注明 |

S4.【若 S3＝5，即针对职场人士询问】请问您的个人月收入（税前，包括工资、奖金、津贴、投资收入等）属于以下哪个范围？（单选）

| 个人月收入 | 编号 | 备注 |
|---|---|---|
| 3 000 元以下 | 1 | 终止访问 |
| 3 000～3 999 元 | 2 | 上海、成都终止访问 |
| 4 000～4 999 元 | 3 | 上海终止访问 |
| 5 000～5 999 元 | 4 | |
| 6 000～7 999 元 | 5 | |
| … | … | |
| 24 000～29 999 元 | 10 | |
| 30 000 元及以上 | 11 | |

注意：上海 6 000 元以上；成都 4 000 元以上。

接下来是与调查方法论相关的信息。这一部分在 9.1 节中有所论述，但在实际甄别问卷中会提前排布，通常放在基本信息甄别的最后，或者直接放在最开头，因为不满足这些条件的对象无法参与访谈，如果在整套问卷询问完毕之后才发现对方不符合参加条件，那么就浪费了大量时间和人力资源。在目前这个项目中，我们要求受访者符合本地常住、过去半年未参与市场调查、对兴趣圈层投入度和忠诚度高（以便能在访谈时贡献更多观点）的条件，因此设置如下题目：

S6. 请问您在本地居住了几年？（单选）

| 本地居住年限 | 选项 | 备注 |
| --- | --- | --- |
| 3 年以下 | 1 | 终止访问 |
| 3 年或 3 年以上 | 2 | |

注意：所有受访者需要常住 3 年或以上。

S7. 请问您最近 6 个月内有没有接受过任何市场研究公司的访问？（单选）

| 过去 6 个月有无参加过访问 | 选项 | 备注 |
| --- | --- | --- |
| 有 | 1 | 终止访问 |
| 没有 | 2 | |

注意：过去 6 个月未接受过市场调研访问。

C13. 下列关于兴趣爱好的语句，请根据你的认同/符合程度来打分（1～5 分），1 分为非常不认同，5 分为非常认同，可以选择 1～5 分中的任意一个分数。

| 描述语句 | C13 | 备注 |
| --- | --- | --- |
| 我愿意密切关注该兴趣圈的相关资讯信息 | 1-2-3-4-5 | |
| 我觉得拥有该兴趣相关的稀有物品（如限定款、高价物品）是值得炫耀的事 | 1-2-3-4-5 | |
| 我很愿意通过各种方式向其他人展示“我是××资深爱好者/玩家” | 1-2-3-4-5 | |
| 如果有人抨击/攻击我的兴趣圈子，我会站出来捍卫它/为它说话 | 1-2-3-4-5 | |
| 我热爱/沉迷于这个兴趣圈子，而不只是出于一时的新鲜感而玩/体验 | 1-2-3-4-5 | |

注意：所有受访者在每条描述语句上均需选到 4～5 分。

这之后，进入甄别与该调查的要求密切相关的信息部分。这个项目需要访问客户所关注的三个大兴趣圈层中的个体：潮玩文化、组局娱乐、技能学习与创作。我们以“技能学习与创作”为例，这个大圈层中的细分兴趣爱好有手工、手账和绘画，因此在这三项中投入度高的受访者，我们就放入技能学习与创作组。可以看到，该项目同时以年龄和兴趣爱好进行分组，并且会在不同城市执行，为了清晰起见，可用表格形式呈现最终需要招募的所有组别，这张表一般放在项目通知书中，供客户、研究者和负责招募的代理查看。

| 兴趣领域 | 年龄 | 上海 | 成都 | 总计 |
|---|---|---|---|---|
| 潮流文化组 | 14～17岁初高中生 | 1 | — | 3 |
| | 18～24岁成人 | 1 | 1 | |
| 组局娱乐组 | 14～17岁初高中生 | — | 1 | 3 |
| | 18～24岁成人 | 1 | 1 | |
| 技能学习与创作组 | 14～17岁初高中生 | 1 | — | 3 |
| | 18～24岁成人 | 1 | 1 | |
| 总计 | | 5 | 4 | 9 |

研究者不仅需要确认受访者确实属于该圈层，还需要了解受访者爱好的狂热程度，以此来判断样本质量。但“程度”难以直接衡量，因此需要转化为不同维度，比如入坑时长、花销、参与频率、参与时间等。由于不同兴趣组别之间存在玩法等方面的差异，在答完A1（包括A1a）题后被分入不同组别的受访者，会被出示不同题目和选项，例如技能学习与创作组要回答的是C部分题目。

A1. 你都有哪些兴趣爱好？（多选）

A1a. 其中你最感兴趣/投入度最高的兴趣是？（单选）

| 兴趣爱好 | | A1 | A1a | 备注 |
|---|---|---|---|---|
| 潮玩文化 | 手办 | 1 | 1 | |
| | 盲盒 | 2 | 2 | |
| | 娃娃（BJD/棉花娃娃等） | 3 | 3 | |
| | 艺术玩具（如BearBrick/暴力熊、Kaws系列等） | 4 | 4 | |
| | 扭蛋 | 5 | 5 | |
| 组局娱乐 | 剧本杀 | 6 | 6 | |
| | 狼人杀 | 7 | 7 | |
| | 密室逃脱 | 8 | 8 | |
| 技能创作 | 手工 | 9 | 9 | |
| | 手账 | 10 | 10 | |
| | 绘画 | 11 | 11 | |
| 其他爱好 | 看脱口秀/话剧/展览 | 12 | 12 | |
| | 追剧观影 | 13 | 13 | |
| | 看书 | 14 | 14 | |
| | 运动健身 | 15 | 15 | |
| | 旅行/户外 | 16 | 16 | |
| | 游戏（端游/手游） | 17 | 17 | |
| | 烹饪 | 18 | 18 | |
| | 其他，请注明________ | 98 | 98 | |

以下问题针对技能学习与创作组，即 A1＝9～11。

C2. 请问，你入坑手工/手账/绘画多久了？（单选）

| 入坑历史 | C2 | 备注 |
|---|---|---|
| 1 年以内 | 1 | 终止访问 |
| 1～2 年 | 2 | |
| 3～4 年 | 3 | |
| 5 年及以上 | 4 | |

注意：所有受访者对各自兴趣领域感兴趣，入坑 1 年以上。

C4. 过去 1 年内，你为手工/手账/绘画购买相关物品的花费大概是多少？（单选）

| 年均花费 | C4 | 备注 |
|---|---|---|
| 平均每年花费 499 元及以下 | 1 | 终止访问 |
| 平均每年花费 500～799 元 | 2 | |
| 平均每年花费 800～999 元 | 3 | 大学生和职场人士终止访问 |
| 平均每年花费 1 000～1 999 元 | 4 | |
| 平均每年花费 2 000 元及以上 | 5 | |

注意：平均每年花费 2 000 元及以上，初高中生组可放宽至平均每年花费 800 元及以上。

C5. 过去 1 年内，你购买手工/手账/绘画相关工具/周边的频率是多少？（单选）

| 购买频率 | C5 | 备注 |
|---|---|---|
| 少于每月 1 次 | 1 | 终止访问 |
| 每月 1～2 次 | 2 | |
| 每月 3～4 次 | 3 | |
| 每月 5 次及以上 | 4 | |

注意：过去 1 年内，购买绘画相关工具/周边，每月 1 次及以上。

C6. 过去 1 年内，你平均每周在手工/手账/绘画上花费的时间是多少？（单选）

| 花费时间 | C6 | 备注 |
|---|---|---|
| 每周 2 小时及以下 | 1 | 终止访问 |
| 每周 3～4 小时 | 2 | |
| 每周 5～8 小时 | 3 | |
| 每周 9 小时及以上 | 4 | |

注意：过去 1 年内，平均每周花费在绘画爱好上的时间在 5 小时以上。

## 小结

本章的主要内容聚焦于定性调查的执行过程。

首先是厘清受访者的招募条件，包括受访者基本信息、调查所针对主题相关的条件信息、常规调查甄别问题三个主要部分；随后根据列举出来的受访者条件设计甄别问卷，甄别问卷由封闭题和少部分开放题组成。越是复杂的调查方法，对受访者的要求越高，相关受访者的条件设计和甄别问卷也会越严格。

类似于定量调查中的调查问卷，定性调查在执行前也需要设计一份纲要文件，半结构化但有逻辑地列出访谈过程中需要讨论的内容。讨论大纲的设计看似简单，但需要紧密围绕调查目标，并遵循以终为始、循序渐进、开放和中立的原则。

担当主持人的定性调查人员在讨论大纲设计的过程中就要参与其中，对所研究对象进行深度沉浸，充分熟悉讨论大纲，并在访谈主持的过程中既要把握中立客观、倾听等原则，又要灵活调整、敏感捕捉新增的讨论点进行挖掘。

而在定性调查中，运用合适的联想、拟人/比喻/剥离、图片拼贴等投射技巧和方法，可以有效挖掘受访者语言难以直接表达出的动机、信念、态度或感受等更深层的心理。

## 思考题

1. 定性招募时受访者条件设计主要覆盖哪几个方面？
2. 定性调查讨论大纲的设计需要遵循哪些基本原则？
3. 在定性访谈的具体过程中主持人需要牢记的原则有哪几个？
4. 某常温牛奶品牌以“口味浓”为其主打沟通方向，经过数年发展后面对竞品的挑战较大，认知度和尝试率均低于竞品。该品牌希望通过二、三线城市的定性调查，了解用户品类消费行为和观念，对本品牌忠诚或流失的原因，探索品牌可能挖掘的价值卖点。请就此调查内容列举受访者条件，设计甄别问卷。
5. 请设计一份访问大纲，其中包含一种或多种定性投射方法。

# 第10章 定量调查资料的整理

## 学习目标

1. 理解调查资料整理的作用
2. 了解调查问卷审核的内容
3. 熟悉调查数据整理的一般流程
4. 理解编码的作用，掌握编码表的设计技巧
5. 了解缺失数据的处理方法
6. 了解调查数据中的权数设计

市场调查数据收集回来以后，必须经过整理才能进行分析。市场调查的实践告诉我们，收集的原始数据难免出现虚假、差错、冗余等现象，如果简单地把这些数据投入分析，可能会导致错误的结论，使得整个调查工作失去意义。因此，要保证市场调查的质量，就必须保证数据资料的真实、准确和完整，因此原始数据必须经过去粗取精、去伪存真、由此及彼、由表及里的数据整理过程。

调查资料主要包括定量调查资料、定性调查资料、视听资料、实物资料等不同类型。本章所讲的资料整理主要针对定量调查资料。定量调查资料的整理一般包括调查资料（主要是调查问卷）的回收及审核、编码、录入、数据清洁以及预处理等步骤。

## 10.1 调查资料整理概述

### 10.1.1 调查资料整理的意义

如果说实地调查阶段是认识的感性阶段，分析阶段是认识的理性阶段，那么调查资料整理是从实地调查阶段过渡到分析阶段、由感性认识上升到理性认识必经的中间

环节。

### 1. 数据整理是提高调查数据质量的必要步骤

运用各种方法从各个具体单位调查得来的资料往往是分散、零乱的，而且难免出现虚假、差错等现象，所有这些现象都会大大降低调查数据的质量。必须对数据进行审核与校对，区分其真假和精粗，消除其中的假、错、缺、冗等现象，以保证数据的真实、准确和完整。从一定意义上说，数据整理实际上是对市场调查工作的一次全面检查，必要时还应组织力量进行补充调查。通过整理工作，调查数据的质量会大大提高。

### 2. 数据整理是分析的重要基础

分析阶段的任务在于获得正确的结论，而正确的结论来源于科学的分析，科学的分析又依赖于调查资料的真实、准确、完整和统一。因此，必须在分析之前，认真鉴别、整理调查数据，校订或淘汰不合格的数据，这是保证分析工作顺利进行的重要基础。

### 3. 数据整理便于今后对数据的长期保存和研究

经过整理的真实、完整的原始调查资料往往具有长久的研究价值，经过整理并录入计算机的数据更便于保存与使用。

## 10.1.2 原始调查数据的类型

采用不同的调查手段，通过不同的调查途径，从不同的调查单位收集来的原始调查数据也不相同。根据不同的标准，原始调查数据可以分为以下几类。

（1）根据收集途径的不同，可分为一手数据和二手数据。

一手数据是指为解决目前的问题直接调查收集的数据；二手数据是为解决其他问题而收集的数据。

（2）根据调查形式的不同，可分为定性数据和定量数据。

定性数据是指文字形式的数据；定量数据则是指数字形式的数据。

（3）根据数据形式的不同，原始数据可能是市场调查问卷、专家访谈记录、政府机关的档案资料、录音带或其他多媒体资料等。

## 10.1.3 调查资料整理的步骤

调查资料的整理主要依据调查资料的整理方案（在市场调查的设计阶段编制）来进行。其步骤一般包括：

（1）对原始资料进行审核、订正。审核所有被调查单位的资料是否齐全、有无差错，并对差错进行审核、订正。

（2）编码。将问卷信息（包括调查问题和答案）转化为统一设计的计算机可识别的代码。

（3）数据录入。

（4）数据清洁。

（5）进行统计预处理。

尽管数据实地收集过程可能还没结束，但只要首批问卷从实地返回，就应立即开始进行数据整理工作。这样做的好处是，如果发现了问题，就可对数据的实地收集工作及时采取措施进行更正。传统调查方式及计算机辅助调查方式调查资料整理的步骤如图 10－1 所示。

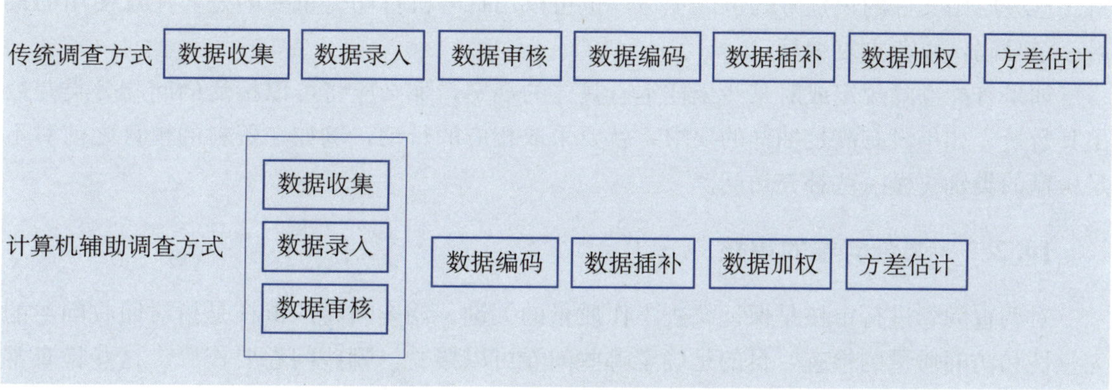


图 10－1　调查资料整理的步骤

## 10.2 调查问卷的回收及审核

### 10.2.1 调查问卷的回收

调查问卷回收工作的要点是：

（1）与资料收集工作相配合，掌握每天完成的问卷数和接收的问卷数。

（2）在完成的问卷后面记录问卷完成的日期和接收的日期，以便必要时在分析过程中对先接收的资料和后接收的资料做比较。

（3）多个项目同时实施时，必须清楚地记录交付实施的项目数、仍在实施的项目数、已经完成并返回的项目数。

（4）每一份返回的问卷都要记录一个唯一的、有顺序的识别号码，作为原始的文件。

（5）在进行资料的核对、事后的编码、资料的录入等工作时，必须按识别号码，准确地记录是谁拿着哪些原始文件（返回的问卷）。

（6）要让所有参与资料整理工作的人员都知道，他们不仅负有保证工作质量的责任，还负有保证不丢失任何原始文件的责任。

问卷回收中的登记和编号工作很重要。不同地区、不同调查员交回的问卷，都应立即登记和编号，尤其对于大规模的调查，更应做好这一工作。一般负责接收问卷的人员要事先设计好登记表格，上面列有调查员姓名和编号、调查地区和编号、调查实施的时间、交付的日期、实发问卷数、上交问卷数和问卷编号、未答或拒答问卷数、丢失问卷数、其他问卷数以及合格问卷数等。回收的问卷应分别按照不同调查员和不同地区（或单位）放置，问卷上面应写有编号或注明调查员和调查地区等。否则，大量的问卷混在一起，容易丢失，而且不易查找。

按有顺序的号码记录接收问卷的做法十分有用。这些唯一的号码不但记录在原始文件上，也同时记录在资料中。因此，如有必要进行查错时，研究者可以随时找到原始的资料。这些原始文件的识别号码可以手写，也可以用打号机打印。重要的是要注意使用的最后一个号码，以免重复编号。

如果有配额的规定或对某些子样本有具体的规定，那么应将可以接受的问卷分类并数出其数量。如果没有满足抽样的要求，就要采取相应的行动，例如在资料的校订之前对不足份额的类别再做一些补充访问。

### 10.2.2 调查问卷的审核

对调查问卷进行审核是保证调查工作质量的关键。调查问卷的审核是指对回收问卷的完整性和访问质量的检查，目的是确定哪些问卷可以接受，哪些问卷要作废。这些检查常常在实施过程中就已经开始。

#### 1. 审核的内容

（1）完整性的审核。审核应包括被调查单位是否都已调查，问卷或调查表内的各项目是否都填写齐全，即检查是否有单位无回答或项目无回答。如果发现没有答案的问题，可能是受访者不能回答或不愿回答，也可能是调查员的疏忽所致，则应立即询问，填补空白问题。如果问卷中出现“不知道”的答案所占比重过大，就会影响调查资料的完整性，应采取适当措施处理并加以说明。

（2）正确性的审核。主要是审核调查资料的口径、计算方法、计量单位等是否符合要求。剔除不可靠的资料，使资料更加准确。例如，问卷中要求填写受访者每月购物的次数，受访者回答的却是每周购物次数。所以，审核员应当了解该调查项目的业务，熟悉各指标含义、计算方法和资料审核方法等。

（3）一致性的审核。主要是审核受访者的回答是否前后一致，有无逻辑错误。例如，某受访者在前面说她在前一天晚上看见了某电视广告，后面又说自己前一天晚上没看电视。调查员在审核调查问卷时，可能发现某一受访者的回答前后不一致，或者一个资料来源的数字与其他资料来源数字不一致，这就需要调查员深入调查，探询原因，剔除或调整资料，使之真实、准确。

（4）及时性的审核。主要是看各被调查单位是否都按规定日期填写和送出，填写的资料是否为最新资料，切勿将失效、过时的信息引入决策中。此外，要剔除不必要的资料，把重要的资料筛选出来。

（5）清楚易懂。即书写的记录应字迹清楚，让人明白易懂。如果所记录的回答字迹模糊，或者除调查员以外谁都不明白，则应返回问卷，让调查员校正或写清楚。

### 2. 审核的主要方法

（1）经验判断。即根据已有经验，判断数据的真实性、准确性。例如，如果受访者的年龄填为 132 岁，根据经验判断，年龄填写肯定有误。又如，某小杂货店营业面积 300 平方米，根据经验，一个小杂货店这样的营业面积肯定与事实不符。

（2）逻辑检查。即根据调查项目之间的内在联系和实际情况，对数据进行逻辑判断，看是否有不合情理或前后矛盾的情况。例如，某受访者的年龄填写 13 岁，而婚姻状况却填“已婚”，其中必有一项是错误的。又如某消费者前面说“不知道”某调味品，后面却说“每天都在使用”，显然前后矛盾。

（3）计算审核。它是对数据资料的计算技术和有关指标之间的相互关系进行审查，主要审查各数字在计算方法和计算结果上有无错误。常用的计算检查方法有加总法、对比法、平衡法等。例如，在家庭的收支结构调查中，家庭总收入远小于总支出与储蓄之和，这种情况肯定是有错误的。

### 3. 审核的阶段（何时进行审核）

审核可以在数据收集和数据公布之间的任何阶段进行。调查问卷的审核工作一般包括两个阶段，即实地审核和中心办公室审核。

（1）实地审核。又称初步审核、现场审核，一般包括调查员审核和督导审核。调查员在调查结束后及时审核问卷，检查其完整性、正确性、一致性以及是否清楚易懂。如果受访者对于某个问题无回答，则应注明原因。另外，还可标明资料的可靠程度，例如，可信的、可以参考的、不可信的等。这样，在利用资料时，特别是具体引用文字资料时可酌情处理。实地督导审核应在收到问卷后立即开始，其主要目的是检查数据是否有比较明显的遗漏与错误，并且通过审核，有助于控制调查员误差，及时发现并纠正他们对调查程序或具体问题的误解。

（2）中心办公室审核。这一阶段的审核工作应在资料收集工作全部结束后立即开始。中心办公室审核比实地审核更全面、确切和仔细，要求审核员的目光更加锐利，审核时更加认真。为保证处理方法的一致性，审核工作最好由同一个人完成。如果工作量过大或花费时间太长而必须分工，则应该按照问卷结构分工，而不是按照问卷份数分工。例如，不同审核员分别负责 A，B，C 等部分问题的审核，采用流水作业方式。更加复杂的审核是在数据录入过程中以及数据录入后进行的，一般称为“数据的清洁”。

我们以最常见的调查问卷的中心办公室审核为例，介绍接收核查问卷、编辑检查及采取相应处理措施等基本步骤。

1）接收核查问卷（又称一审）。

接收问卷时对所有的问卷都应检查一遍，将无效的或不能接受的问卷剔除。

无效的问卷主要指以下几种可能的情况：①缺损的问卷，例如，缺了一页或多页，或无法辨认的问卷；②回答不完全，即有相当多的问题没有填写答案；③受访者没有理解问卷的内容而错答问题，或没有按照指导语的要求回答问题，例如，要求跳答的问题没有按要求去做，单选题却选择多个答案，等等；④回答没有什么变化的问卷，例如在7级的态度量表中，不管是正向的看法还是反向的看法，受访者的回答全是4级；⑤在截止日期之后回收的问卷；⑥由不属于调查对象的人填写的问卷，例如，在一项药品市场调查中，调查对象是患某种疾病并进行过治疗的人，因此不患此疾病或患此疾病但没有治疗过的人填答的问卷都属于无效问卷；⑦前后矛盾或有明显错误的问卷，例如年龄为20岁，工龄为30年。

很多情况下核查人员会发现一些难以判断的问卷，这些问卷可以先放在一边，由数据分析人员来检查并最终决定取舍。显然，核查人员如果能将原始问卷分成可以接受的、明显要作废的以及仍有疑问的三大类是有好处的。

对于配额抽样的调查，各层要抽取的样本数已定，所以在接收问卷时应弄清属于哪层，并计算各层回收的问卷。如果某些层的回收问卷数与定额相差太多，则可能要进行补充调查。例如，某项关于高档消费品的抽样调查中，事先要求家庭人均月收入高于2 000元并使用过此高档消费品的受访者至少有150人，调查对象是从随机抽取的居委会的居民户中等距抽取的，结果回收问卷时发现该类受访者数明显低于配额，因此，在数据处理前应及时地对该类居民专门进行补充调查。

2）编辑检查（又称二审）及采取相应处理措施。

编辑检查是对问卷进行进一步的更为准确和精确的检查。主要检查的仍是回答的完全性、准确性、一致性以及是否清楚易懂等。例如，北京市一个消费品市场调查中，某受访者的家庭人均月收入仅为500元，其却经常在燕莎奥特莱斯购物中心、赛特奥特莱斯购物中心、当代商场等高档商场购物；又如某题的答案圈在2还3之间，让人难以确定是2还是3。对于检查出来的无法令人满意的问卷，常用的处理方法是退回实地重新调查、视为缺失数据或者放弃不用。

退回实地重新调查，即把不满意的问卷退回去，让调查员再次调查原来的受访者。这种处理方法主要适用于规模较小、受访者很容易找到的商业或工业市场调查。但是，调查的时间不同，调查的方式不同（例如，原本是面访调查，第二次调查可能只是通过电话询问），都可能会影响二次调查的数据。

视为缺失数据，一般是在无法退回问卷时，把令人不满意的回答作为缺失值来处理。这种方法主要适用于以下情况：①有令人不满意回答的问卷数较少；②这些问卷中令人不满意回答的比例很小；③有令人不满意回答的变量不是关键变量。

放弃不用，即简单放弃有令人不满意的回答的问卷。这种方法主要适用于以下情况：①有令人不满意回答的问卷比例很小（低于10%）；②样本量很大；③有令人不满意回答的受访者与令人满意的受访者在人口特征、关键变量等方面的分布没有显著差异；④准备放弃的问卷中令人不满意回答的比例较大；⑤对关键变量的回答是缺失的。

但是，如果有令人不满意回答的受访者与令人满意的受访者在人口特征、关键变量等方面的分布存在显著差异，或者判断一份问卷是否令人满意是主观的，简单放弃有令人不满意回答的问卷也可能会产生系统偏差。因此，如果调研者决定放弃一些问卷，则应当在报告中说明放弃的问卷数量以及判别这些问卷的程序。

## 10.3 调查资料的编码

### 10.3.1 编码的概念

编码，就是将问卷信息（包括调查问题和答案）转化为统一设计的计算机可识别的代码，以便于对其进行数据整理与分析。编码是信息转换的重要手段之一，一般采用数字代码系统。广义的编码包括：与问卷信息相对应的代码的设计；根据设定的编码，将问卷答案转化为相应代码的过程。但在市场调查中，常用的编码概念仅指根据设定编码将问卷答案转化为相应代码的信息形式转换过程，即狭义的编码。

编码的作用主要是：

（1）减少数据录入和分析的工作量，节省费用和时间，提高工作效率。编码把文字等复杂信息转化为数字形式的简单信息，大大减少了录入的工作量，有助于调查者利用计算机快速进行分析工作。

（2）将定性数据转化为定量数据，把整个问卷的信息转化为规范标准的数据库，进而可以利用统计软件，采用统计分析方法进行定量分析。因此，编码是实现计算机处理的桥梁。

（3）减少误差。例如量化的数据简单易懂，不像文字资料容易丢失重要信息。又如在编码过程中，利用编码修正回答误差，替代缺失值，都有助于减少调查误差。

### 10.3.2 编码的基本原则

由于编码涉及内容较多，具体的原则将在下面的具体方法中详细探讨。这里只给出一般的编码原则：

（1）准确性，设计的代码要能准确有效地替代原信息。

（2）完整性，在转换信息形式的同时尽量不丢失信息，或者减少信息浪费。

（3）有效率，易于操作，尽量节约人力、物力。

（4）转换的代码要便于数据的整理与分析。

（5）标准化，以便于比较。

### 10.3.3 编码设计的内容与分类

编码的设计即确定各问卷、问卷各项目和答案对应代码的名称、形式、范围以及与原数据的对应关系。

#### 1. 编码设计的内容

编码设计的具体内容包括：问卷的代码、变量的定义（名称、类型、所占字节、对应问题等）、取值的定义（范围、对应含义等）。将这些内容列成表格形式，称为编码表（见表10-1）。编码的设计与问卷设计密切相关，其部分内容可以归入问卷设计中，问卷设计时要考虑编码的内容和位置。编码的设计是整个编码过程的基础，编码设计准确、全面、有效将有助于提高调查数据的分析质量。

**表10-1 某项调查的编码表格式**

| 变量序号 | 变量名 | 变量类型 | 变量所占字节 | 取值范围 | 取值对应含义 | 备注 | 对应题号 | 对应问题 |
|---|---|---|---|---|---|---|---|---|
| 38 | V28 | 数值型 | 1 | 0～4或9 | 0～3表示台数；<br>4表示4台或4台以上；<br>9表示缺失 | | 28 | 家中拥有电视机数 |

问卷的代码主要包括地区代码、调查员代码、居委会代码以及问卷代码等。例如，某问卷的代码为“1051202”，第一位数字“1”表示北京市，后面两位数字“05”表示调查员代码，再后面两位数字“12”为居委会代码，最后两位代码“02”表示该调查员在此居委会成功调查的第2份问卷。问卷的代码看上去很简单，但非常必要，因为通过问卷代码不仅可以方便地查找问卷，检查调查员的工作，还有助于地区间的对比分析。

#### 2. 编码设计的分类

（1）根据问卷结构的不同，可分为结构化问卷编码设计和非结构化问卷编码设计。

（2）根据问卷中问题类型的不同，可分为封闭题编码设计、半封闭题编码设计和开放题编码设计。

（3）根据编码设计的时间与方法不同，可分为前设计和后设计两种。前设计主要针对答案类别事先已知的问题，如结构化问卷中的封闭题和数字型开放题，在问卷设计的同时设计编码表。这种编码设计简单易行，但有可能由于问卷选项的设计缺少某重要选项，或设置多余选项，影响数据质量。后设计主要针对答案类别事先无法确定的问题，如非结构化问卷和结构化问卷中的文字型开放题，要在数据收集完成后，根据受访者的回答设计编码表。这种编码表的分类可能相对更准确、有效，但比较复杂，而且费时费力。

### 10.3.4　前设计编码

编码的设计与问卷设计密切相关，前设计编码可以归入问卷设计之中。注意答案选项不要过多。前设计编码要求事先已知问题的答案类别，主要应用于结构化问卷中的封闭题和数字型开放题，下面按不同题型分别阐述。

#### 1. 封闭题的编码设计

对单选题只需规定一个变量，取值为选项号。例如：

Q18　请问您最近一年内买过×××品牌洗发水吗？（　　）
1. 买过　　　　　　2. 没买过

设计编码时对上题定义变量名为 V18，属于数字型变量，变量所占字节数为 1，变量取值范围为 1，2 或 9，其中 1 表示买过，2 表示没买过，9 表示该题无回答。

设计问卷时，在问题后统一位置留出相应位数用于编码，而且位置的编排应统一醒目。这里应注意，如果有项目无回答，应返回问卷改正。但有时实在无法得到答案，应编上专门表示无回答的码，不能漏码。而且，这个码不能与合理回答相重复。例如，询问家中电视机数量时，答案为 0 表示家中没有电视，如果无回答也用 0 表示，编码就不能如实反映原数据了。所以无回答常用 9 或 99 表示。

#### 2. 对多选题需规定多个变量

对变量与取值的定义一般有两种做法：一种做法是将各个可能回答的答案选项都设为一个 0－1 指示变量，如受访者选择了该答案，此变量的值为 1，否则为 0。例如：

Q17　请问选择代理公司时主要看重什么？（　　）
1. 价格　　　　2. 服务质量　　　　3. 公司信誉
4. 服务态度　　5. 以往合作经验　　6. 其他

对上题设计的编码见表 10－2。

表 10－2　Q17 问题的编码（方法一）

| 变量序号 | 变量名 | 变量类型 | 变量所占字节 | 取值范围 | | 取值对应含义 | 备注 | 对应题号 | 对应问题 |
|---|---|---|---|---|---|---|---|---|---|
| | | | | 方法一 | 改进法 | | | | |
| 48 | V171 | 数值型 | 1 | 0 或 1 | 0 或 1 | 取值为 1（或 1～6）表明该选项为主要因素，为 0 则不是 | 全为 0 表示该题无回答 | 17 | 选择代理公司看重的主要因素 |
| 49 | V172 | 数值型 | 1 | 0 或 1 | 0 或 2 | | | | |
| 50 | V173 | 数值型 | 1 | 0 或 1 | 0 或 3 | | | | |
| 51 | V174 | 数值型 | 1 | 0 或 1 | 0 或 4 | | | | |
| 52 | V175 | 数值型 | 1 | 0 或 1 | 0 或 5 | | | | |
| 53 | V176 | 数值型 | 1 | 0 或 1 | 0 或 6 | | | | |

这种方法的优点是便于分析，编码的结果不用经过转换，可直接分析；缺点是不便于录入，变量随选项增多而增多，对于大样本，录入工作负担较重，而且录入时，如果录入值与问卷答案不同，很容易出错。改进的方法是，该0－1变量为真时，取值为对应选项号，这样录入时出错少一些，但工作量仍较大。

另一种做法是将变量定义为所选题号，变量值为选项号，变量排列顺序即为选择答案的顺序。仍以上题为例，假设题中规定至多只选择3项，则该题设计的编码如表10－3所示。

**表10－3　Q17问题的编码（方法二）**

| 变量序号 | 变量名 | 变量类型 | 变量所占字节 | 取值范围 | 取值对应含义（$i$=1，2，3，4，5，6） | 备注 | 对应题号 | 对应问题 |
|---|---|---|---|---|---|---|---|---|
| 48 | V171 | 数值型 | 1 | 0～6 | 取值为$i$表明第$i$选项为主要因素，为0则说明其余选项都不是主要因素 | 全为0表示该题无回答 | 17 | 选择代理公司看重的主要因素 |
| 49 | V172 | 数值型 | 1 | 0～6 | | | | |
| 50 | V173 | 数值型 | 1 | 0～6 | | | | |

如果题中没有规定选择项数，则问卷设计时难以确定变量个数，应等问卷回收后翻阅问卷回答结果，再根据分析的需要确定变量个数。这种编码方法的优点是便于录入和检查，但分析前要用计算机程序把它们转化为各选择答案的0－1变量。

### 3. 排序题的编码设计

对排序题同样需规定多个变量，与多选题类似，也有两种方法，这两种方法对应的问题形式略有差异。一种方法是，变量个数即选项个数，按照选项排列顺序，分别定义各变量为对应选项所排次序号，取值即为次序号。例如：

Q12　请您根据信任程度由高到低对下列广告排序（信任程度最高的广告前填1，其次信任的广告前填2，依此类推，最不信任的广告前填5）。

（　）1. 电视广告　（　）2. 报纸广告　（　）3. 广播广告

（　）4. 杂志广告　（　）5. 路牌广告

对上题设计的编码见表10－4。

**表10－4　Q12问题的编码（方法一）**

| 变量序号 | 变量名 | 变量类型 | 变量所占字节 | 取值范围 | 取值对应含义（$i$=1，2，3，4，5） | 备注 | 对应题号 | 对应问题 |
|---|---|---|---|---|---|---|---|---|
| 30 | V121 | 数值型 | 1 | 0～5 | 取值为$i$表明该广告的信任程度排名为$i$，为0则表明对该广告的排名缺失 | 全为0表示该题无回答 | 12 | 对各类广告的排序 |
| 31 | V122 | 数值型 | 1 | 0～5 | | | | |
| 32 | V123 | 数值型 | 1 | 0～5 | | | | |
| 33 | V124 | 数值型 | 1 | 0～5 | | | | |
| 34 | V125 | 数值型 | 1 | 0～5 | | | | |

按照这种题型对所有选项排序，采用此法比较可行，问卷设计时对应各选项统一留出位置填写次序号。如果仅取前几名排序，采用此法与多选题一样，优点是可以直接进行分析，但录入工作量大。

另一种方法是，变量个数即要求排序项数，依照次序号排列顺序，分别定义各变量为各次序号对应的选项项数，取值即为选项号。仍以上题为例，但形式稍做改变：

Q12　请问下列广告中，您最信任哪个广告？（　　）
　　其次呢？（　　）
　　再次呢？（　　）

1. 电视广告　　2. 报纸广告　　3. 广播广告
4. 杂志广告　　5. 路牌广告

对上题设计的编码见表 10－5。

**表 10－5　Q12 问题的编码（方法二）**

| 变量序号 | 变量名 | 变量类型 | 变量所占字节 | 取值范围 | 取值对应含义（$i$=1，2，3，4，5） | 备注 | 对应题号 | 对应问题 |
|---|---|---|---|---|---|---|---|---|
| 30<br>31<br>32 | V121<br>V122<br>V123 | 数值型<br>数值型<br>数值型 | 1<br>1<br>1 | 0～5<br>0～5<br>0～5 | $i$ 为对应信任度的广告对应的选项号。0 则表明对应信任度的广告缺失 | 全为 0 表示该题无回答 | 12 | 对各类广告的排序 |

如果问题只要求取前几名排序，与多选题一样，采用此法便于录入，减少工作量和降低出错率，但分析时要先进行数据转化。

### 4. 数字型开放题的编码设计

对直接回答数字的问题，变量取值即为该数字。设计编码时变量的测量水平应尽量高一些，这样，后期为不同分析的需要可以再分组。如果编码时就采用低测量水平的变量，则后面想提高测量水平时只能重新编码，成本太高。变量所占字节数可以根据事先预计的数字最大值的位数确定。例如，直接询问被调查者的年龄，设计编码时取变量名为 NL，所占字节为 2（因为调查对象要求在 20～60 岁之间），小数点位数为 0，变量取值即为年龄，单位为“岁”，取值范围为 20～60 或 99（99 表示该题回答缺失）。

对数字题设计编码时，根据取值范围，可以核对该题的回答有无明显错误，是否合乎逻辑。此外，根据问卷的填写要求，对变量统一规定格式，如小数点数、数量单位等，以便于数据的对比分析。

### 5. 牌子表的编码设计

牌子表是记录产品品牌的统计表。它是一种编码表，在涉及产品品牌的问题时有助于受访者回答、访员提问和记录。牌子表中给出所有可能答案选项的代码，访员可直接编码。随着社会经济的发展，新品牌不断涌现，建立牌子表时应注意及时了解市场情况，加入新品牌，删除消失的品牌。另外，注意“其他”选项的设立，避免出现品牌错误、重码、漏码等错误。

### 10.3.5 后设计编码

有些调查事先无法确定所要回答的问题，有些问题的答案无法预料或难以完全罗列，但又希望定量分析答案的频数分布和变量间的关系。在这种情况下，一般要采用后设计编码方法，在数据收集完成后再进行编码设计。实践中主要的应用对象是非结构化问卷和结构化问卷中的文字开放题。

#### 1. 开放题

要对开放题进行定量分析，必须将问题转化为一个或几个变量，将所有可能的答案类别赋予相应代码。应注意：

（1）确定变量相对简单一些，类似单选或多选题对照问题大致翻阅一下问题的回答，根据分析的需要定义变量名称、类型和含义。

（2）根据问题的回答确定各答案类别。

选取问卷有两种方式：一是阅读所有问卷对该问题的回答，这种方法适用于样本量较小的情况；二是抽取部分问卷，抽取方法可以是随机选取，也可以是分层系统选取，还可以是主观选取，尽量使其分布分散一些，此方法适用于样本量较大的情况。

选定问卷后，仔细阅读每个受访者对该特定问题的回答，每遇到一个新的答案类别就记录下来，同时记录各答案类别出现的频数，依此类推。这里要注意的是答案除字面含义以外，可能还有引申、隐含的含义，应注意区分。最后结合调查分析目的对分类的要求和各答案类别进行整理归纳，突出分析重点，尽量包含所有信息且互不交叉，将不能编码或个数较少、可不予考虑的答案归入“其他”项。此外，注意留出位置以便修改，如果后期发现较多或较重要、有新意的类别，可以增加或细化类别。

（3）对类似封闭题给每种答案类别确定一个代码，规定其位数。

此外，实践中还有一种方法，把问题答案全部录入计算机，使数据具有永久性，这样在对答案进行编码设计时，如果一次分类效果不好，可以多次分类，直到满意为止。而且，以后出于不同分析目的的需要，还可以选用不同标准重新分类。即使当期没时间而暂时不进行编码，还可以利用这一系列录入的答案进行解释和扩展分析。这种方法优点很多，但代价是需要投入大量的时间、人力和物力，一般只适用于意义重大且费用、时间充裕的项目。

#### 2. 非结构化问卷

对非结构化问卷首先看有无必要编码，如果仅定性归纳研究，不准备进行定量分析，也就无须编码。如果希望定量分析各变量的分布与变量间的关系，则需要进行编码，将问卷内容和结果结构化和量化。

对非结构化问卷编码，首先要确定变量。大致步骤为：第一步，仔细阅读问卷的各问题和答案，围绕分析目的，评价各重要问题的潜在信息，简要记录主要的主题与含义，确定能否从中推导出变量；第二步，从问卷中分离出主要类别，将变量分组归类；第三步，继续寻找与调查主题和假设相关的因素，无关因素暂且忽略，直到确信已找出所需并可测量的全部变量。

定义问卷变量之后，应针对各变量，分别确定答案类别，定义代码。这一步工作与开放题的编码比较相似，但更复杂，需要考虑的问题更多：第一，需要考虑变量所包含的内容，以及变量间的界限。第二，对于数据中新出现的而之前没有预见到的类别，都要认真考虑其含义以及对理解主题有无扩充意义，这些数据可能会促进我们发现潜在的新变量和新类别。我们可以用另一种方法研究该问题，观察是否出现新变量和新类别。例如用结构化问卷调查，给出这些观点，看受访者是否认同，如果此观点与其他变量相关，则他们的回答会提供不少新的信息。第三，考虑其内部含义，尽可能探讨因果关系。

总之，系统的分析方法有助于从非结构化问卷的复杂数据中提取出编码表。一般说来，对非结构化问卷的编码设计要从熟悉每一份数据开始，然后通过变量寻求数据的共同点。

### 10.3.6　编码表的设计原则

编码设计的好坏直接影响调查数据的质量，下面对设计编码表的原则进行简单总结和补充。

（1）准确性。定义的变量要能准确反映问题的信息，答案选项应能准确代表受访者提供的信息。

（2）便利性。编码设计要方便上码、录入与分析。

（3）完整性。定义的所有变量能反映问卷中所需的全部信息，各问题的所有答案选项要能穷尽受访者可能回答的所有内容，所有回答都有相应代码，即使无回答也应有对应代码。

（4）唯一性。变量号和名称唯一确定，各变量的答案选项唯一、互斥，问卷、变量以及答案选项与代码一一对应。

（5）有效率。即在具有一定质量的前提下，尽量降低成本。例如，变量字节数能用一位数就不用两位数，这样不仅节约人力、物力和财力，还可以减少出错的机会。例如，家庭人口数很少超过 8 人，可以把 8 人和 8 人以上归为一项，这样相应变量的字节可设为 1 位。有些相对不重要的不能编码或出现次数很少的答案，一般不单独编码，而归入“其他”选项。

（6）标准化。在满足分析目的的前提下，编码设计应尽量标准化，这样有助于比较分析。例如在某电视台收视率调查中，年龄的分组与统计部门使用的分类应一致，这样不仅方便样本与总体的对比，还方便借助相关统计资料分析收视问题。

（7）维护性。在设计阶段很可能没有考虑周全，或调查中会有意外发现，在实际操作时可能要修改编码表，所以初次设计时应留有余地，便于修改。

### 10.3.7 实践中的编码技巧

对收集的数据审核之后就可以进行编码了，即根据编码表将问卷信息转换为代码形式。问卷类型不同，编码方式也有所不同。

对于封闭题、数字开放题，编码规则很简单，可根据受访者的选择和回答直接编码。因此在许多自填式调查中，由受访者回答的同时自己编码，而派员访问调查由访员记录时直接编码，这样可以节约时间、提高效率。许多访问调查要求访员完成访问后先审核再编码，这样可以减少误差，因为访员熟悉整个调查过程，编码时可以检查出审核没发现的错误。电话调查比较特殊，其调查、编码和录入过程一体化。

开放题要求受访者根据自己的想法用自己的语言回答，因而具有随意性，不可能与编码表中事先设计的答案选项完全一样。这样就需要编码人员理解语句的含义，根据自己的判断将回答与编码表中的答案类别相对应，进而转换为代码。开放题的编码比较复杂，很容易出现误差，是编码工作的重点。

#### 1. 实践中容易导致编码误差的因素

这些因素主要有：

（1）受访者的回答可能不完整、含糊，难以确认其含义，对这类答案无法编码。

（2）编码表有问题，例如答案类别相互交叉，或缺少重要的答案类别，令编码人员无法准确归类。

（3）编码人员对语句的理解有误，编码错误，产生误差。

（4）编码人员疏忽大意，造成漏码、错码，不仅耽误时间，浪费人力，还可能严重破坏数据质量。

各变量都有自己的取值范围，落在范围外的码为无效码。审核时可以设计程序，查出无效码、漏码，但在有效范围内的编码错误很难检查。

#### 2. 可相应采取的措施

可相应采取的措施主要是：

（1）设计问卷时，答题说明尽量详细。调查时，访员询问要耐心认真，记录要忠于原句，必要时还要进行追问，这可以减少由答案本身引起的编码误差。

（2）编码人员在遇到模棱两可的问题时，不能凭猜测编码，最好询问督导。督导应针对该类问题，制定统一标准，以便于修正。

（3）尽量保证编码表的质量，避免由编码表引起的编码误差。

（4）在编码表中找不到对应答案时，可以将答案归入“其他”项，但如果该答案比较重要或出现频率较多，可以增加或细分答案类别，修改编码表，有时甚至要放弃原编码表，设计新的编码表。修改编码表后，一定要记住返回前面编过码的问卷，检查所编的码是否还适用于新编码表。

（5）编码人员对编码质量至关重要，一定要做好编码人员的选择、培训、监督、审核工作。对编码人员的挑选一般以少而精为原则，要求他们具有较高的文化素质和理解能力，有敬业精神，工作认真仔细。每次编码工作开始之前，都要进行统一的详细培训和训练，让他们熟悉问卷和编码表。如果有两个以上的编码人员，尽量让他们在不同时间工作；如果在同一时间工作，应该让他们在同一地点并使用同一编码表工作。在编码过程中还要安排督导及时解决疑难问题，监督编码人员的工作，定期抽查他们的工作质量。

（6）不同编码人员之间要进行一致性检验。可以使用 Kappa 统计量检验编码人员之间的一致性，评价和验证编码的信度。

## 10.4 调查数据的清洁和预处理

数据的清洁包括一致性检查、逻辑检查和缺失数据的处理等。

### 10.4.1　调查数据的一致性检查和逻辑检查

前面在审核阶段进行的初步的一致性审核主要采用手工形式，而此阶段的一致性检查主要通过计算机进行，更加全面广泛。一致性检查的内容主要包括变量的取值是否超出合理范围、有无逻辑错误以及有无极端值。

变量取值超出合理范围是不允许的，必须予以校正。例如，在要求受访者给出满意度的 5 级量表中，表达满意度的选项为 1～5，假设用 9 表示缺失值，则如果出现 6，7，8，0 这些数字，就说明超出了取值范围。使用统计软件，如 SPSS，SAS 等，对每个变量都可以很容易地找出超出范围的值，并能输出相应的受访者代码、变量名、记录号以及超出范围的值等。对于超出范围的变量取值，应核对原始问卷进行改正。

逻辑检查就是检查数据有无逻辑错误。逻辑错误的形式是多样的。例如，在商品房租赁市场调查中，没有租房却填写房屋租金。又如，不知道某个品牌的产品却又频繁使用该产品。还有年龄为 15 岁的人文化程度为硕士以上。这些数据都有逻辑错误，需要核对改正。

此外，还要检查有无极端值。尽管并非所有的极端值都来自误差，但有时通过极端值可以找出有问题的数据。例如，某受访者对某品牌的评价非常低，原因是他对所有问题一律都答 1。

### 10.4.2　缺失数据的处理

如果数据空缺或无效，一般视为缺失值。其中部分为合理缺失，例如，没看过某广告的受访者就不用回答后面关于广告内容的问题，因而分析时不会带来问题。但有时缺失值会影响分析结果的可信度，如果缺失数据比例较大，或者缺失数据的分布与总体分布有明显差异，就可能使分析有偏。控制缺失值的影响的主要方法有两种：一种是事前控制，在收集阶段尽量减少无回答，在审核阶段严把关，控制数据质量，并再次回访调查或核实数据等。另一种是事后控制，即在数据清洁阶段对缺失数据进行处理，主要方法有：

### 1. 删除个案

即将有缺失数据的个案都删除掉，不参加数据分析。这种方法只有在样本量很大、有缺失数据的个案比例较小，而且有缺失数据的个案与无缺失数据的个案在分布上无显著差异时，才考虑使用。如果许多受访者都有一些问题没有回答，这种方法将删除大量的数据导致小样本，可能会使结果产生严重偏差。

### 2. 删除缺失值

这种方法指不删除有缺失数据的所有个案，仅在计算时删除相应变量的缺失值，即对变量有完整回答的个案才能参加计算，对变量有缺失值的个案不参加该次计算。这样，在分析中，参加不同计算的样本数可能不同。如果在某变量上有缺失值的个案与无缺失值的个案在分布上有明显差异，这种方法也可能导致偏差。在样本量较大、缺失数据较少并且变量间不是高度相关的情况下，可以使用这种方法。

### 3. 加权组调整法

这种方法指通过对回答数据使用加权因子，降低缺失值的偏差影响。例如，不同文化程度的人对某问题的回答率差异很大，对缺失值比例较大的层赋予较大的权数，可以减少缺失值比例失衡的影响。

### 4. 插补法

这种方法指利用其他数据替代或估算缺失值的方法。根据数据的来源，插补法可分为热卡法（hot-deck）和冷卡法（cold-deck）。热卡法是指根据当前调查数据替代或估算缺失数据；冷卡法是指根据以前的同类调查或其他已有的有关数据替代或估算缺失数据。根据插补的数据个数，插补法可分为单一插补法和多重插补法。单一插补法是指给每个缺失数据选择一个适合的插补数据，多重插补法是指给每个缺失数据构造多个插补数据。

常用的插补法主要有均值插补法、回归插补法、最近邻插补法、随机插补法等。

均值插补法是指用回答单元观测值的均值对缺失值进行插补的方法。如果利用辅助信息对样本进行分层，然后在每一层中，用层内回答单元的均值插补该层的缺失值，则称为分层均值插补法。均值插补法不会改变估计量的均值，但可能会导致估计量方差的低估。

回归插补法是利用回归模型对缺失数据进行预测插补。例如，受访者家庭对某产品的购买量有缺失数据，可以根据回答数据建立购买量与家庭人口、家庭收入等变量的多元回归模型，然后根据估计的回归方程预测缺失的产品购买量数据。

最近邻插补法是根据样本单元在辅助变量上的接近程度来选择缺失值的赋值单元。即在变量 $Y$ 的无回答单元邻近的回答单元中，利用辅助变量定义样本单元间的距离函数，选择满足所设定距离条件的回答单元的变量 $Y$ 取值为插补值。

随机插补法是在前面的确定性插补基础上加入随机成分，其基本表达式为：

$$z_i = f(X_i) + e_i$$

式中，$f(X_i)$ 可以对应任意一种确定性的插补方法，比如均值插补法、回归插补法、最近邻插补法等。

### 10.4.3　异常值诊断与处理

在实际调查中，与大部分数值相比有较大差别的数据被称为异常值或离群值。例如某调查中受访者的家庭常住人口数绝大多数是个位数，极个别地出现了 55 人。这种异常值的出现可能是随机波动的极端情况，也可能是源于调查过程的测量误差或过程误差。异常值的存在对抽样估计误差有很大影响，因此在数据整理过程中，需要对异常值进行识别诊断和处理。

#### 1. 异常值诊断

贝克曼和库克（Bechman and Cook，1986）指出，异常值一般被理解为与数据集明显不协调、出现概率非常小的数据点，或者为不是与数据集来自同一分布而掺入该数据集中的“杂质”。异常值的异常之处是相对于数据集的总体或所假定的模型而言的。

当数据集含有异常值时，直接使用数据集进行统计分析将影响分析的准确性，甚至得出错误的结论。不同的异常值对数据分析结果的影响不同，因此需要判断异常值的类型，然后决定是否剔除异常值或做其他平滑处理。

最常见的异常值检测方法是单变量检测。传统上，异常值通过测量它们和数据中心的相对距离来辨认。

（1）统计分布法。设 $y_1$，$y_2$，…，$y_n$ 为一组来自均值为 $\overline{Y}$，标准差为 $\sigma$ 的正态分布总体的观测值，对每个样本数据 $y_i$ 进行标准化变换

$$d_i = \frac{|y_i - \overline{Y}|}{\sigma}$$

如果标准化值 $d_i$ 大于预先确定的值（比如 3），则认为该观测值为异常值。

（2）回归诊断法。利用辅助变量对检测变量构建回归模型，通过估计的回归模型进行残差检验，如果出现异常大的残差或 Cook 距离，则判断是异常值。

（3）戈罗伯斯检验法。设 $y_1$，$y_2$，…，$y_n$ 为一组来自均值为 $\overline{Y}$，标准差为 $\sigma$ 的正态分

布总体的观测值，$s_n^2=\dfrac{\sum_{i=1}^{n}(y_i-\overline{y})^2}{n-1}$。把这些数据按照数值大小从小到大排列后表示为 $y_{(1)}\leqslant y_{(2)}\leqslant\cdots\leqslant y_{(n)}$，$s_{n-1}^2=\dfrac{\sum_{i=1}^{n-1}(y_{(i)}-\overline{y}_{n-1})^2}{n-2}$，其中 $\overline{y}$ 是 $n$ 个样本数据的均值，$\overline{y}_{n-1}$ 是去掉最大值 $y_{(n)}$ 后剩余的 $n-1$ 个数据的均值。如果 $\dfrac{s_n^2}{s_{n-1}^2}$ 大于某数（可查表获取），则判断 $y_{(n)}$ 是异常值。如果最大值是异常值，可以依次检验次大值是否异常，直到检测不出异常值为止。

这种依次接连检验的方法，还可以使用偏态和峰度检验，如果偏态和峰度系数大于某特定值（可查表获取），则认为最大值异常，然后剔除最大值继续检验次大值，直到检测不出异常值为止。

（4）四分位数法。将所有数据按数值大小排序，计算上四分位数 UQ、下四分位数 LQ 以及四分位差 IQR＝UQ－LQ，不在区间（LQ－$k$×IQR，UQ＋$k$×IQR）内的样本数据被判定为异常值。系数 $k$ 可以根据具体情况自己设定，实践中通常设为 1.5。

### 2. 异常值处理方法

对于检测出来的异常值不能简单采用剔除的方法，具体选择处理方法之前应该先判断可能的产生原因。例如：（1）测量误差是异常值最常见的来源。可能是问卷的设计不够规范，例如测量距离时计量单位标注不清楚，有受访者把千米误解为米。也有可能是主题敏感导致受访者自己故意高报或低报数值。（2）在数据收集、记录、录入、处理过程中经常会出现人为错误，导致数据出现异常值，例如家庭常住人口数出现 55 很可能是重复录入 5 导致的。（3）抽样错误。例如规模以下企业调查中由于编码错误，抽取了大规模企业，导致产值数据中出现异常数据。（4）自然异常值。异常值也可能不是错误导致的自然数据，例如大学生身高调查中可能会访问到身高 2 米的篮球特长生，住户收支调查也可能访问到亿万富翁。

异常值的存在，会导致高估总体方差、降低正态性和增加估计误差。异常值的处理大多情况下类似缺失值的处理，通常采用改变数值、调整权数、使用稳健估计等方法。

（1）删除法，适用于抽样错误的异常值以及异常值比较少的情况。

（2）缩尾法，把样本数据 $y_1$，$y_2$，…，$y_n$ 从小到大依次排序为 $y_{(1)}$，$y_{(2)}$，…，$y_{(n)}$，如果排在第 $k$ 位的数据 $y_{(k)}$ 至最大值 $y_{(n)}$ 被认为是异常值，则在估计时将所有异常值的数值 $y_{(k)}$，…，$y_{(n)}$ 均替换为 $y_{(k-1)}$ 的数值参与计算。

（3）变换变量也可以消除异常值，比如自然对数变换可以减少由极值引起的变化，分组合并也是一种变换方式，决策树算法允许变量的合并，也可很好地处理异常值。

（4）降低异常值的权数，使得异常值的影响变小。将异常值单独分组赋予很小的抽样权数可以有效降低抽样方差，但主观降低权数也可能导致低估总体参数。

（5）插补法，将异常值直接删除，视为缺失数据进行插补处理。

（6）采用对异常值不太敏感的稳健估计量，比如中位数比均值更为稳健，四分位数间距比方差估计量更为稳健。

### 10.4.4　加权处理

用样本的调查结果对总体的目标量进行估计是基于这样的原理：每个样本单元不仅代表自己，而且代表研究总体中那些没有被选入样本的单元。抽样推断就是把调查的原始结果放大，得到总体参数的估计。通常，我们把一个样本单元所代表的总体单元的数量称为这个样本单元的设计权数，确定这些权数是估计过程的一个重要环节。但设计权数只是确定权数的开始，在调查中会有许多情况发生，与设计时的情况产生一些出入，需要对设计权数进行调整，例如对特殊结构进行权数调整，对无回答情况进行权数调整等。

#### 1. 设计权数

设计权数是由抽样设计所规定的每个样本单元所代表的研究总体的单元数，也就是样本单元入样概率的倒数。概率抽样的特征是，每个样本单元的入样概率是可以计算的，因而是已知的。用 $W_{di}$ 表示第 $i$ 个单元的设计权数，则总体总值的估计为：

$$\hat{Y} = \sum_{i=1}^{n} W_{di} y_i$$

在简单随机抽样中，因为在简单随机抽样条件下每个单元入样概率都为 $\frac{n}{N}$，则

$$W_{di} = \frac{N}{n}, \quad i=1, 2, \cdots, n$$

所以，总体总值的估计又可以写为：

$$\hat{Y} = \sum_{i=1}^{n} W_{di} y_i = \frac{N}{n} \sum_{i=1}^{n} y_i$$

这种每个单元入样概率都相等的抽样方法又称为等概率抽样。在采用等概率抽样设计时，每个单元的设计权数是相同的，在数据整理中可以不增加权数变量。

对于分层抽样，如果按各层规模等比例分配样本，也是等概率抽样；如果不是按各层规模等比例分配样本，如内曼分配，则是不等概率抽样。在不等概率抽样条件下，每个单元的设计权数是不同的，数据文件中要生成相应的权数变量，该变量在相同的层内取值相同，不同层间取值不同。

在多阶段抽样条件下，设计权数由每个单元在不同阶段的入样概率相乘而得。例如，对于二阶段的抽样设计，令 $P_{1i}$ 代表第 $i$ 个单位在第一个阶段的入样概率，$P_{2i}$ 代表第 $i$ 个单元在第二个阶段的入样概率，则 $i$ 单元的设计权数为：

$$W_{di} = \frac{1}{P_{1i} P_{2i}}$$

以此可以推演到更多阶段抽样设计的情况。

### 2. 权数的结构调整

权数的结构调整包括的范围比较广，主要指调查现场出现与抽样设计不同的情况，为了保证抽样设计方案的落实而进行的某些权数调整。权数的结构调整可以通过我国劳动力抽样调查的例子说明。我国劳动力抽样调查是多阶段分层整群抽样，最后阶段抽取群，群由30个家庭户组成，对抽中群内的家庭户全部进行调查。在调查实施中，不可能保证所有的群都正好为30户，如在农村有自然村，对于很小的自然村（远少于30户）可以合并为群，对于规模差不多的自然村（30户左右），该自然村就是一个群。在城市通常取某栋住宅楼或某个单元为一个群。有些群的规模与抽样设计相同（正好30户）或相仿（30户左右），有些群的规模则与抽样设计要求相差较大，这时就需要对入样单元的设计权数进行调整。在这个例子中，设第 $i$ 群的规模为 $M_i$，如果 $M_i \neq 30$，则给该群的每一个家庭户都赋予一个结构调整系数 $W_i^* = \frac{30}{M_i}$。例如，一个群包含45户，则该群的每个住户的结构调整系数为：

$$W_i^* = \frac{30}{45} = \frac{2}{3}$$

### 3. 权数的无回答调整

调查中都会遇到无回答的情况，只能得到回答者的数据，此时如果不对原有的设计权数进行调整，那些无回答单位的权数就会丧失，总体的规模就会被低估，从而导致对总体总值进行估计时出现严重偏差。权数的无回答调整可以计算无回答调整系数，令 $W_{nri}$ 为无回答调整系数，$W_{ri}$ 为调查中回答单元的权数和，$W_{ni}$ 为调查中无回答单元的权数和，则无回答调整系数为：

$$W_{nri} = \frac{W_{ri} + W_{ni}}{W_{ri}}$$

可以看出，调整的思路是把无回答单元的设计权数在回答单元之间进行重新分配，无回答调整系数 $W_{nri}$ 就是分配比例。

如果是大规模调查，无回答调整系数应该分别计算，例如可以按群计算，或者按层计算。这里的假定是，群内各单元、层内各单元具有更高的相似性，用与无回答单元更相似的回答单元代替无回答单元，估计的效果会更好。

### 4. 最终权数

最终权数是对目标量进行估计所使用的权数，是设计权数、结构调整系数、无回答调整系数的结合体。令最终权数为 $W_i$，则有

最终权数＝设计权数×结构调整系数×无回答调整系数

即

$$W_i = W_{di} \times W_i^* \times W_{nri}$$

### 10.4.5　变量的转换

根据数据分析的需要，在分析之前可能要对现有的变量进行一定的修改或生成新变量。常见的方式有：

#### 1. 变量重新定义

某些分析方法可能对变量的数学特性有一定要求，因此可能要改变数据的测量水平，把定距、定比变量转为定序、定类变量。例如，进行交叉列联分析时，必须先将某变量（如收入）划分为高、中、低三组。另外，同测度内有时还需要进行再分组，如年龄最初分为 10 组，但实际分析中分组过细反而不便于分析，因而要把小类合并为大类。

#### 2. 变量转换

例如，进行聚类分析、因子分析时，必须消除量纲的影响，要在分析前先把变量标准化。又如，进行回归分析时，为了改进模型的拟合程度，要对变量进行对数变换、平方根变换等。

#### 3. 定类变量转换为 0－1 变量

为便于分析，有时要把定类变量转换为 0－1 变量，如前面讨论多选题、排序题的编码设计时提到的两种方法的互换。这种转换便于进行定量分析。例如，受访者的居住地包括北京、上海、广州和杭州，可以将其转变为 $X_1$，$X_2$ 和 $X_3$ 这三个 0－1 变量（如表 10－6 所示）。

**表 10－6　两种编码的转换表**

| 居住地 | 原变量编码 | 0－1 变量编码 | | |
|---|---|---|---|---|
| | | $X_1$ | $X_2$ | $X_3$ |
| 北京 | 1 | 1 | 0 | 0 |
| 上海 | 2 | 0 | 1 | 0 |
| 广州 | 3 | 0 | 0 | 1 |
| 杭州 | 4 | 0 | 0 | 0 |

通常在正式进行统计分析之前，为了定量分析的方便，常把一些定类变量转换为若干个 0－1 变量。一般来说，含 $K$ 个类别的变量可以用 $K-1$ 个 0－1 变量来表示。

#### 4. 重新组合新变量

为了某些特定的统计分析（如拟合模型），需要把几个变量重新组合为一个新变量，重新进行定义。例如，根据受访者对耐用消费品在若干方面的评价，把各方面的评价值加权平均，就可以得到一个新变量“综合评价得分”。

### 10.4.6 量表的转换

为了保证数据的可比性，便于进行数据分析，有时还要做一些量表的变换。一些量表可能会分别从正、反两个方向设计问题，因此分析时应注意统一方向，如全部正向提问或全部反向提问，以使数据便于比较。例如，从以下 6 个角度调查观众对某广告的看法（其中 A，C，F 为反向提问，B，D，E 为正向提问）。

请问您是否同意以下观点？

1. 非常同意　2. 同意　3. 不同意　4. 非常不同意

A. 这个广告与我无关。（　）

B. 这个广告吸引我的注意力。（　）

C. 我不想进一步了解有关它的更多信息。（　）

D. 这个广告让我产生购买欲望。（　）

E. 这个广告令人信任。（　）

F. 天天播此广告，让我产生反感。（　）

在分析数据前，应把量表问题的方向统一，这样才能进行比较分析，否则各题的答案之间没有可加性。例如同样都选 2，对 D 为正面评价，对 F 则是反面评价。假设将以上问题统一为正面问题，则要改变 A，C，F。以 F 为例，改为 $F_1$“天天播此广告，不会让我产生反感”，当然该题的取值也应该颠倒位置，原来选 1 现在改为 4，原来选 4 现在改为 1，原来选 2 现在改为 3，原来选 3 现在改为 2。这样，同样都选 2，对 D 和 $F_1$ 都为正面评价。

有时为了合乎人们比较的习惯或满足其他分析需要，要对量表数据进行转换。例如把 4 级改为 2 级，即将“非常同意”和“同意”合并，“非常不同意”和“不同意”合并。

此外，为了使不同单位或不同量表的变量在分析中具有可比性，可以对数据进行标准化。例如，对品牌 A 的评价使用的是 7 级量表（$X_1$），对品牌 B 使用的是 5 级量表（$X_2$），等等，直接比较这些品牌的得分是没有意义的。对此，通常先对数据进行变换处理。

#### 1. 标准化变换

将得分 $X_1$，$X_2$，…，$X_m$转换成标准化得分 $Z_1$，$Z_2$，…，$Z_m$，标准化公式为：

$$Z_i=\frac{X_i-\text{mean}(X_i)}{\text{SD}(X_i)},\quad i=1,2,\cdots,m$$

式中，$\text{mean}(X_i)$ 和 $\text{SD}(X_i)$ 分别为变量 $X_i$的均值和标准差。

#### 2. 规格化变换

先找出每一个变量的最大值和最小值，各变量的最大值减去最小值称为极差。将各

变量得分 $X_1$，$X_2$，…，$X_m$ 减去最小值后除以极差，就得到规格化数据。规格化公式为：

$$Z_i=\frac{X_i-\min(X_i)}{\max(X_i)-\min(X_i)},\quad i=1,\ 2,\ \cdots,\ m$$

式中，$\max(X_i)$ 和 $\min(X_i)$ 分别为变量 $X_i$ 的最大值和最小值。

## 小　结

市场调查数据收集回来以后，必须经过整理才能进行分析。调查数据的整理主要依据调查资料的整理方案来进行，数据整理的步骤一般包括：对原始资料进行审核、订正；编码；数据录入；数据清洁；进行统计预处理。

调查问卷的回收是一项非常具体的工作，问卷回收中的登记和编号工作很重要。对调查资料进行审核是保证调查工作质量的关键。审核的内容一般包括完整性的审核、正确性的审核、一致性的审核、及时性的审核以及清楚易懂等几个方面。审核的主要方法有经验判断、逻辑检查、计算审核等。以最常见的中心办公室审核为例，审核的基本步骤是接收核查问卷（又称一审）、编辑检查（又称二审）及采取相应处理措施等。

编码是将问卷信息（包括调查问题和答案）转化为统一设计的计算机可识别的代码，以便于对其进行数据整理与分析。本章给出了编码的一般原则，即准确性、完整性、有效率、转换的代码便于数据的整理与分析以及标准化等，分别介绍了前设计编码和后设计编码的主要内容，最后总结归纳了编码实践中容易导致编码误差的因素以及可相应采取的措施。

在调查数据的清洁和预处理阶段，主要工作是一致性检查和逻辑检查，以及缺失数据和异常值的处理。审核阶段进行的一致性审核主要采用手工形式，而此阶段的一致性检查主要通过计算机进行，更加全面广泛。一致性检查的内容主要包括变量的取值是否超出合理范围、有无逻辑错误以及有无极端值；逻辑检查就是检查数据有无逻辑错误。缺失数据的处理方法主要有删除个案、删除缺失值、加权组调整法以及插补法等。异常值的处理方法主要有删除法、缩尾法、变换变量、改变权数、插补法和稳健估计法。

## 思考题

1. 调查资料的整理主要有哪些步骤？
2. 调查问卷的审核包括哪些内容？
3. 什么是编码？市场调查中的编码有什么作用？

4. 编码表的一般格式是什么？编码表的设计原则是什么？

5. 前设计编码和后设计编码有何区别？

6. 如何控制调查资料手工录入的质量？

7. 调查数据的清洁包括哪些工作？

8. 缺失数据主要有哪些处理方法？

9. 试举例说明加权调整方法及其对于提高数据质量的作用。

10. 客户对于某公司的投诉程度可分为经常投诉、偶尔投诉和没有投诉这三类，试将投诉程度变量转变为用若干个哑变量（0-1变量）来表示。

# 第11章 定量调查资料的分析

## 学习目标

1. 理解调查数据分布的常用描述方法
2. 熟悉分类数据相关分析的列联分析方法
3. 熟悉数据建模分析的回归分析和判别分析
4. 熟悉聚类分析和因子分析在市场调查中的应用

市场调查分析就是根据一定的调查目的，采用一种或几种数据分析方法，按照一定的程序，对调查并经过整理的数据资料进行分组、汇总、检验和分析，得到所调查事物或现象的本质及规律性，进而指导实践的过程。

调查分析方法的选择要能有效满足调查目的，分析结果的质量与前期的调查设计、数据收集和整理密不可分。良好的数据质量是得出有效结论的前提。问卷设计的内容决定了可分析对象的范围；样本的代表性决定了结论的适用范围；数据类型限定了可用分析方法的范围；收集数据的质量决定了分析结果的准确性。不同分析方法对数据的要求不一定相同，因此，选择分析方法时首先要注意数据的适用性。

根据研究目的的不同，可以把统计分析方法大致分为以下两类。

（1）描述统计分析，即将数据以表格、图形或数值形式表现出来，着重于对数量水平或其他特征的描述，可能是通过某具体指标反映某一方面的特征，也可能是通过若干变量描述它们的相互关系。这类方法对数据的可靠性和准确性、测度的选择有一定要求。其结果重在数量描述，但不具有推断性质。

（2）推论统计分析，即通过样本推断总体。这类方法对数据的收集方法、变量的选择、测度的决定、资料的时间和空间范围有严格限制，必须符合严格的假设条件。其结果不仅可用于描述数量关系，还可以推断总体，进行预测，揭示原因以及检验理论等。

根据涉及变量的多少，还可将统计分析分为单变量统计分析和多变量统计分析。单变量统计分析即通过某一变量数据的计算，对其数量水平或其他特征进行概括，或对总体进行推断。多变量统计分析即对多个变量进行分析，比如回归分析、判别分析、聚类分析、因子分析、结构方程模型、联合分析、机器学习等。

在数据科学中将数据分析方法分为监督学习和无监督学习两类。监督学习是在区分因变量和自变量条件下的建模，通过探索数据和建立模型来实现从自变量到因变量的有效解释和预测。无监督学习的主要任务是探索数据之间的内在联系和结构，没有明确的因变量和自变量划分。

本章按照是否区分自变量和因变量，以及适用的数据类型，对数据分析方法进行划分，如表11-1所示，并结合市场分析场景或案例分别介绍常见的描述统计分析方法、变量间相关分析方法（相关分析、列联分析、对应分析等）、有监督统计分析方法（回归分析、方差分析、判别分析等）以及无监督统计分析方法（聚类分析和因子分析）。

**表11-1　数据类型及其适用的分析方法**

| 因变量 | 自变量 | 统计分析方法 | 机器学习方法 |
|---|---|---|---|
| 定量变量 | 定量变量 | 回归分析 | |
| 定量变量 | 分类变量 | 方差分析，回归分析 | 决策树<br>Boosting<br>随机森林<br>支持向量机 |
| 分类变量 | 定量变量+分类变量 | Logit/probit 模型 | |
| 定序变量 | 定量变量+分类变量 | 次序 Logit/probit 模型 | |
| 分类变量 | 分类变量 | 列联分析，对数线性模型，对应分析 | |
| 多变量 | | 相关分析，聚类分析，因子分析 | |

## 11.1 单变量的描述统计分析

描述统计分析是市场调查分析中最常用的分析方法。描述统计分析的关键是如何选择适当的图表或统计量使数据更易于解释。不同的描述统计分析方法适用于不同的研究目的，适合不同的测量尺度数据。下面我们以表11-2中的数据为例，介绍常用的描述统计分析方法。

**表11-2　某公司30名员工的数据**

| 员工号 | 受教育年限（年） | 职位 | 年薪（元） | 工作资历 | 员工号 | 受教育年限（年） | 职位 | 年薪（元） | 工作资历 |
|---|---|---|---|---|---|---|---|---|---|
| 1 | 14 | 0 | 30 150 | 1 | 7 | 15 | 0 | 37 050 | 1 |
| 2 | 16 | 0 | 36 600 | 1 | 8 | 15 | 0 | 27 750 | 1 |
| 3 | 8 | 0 | 17 700 | 1 | 9 | 15 | 1 | 38 700 | 1 |
| 4 | 12 | 0 | 26 100 | 1 | 10 | 16 | 0 | 40 350 | 1 |
| 5 | 12 | 1 | 59 400 | 1 | 11 | 12 | 0 | 33 900 | 1 |
| 6 | 16 | 1 | 47 250 | 1 | 12 | 12 | 0 | 19 950 | 1 |

续表

| 员工号 | 受教育年限（年） | 职位 | 年薪（元） | 工作资历 | 员工号 | 受教育年限（年） | 职位 | 年薪（元） | 工作资历 |
|---|---|---|---|---|---|---|---|---|---|
| 13 | 19 | 1 | 52 125 | 1 | 22 | 12 | 0 | 31 500 | 2 |
| 14 | 16 | 1 | 40 200 | 2 | 23 | 17 | 0 | 40 200 | 3 |
| 15 | 8 | 0 | 19 800 | 2 | 24 | 15 | 0 | 41 100 | 3 |
| 16 | 12 | 0 | 17 100 | 2 | 25 | 16 | 0 | 34 800 | 3 |
| 17 | 12 | 0 | 25 200 | 2 | 26 | 12 | 0 | 30 900 | 3 |
| 18 | 20 | 1 | 69 250 | 2 | 27 | 19 | 1 | 92 000 | 3 |
| 19 | 15 | 0 | 26 700 | 2 | 28 | 19 | 1 | 110 625 | 3 |
| 20 | 12 | 0 | 30 900 | 2 | 29 | 19 | 1 | 135 000 | 3 |
| 21 | 18 | 0 | 43 950 | 2 | 30 | 12 | 0 | 26 250 | 3 |

注：(1) 职位：0 表示一般职员，1 表示管理者。
(2) 工作资历：1 表示工作年限低于 5 年；2 表示工作年限在 6～10 年；3 表示工作年限高于 10 年。

### 11.1.1　数据的频数分析

频数分布常用于描述定性数据的分布。例如表 11－2 中的工作资历数据的频数分布表如表 11－3 所示。频数分布表用于表示一个分类变量中不同取值下的回答数量（频数）和相对发生率（百分比）。频数分布表中频数的总和总是等于观测单元的总数，百分比的总和总是等于 100%。如果某组项目的频数过小，比如百分比小于 5%，建议将这些组与其他组进行合并处理。

**表 11－3　某公司员工工作资历的频数分布表**

| 工作资历 | 频数 | 百分比（%） | 累计百分比（%） |
|---|---|---|---|
| 工作年限低于 5 年 | 13 | 43.33 | 43.33 |
| 工作年限在 6～10 年 | 9 | 30.00 | 73.33 |
| 工作年限高于 10 年 | 8 | 26.67 | 100.00 |
| 总计 | 30 | 100.00 | |

### 11.1.2　数据的直方图分析

如果将频数分析用于定量数据，需要先把数据分组，即确定组数、组宽和组限，然后分组汇总频数、百分比。如果把研究的变量放在横轴，每组的频数或百分比放在纵轴，就得到一个直方图，每组的频数或百分比用一个长方形绘制，长方形的底是组宽，高是每组相应的频数或百分比。

根据表 11－2 中的年薪数据绘制的直方图见图 11－1。直方图的一个最重要应用就是提供分布形态信息。图 11－1 显示公司员工的年薪多在 1.7 万至 4.1 万元之间，但也有少数员工的年薪达到10万元以上，分布呈现一定的右偏。

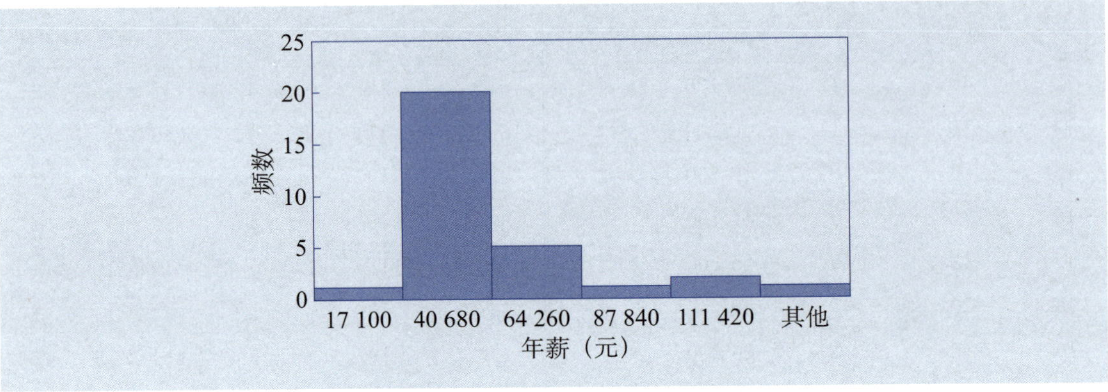


**图 11-1　公司员工年薪的直方图**

### 11.1.3　数据的特征描述

频数分析和直方图可以清晰展示数据的取值分布情况，但有时这些信息过于详细，我们可能希望用一些统计量对其信息进行概括性描述，例如用众数、中位数、均值描述数据的集中位置，用异众比例、四分位差、标准差描述数据分布的变异性，用偏态与峰度描述分布的形态。

在Excel命令栏中选择【工具】→【数据分析】，可以打开数据分析选项框，选择【描述统计】对表11-2中的年薪数据进行分析，结果见表11-4。

**表 11-4　Excel对公司员工年薪的描述统计分析**

| 统计量 | 年薪（元） |
|---|---|
| 均值 | 42 750 |
| 标准误差 | 4 927.011 |
| 中位数 | 35 700 |
| 众数 | 40 200 |
| 标准差 | 26 986.35 |
| 方差 | 7.28E+08 |
| 峰度 | 4.815 795 |
| 偏态 | 2.169 985 |
| 区域 | 117 900 |
| 最小值 | 17 100 |
| 最大值 | 135 000 |
| 求和 | 1 282 500 |
| 观测数 | 30 |

表 11－4 中对年薪数据分布特征的定量描述，可分为三个方面。

### 1. 集中趋势分析

集中趋势分析就是确定数据一般水平的代表值或中心值。常用的指标有三种，即均值(mean)、中位数和众数。

（1）均值。假定一个样本有 $n$ 个观测值 $x_1$，$x_2$，…，$x_n$，其均值 $\bar{x}$ 可用观测值的个数 $n$ 去除观测值的和得到。

$$\bar{x}=\frac{x_1+x_2+\cdots+x_n}{n}=\frac{\sum_{i=1}^{n}x_i}{n}$$

式中，$x_i$ 为第 $i$ 个观察值；$n$ 为观测值的个数；$\sum$ 为求和符号。Excel 中计算均值的函数为：AVERAGE(区域)。

（2）中位数。就是将样本观测值 $x_1$，$x_2$，…，$x_n$ 按大小顺序排列为 $x_{(1)}\leqslant x_{(2)}\leqslant\cdots\leqslant x_{(n)}$，处于中间位置的那个数值即为中位数，记为 $M_e$。显然，50%的样本观测值比中位数小，50%的样本观测值比中位数大。对于已排序的观测值，根据 $\frac{n+1}{2}$ 确定中位数的位置。如果观测值个数 $n$ 为奇数，则 $x_{(\frac{n+1}{2})}$ 为中位数。如果观测值个数 $n$ 为偶数，则取$\frac{n+1}{2}$位置两侧数值的平均数，即$\frac{x_{(\frac{n}{2})}+x_{(\frac{n+2}{2})}}{2}$为中位数。

（3）众数。即出现次数（频数）最多的变量值，记为 $M_o$。众数直接根据观察即可得到，比较适于描述定类变量和定序变量的数据。

均值、中位数和众数的比较及适用范围如下：1）均值适用于定距或定比变量。优点是能够充分利用数据的全部信息，均值大小受每个观测值的影响，比较稳定。缺点是易受极端值影响，如果观测值中有明显的极端值，则均值的代表性较差。2）中位数不适用于定类变量，适于定序、定距、定比变量，特别是分布不规则的数据。优点是不受极端值影响。缺点是没有充分利用数据的全部信息，稳定性差于均值，优于众数。3）众数不适用于未分组的连续变量，主要适用于定类、定序变量。优点是不受极端值影响，尤其是分布明显呈偏态时，众数的代表性更好。缺点是没有充分利用数据的全部信息，缺乏敏感性和稳定性。它不是用来描述中心的好的统计量，受分组变化的影响较大，而且可能不唯一。

### 2. 离散趋势分析

离散趋势反映各数值远离其中心的程度，即数据分布的分散程度。此外，数据的离散程度越大，集中趋势测度值对该组数据的代表性越差；离散程度越小，其代表性就越好。常用的反映数据离散程度的指标主要有：方差（variance）和标准差（standard deviation)、四分位差（interquartile range)、变异系数（coefficient of variation)、全距(range）等。

（1）方差和标准差。方差和标准差是反映数据离散程度最常用的指标。它们反映的是所有观测值对均值的离散关系，其数值大小与均值代表性的大小呈反向变化关系，即方差或标准差越大，均值的代表性越差。方差 $s^2$ 即标准差 $s$ 的平方。计算公式如下：

$$s^2=\frac{\sum_{i=1}^{n}(x_i-\bar{x})^2}{n-1}$$

Excel 中方差和标准差的计算函数分别为：VAR(区域) 和 STDEV(区域)。

（2）四分位差。将一组数据从小到大排列后，用 3 个四分位数点（$Q_1$，$Q_2$，$Q_3$）将其分为四个相等的部分，第一个四分位数点 $Q_1$ 是第 25 百分位数点，又叫下四分位数点；第二个四分位数点 $Q_2$ 是第 50 百分位数点，即中位数；第三个四分位数点 $Q_3$ 是第 75 百分位数点，又叫上四分位数点。上四分位数点 $Q_3$ 与下四分位数点 $Q_1$ 之间的距离即为四分位差，记为 $QD$。用公式表示为：

$$QD=Q_3-Q_1$$

如果四分位差较小，说明数据比较集中于中位数附近；反之，分布较分散。四分位差经常与中位数一起用来描述定距或定序变量的分布。缺点是四分位差只是由两个点决定的，没有充分利用所有数据的信息。Excel 中计算四分位数的函数为：QUARTILE(区域，$i$)，$i=0$，1，2，3，4。当 $i=0$ 时，函数结果为最小值；$i=4$ 时，函数结果为最大值；$i=2$ 时，函数结果为中位数。例如，对表 11－2 中的年薪数据进行计算，QUARTILE(D2：D31，1)＝26 962.5，QUARTILE(D2：D31，3)＝43 237.5，则 $QD$＝43 237.5－26 962.5＝16 275。

（3）变异系数。也称为离散系数，即标准差与均值的比值，主要用于不同类别数据离散程度的比较，记为 $CV$。公式如下：

$$CV=\frac{s}{\bar{x}}$$

由于标准差的大小不仅与数据的测度单位有关，也与观测值的均值大小有关，不能直接用标准差比较离散程度，而变异系数消除了测度单位和观测值水平不同的影响，因而可以直接用来比较数据的离散程度。

（4）全距。也称极差，是一组数据中最大值与最小值之差，计算公式是：

$$R=\max(x_i)-\min(x_i)$$

极差是描述数据离散程度的最简单的方法，表明数据的分布范围。它计算简单，易于理解。但是极差由两端数值决定，不能反映中间数据的分布离散状况。表 11－4 中的指标“区域”就是全距，Excel 中计算全距的函数为：MAX(区域)－MIN(区域)。

### 3. 偏态与峰度分析

偏态（skewness）是指数据分布的偏斜方向和程度。偏态系数的计算公式为：

$$\alpha_3=\frac{n}{(n-1)(n-2)}\cdot\sum\left(\frac{x-\bar{x}}{s}\right)^3$$

偏态系数是离差三次方的均值除以标准差的三次方。$\alpha_3$ 为 0 时，表明分布是对称的；若 $\alpha_3$ 为正值，说明正偏离的差值较大，分布为正偏或右偏；若 $\alpha_3$ 为负值，说明分布为负偏或左偏。$\alpha_3$ 的绝对值越大，分布的偏斜程度越大。Excel 中计算偏态系数的函数为：SKEW(区域)。

峰度（kurtosis）是指分布集中趋势高峰的形状，它通常是与标准正态分布相比较而言的。若分布的形状比标准正态分布更瘦、更高，称为尖峰分布。相反，若更扁平，称为平峰分布。对峰度的测度是用峰度系数，其计算公式为：

$$\alpha_4=\left|\frac{n(n+1)}{(n-1)(n-2)(n-3)}\cdot\sum\left(\frac{x-\overline{x}}{s}\right)^4\right|-\frac{3(n-1)^2}{(n-2)(n-3)}$$

由于标准正态分布的峰度系数为 0，当 $\alpha_4>0$ 时为尖峰分布，当 $\alpha_4<0$ 时为平峰分布。Excel 中计算峰度系数的函数为：KURT(区域)。

## 11.2 变量间的相关分析

变量间的关系往往不能用两个变量之间的简单相关分析来描述，但是在研究的前期经常会先探索研究变量两两之间可能存在的关系。定量变量间的相关分析常用散点图和相关系数等方法，定性变量间的相关分析常用交叉列联分析，对定性变量多种状态间的相互关系常用对应分析方法。

### 1. 定量变量间的相关分析

在市场调查分析中，相关分析与回归分析广泛应用于研究定量变量间的关系。相关分析中两个变量的地位是平等的，而回归分析侧重探寻自变量对因变量的影响。

（1）散点图。在对两个变量进行相关分析之前，可以作散点图（scatter diagram），即以一个变量为横轴，另一个变量为纵轴，每个观测单元根据两个变量的取值为坐标，以点的形式出现在图中。由散点图可以直观地看出变量间的关系形态及联系程度，表 11-2 中公司员工年薪和受教育年限的散点图见图 11-2。

图 11-2 显示公司员工的年薪和受教育年限有正相关关系，即随着受教育年限的增加，员工的年薪也随之增长。此外，两个变量的关系近似表现为一条曲线，即非线性相关。根据变量间关系的走向，相关关系可以分为正相关和负相关；根据变量间关系的形态，相关关系可以分为线性相关和非线性相关。

（2）相关系数。相关系数（coefficient of correlation）是测度变量间关系密切程度的量。对两个变量间线性相关程度的度量称为简单相关系数。样本相关系数的计算公式为：

$$r=\frac{\mathrm{COV}_{xy}}{s_x s_y}=\frac{\sum_{i=1}^{n}(x_i-\overline{x})(y_i-\overline{y})}{\sqrt{\sum_{i=1}^{n}(x_i-\overline{x})^2\sum_{i=1}^{n}(y_i-\overline{y})^2}}$$

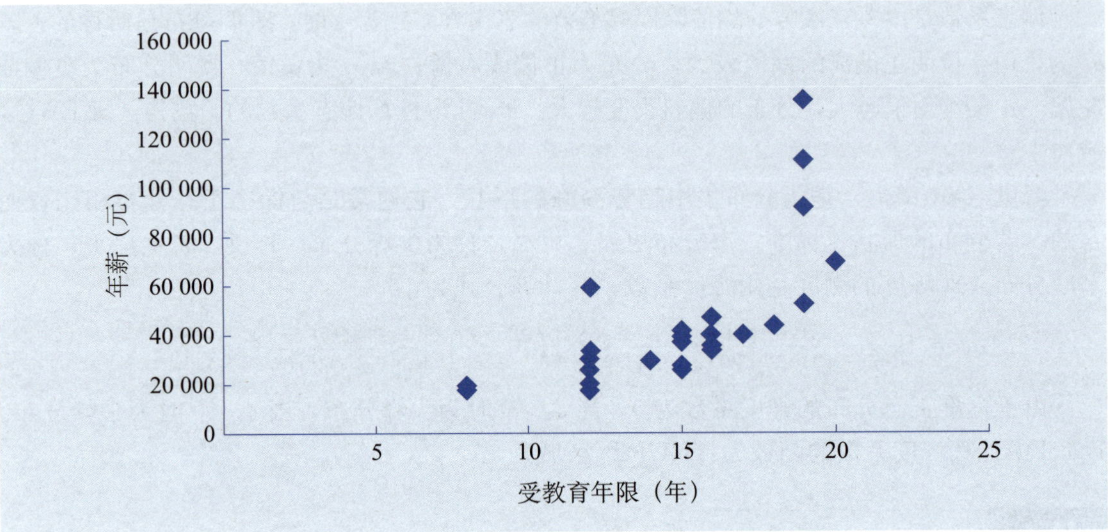


**图 11-2　公司员工年薪和受教育年限的散点图**

式中，$r$ 为相关系数；$COV_{xy}$ 为协方差；$s_x$ 与 $s_y$ 分别为变量 $x$ 和变量 $y$ 的标准差。

Excel 中计算相关系数的函数为 CORREL(区域 1，区域 2)，引用表 11-2 中公司员工年薪和受教育年限的数据，有 CORREL(B2：B31，D2：D31)＝0.695。

相关系数的取值范围在－1～1，即 $-1\leqslant r\leqslant +1$。如果 $0<r\leqslant 1$，表明 $x$ 和 $y$ 正相关；如果 $-1\leqslant r<0$，表明 $x$ 和 $y$ 负相关；如果 $r=0$，表明 $x$ 和 $y$ 之间不存在线性相关关系；若 $|r|=1$，表明 $x$ 和 $y$ 完全相关，$y$ 的取值完全依赖于 $x$。根据经验，可以将 $(-1, +1)$ 之间的 $r$ 分为以下几种情况：若 $|r|\geqslant 0.8$，则认为 $x$ 和 $y$ 高度相关；若 $0.5\leqslant |r|<0.8$，则认为 $x$ 和 $y$ 中度相关；若 $0.3\leqslant |r|<0.5$，则认为 $x$ 和 $y$ 低度相关；若 $|r|<0.3$，则认为 $x$ 和 $y$ 之间的相关程度极弱，可视为不相关。

需要注意的是，在市场调查分析中，如果仅凭 $r$ 的值来解释变量间的关系，有时可能得出不切实际的结论。例如，$r=0$ 只表示 $x$ 和 $y$ 之间不存在线性相关关系，并不是说 $x$ 和 $y$ 之间不存在任何关系，它们之间可能存在非线性关系；$r$ 的大小可能受极端值的影响，不能准确度量变量间的关系，如多数观察值存在线性相关，但个别极端值使数据呈非线性相关；$r$ 所表现的相关程度同样本数据的时间范围有很大关系，在不同时间段，变量间的相关性可能不同；用样本数据计算的 $r$ 带有一定随机性，尤其样本量较少时，可能出现虚假相关。因此，实际应用 $r$ 时，必须对它的显著性进行检验。

此外，可以用斯皮尔曼（Spearman）相关系数 $r_s$ 测定两个定序变量的等级相关程度，其公式为：

$$r_s = 1-\frac{6\sum d_i^2}{n(n^2-1)}$$

式中，$n$ 为划分的等级数；$d_i$ 为两种排序的等级之差。

与简单相关系数 $r$ 类似，$r_s$ 的取值范围在－1～1，即 $-1\leqslant r_s\leqslant 1$。$0<r_s\leqslant 1$，表明两

种排序正相关；$-1 \leqslant r_s < 0$，表明两种排序负相关；$r_s = 0$，表明两种排序之间完全不相关；$|r_s| = 1$，表明两种排序完全相关。

### 2. 定性变量间的相关分析——交叉列联表

交叉列联分析是同时描述两个或两个以上变量联合分布的统计技术。进行交叉列联分析的变量必须是定性变量或离散变量，即有有限个取值，如果取值数量过多则要先进行分组。

以两变量的交叉列联分析为例，研究城镇居民在某地的居住时间与其对当地百货商场的熟悉程度之间的关系，对“居住时间”和“熟悉程度”这两个变量进行交叉列联分析（如表 11－5 所示）。

**表 11－5　居住时间与对百货商场的熟悉程度的交叉列联分析**

| 熟悉程度 | 居住时间 | | | 合计 |
|---|---|---|---|---|
| | 13 年以下 | 13～30 年 | 30 年以上 | |
| 不熟悉 | 45（46.4%） | 34（39.1%） | 55（67.1%） | 134 |
| 熟悉 | 52（53.6%） | 53（60.9%） | 27（32.9%） | 132 |
| 合计 | 97（100.0%） | 87（100.0%） | 82（100.0%） | 266 |

进一步计算出百分比，则可以看得更直观一些。由于两个变量都已交互分层，我们既可以根据行合计计算行百分比，也可以根据列合计计算列百分比。行百分比与列百分比的选择取决于哪个变量是因变量，哪个变量是自变量。一般的规则是，在自变量的方向上，对因变量计算百分比。以表 11－5 为例，居住时间为自变量，对商场的熟悉程度为因变量，因而可以对各居住时间分别计算熟悉程度的百分比。由表 11－5 可见，53.6%的居住时间低于 13 年的人和 60.9%的居住时间在 13～30 年的人都熟悉该商店，而只有 32.9%的居住时间在 30 年以上的人熟悉该商店。看来，同样住在该地区的人，居住时间越长，对购物环境反而越不熟悉。这个结论是有一定道理的，一般地，在一个地方居住很长时间的人相对来说更没有动力去熟悉该商场。

居住时间与对百货商场的熟悉程度之间的联系可能受第三个变量的影响，例如年龄。居住时间越长的人可能年龄越大。尽管分析结果表明年龄在此不是影响因素，但由此可见需要检查第三个因素的影响。

尽管还可以对 3 个以上的变量进行交叉列联分析，但解释起来相当麻烦。而且每增加一个变量，单元格数量要成倍增加，可能导致某些单元格内的回答者太少而没有可信度。一般来说，每个单元格至少要有 5 个观察值才有说服力。因此，对过多的变量不适合采用交叉列联分析法，建议采用对数线性模型方法。另外，应注意，列联表只是检验变量间是否相关，而并非说明变量间的因果关系。

对列联表中变量的相关性还可以用 Cramer's $V$ 统计量进行度量，Cramer's $V$ 是基于卡方统计量修正的相关系数，取值在 0 和 1 之间。Cramer's $V$ 值越大说明变量间的相关性越强。根据经验，Cramer's $V$ 值小于 0.3 表明弱相关，Cramer's $V$ 值在 0.3～0.6 之间表明中等相关，Cramer's $V$ 值大于 0.6 表明强相关。

### 3. 定性变量间的对应分析

对应分析是在交叉列联分析基础上，通过降维方法在更低维度上通过量化的距离描述两个或多个分类变量各水平间的相关性，并用多维图示方法直观反映分类变量之间的相互关系。该方法主要应用在市场、产品定位、计算机工程等领域中。例如，在对住宅市场消费者进行分析时，先将消费者接受的房价与收入水平、学历和年龄等进行交叉列联分析，然后通过对应分析，把品牌、消费者特点以及它们之间的联系同时反映在一个二维或三维的分布图上，比较相似的品牌在图上的分布会更相近，根据消费者与每一品牌之间的距离，就可以判断它们之间关系的密切程度。

图 11-3 显示总价为 50 万元以上的住房与月收入在 6 000 元以上、45 岁以上的人群有联系；总价为 40 万～49 万元的住房与月收入 3 000～3 999 元的人群有密切联系；大学以上学历和月收入 4 000～4 999 元联系密切；年龄为 25～34 岁、35～44 岁的人群和总价为 30 万～39 万元的住房有关系；住房总价低于 20 万元以及 20 万～29 万元与文化程度为高中以下以及大专学历的、年龄小于 25 岁、收入为 2 000～2 999 元的人群有联系。

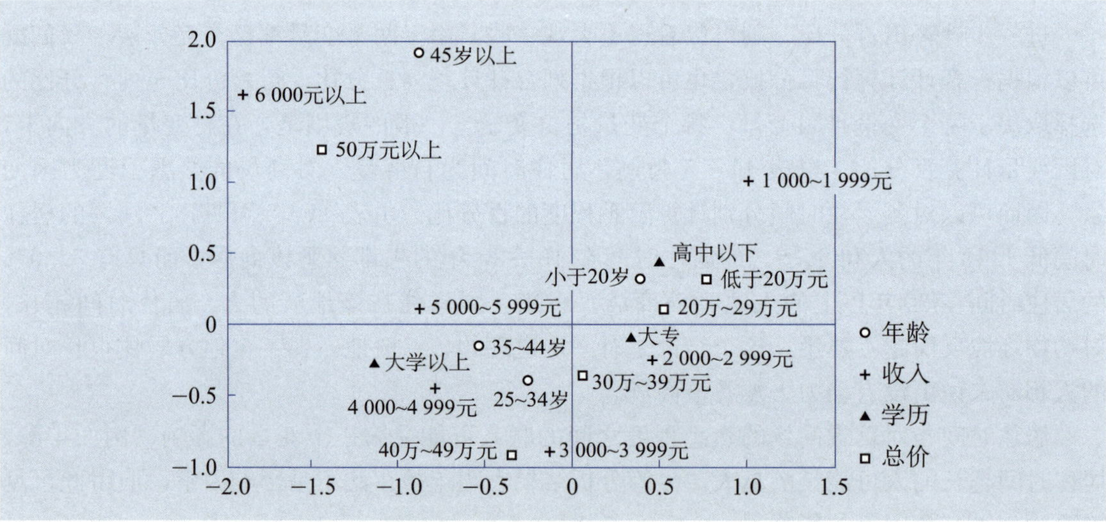


**图 11-3　住房总价与收入、学历和年龄对应分析图**

资料来源：贾士军．住宅市场中消费者行为的实证研究——对应分析与最优尺度分析的运用．中国软科学，2005(7)：153-157.

## 11.3 有监督的统计建模分析

在大数据时代，要从海量、多样、价值密度低的大数据中快速发现隐含在其中的有价值的信息和知识，数据建模方法的研究和应用至关重要。按照数据科学的定义，根据已有的数据集，训练出模型以根据自变量数据得到因变量预测结果的过程称为监督学习。监督学习的数据集中，每个观测单位既有自变量（特征 $x_i$）又有因变量（标签 $y_i$）。因变量是分类变量时，例如根据用户的满意度、财务信息判断用户合约到期后是否会续约，根据发件人、主题、内容等信息判断邮件是不是垃圾邮件，常用的分析方法是分类判别方法，例如逻辑斯特回归、贝叶斯判别、决策树、随机森林、支持向量机等。因变量是定量变量时，例如根据钻石的克拉数、颜色、切工等信息预测价格，根据房屋面积、位置、楼层等信息预测房价，常用的分析方法是回归，即通过自变量确定观测单位因变量的取值。

下面结合市场调研问题对常用的回归分析和判别方法进行简要介绍。

### 11.3.1　回归分析

市场调研中常使用多元回归分析（multiple regression analysis）研究两个及两个以上自变量与一个因变量之间的关系。多元线性回归模型的一般形式为：

$$Y=\beta_0+\beta_1 X_1+\beta_2 X_2+\cdots+\beta_p X_p+\varepsilon$$

式中，$Y$ 是因变量；$X_1$，$X_2$，…，$X_p$ 是自变量；$\beta_0$ 是截距项；$\beta_1$，$\beta_2$，…，$\beta_p$ 是回归系数，表示其他变量不变时，自变量 $X_i$ 变动一个单位引起的因变量 $Y$ 的平均变动。

例如，某广告调研中利用回归分析估计广告的投放效果，得到估计的回归方程为 $\hat{Y}=4\,000+50X_1+100X_2$，其中 $X_1$ 表示广告费支出，$X_2$ 表示广告投放渠道数量。回归分析表明，每增加 1 个单位的广告费支出，销售额相应平均增加 50 单位；每增加 1 个投放渠道，销售额相应平均增加 100 单位。

一般情况下，在使用估计的回归方程之前，需要对模型进行检验。(1) 结合经济理论和经验分析回归系数的经济含义是否合理。(2) 分析估计的模型对数据的拟合效果。决定系数 $R^2$，也称为拟合优度或判定系数，是回归模型所能解释的因变量变化占因变量总变化的比例，取值范围在 0～1 之间，可以测度回归模型对数据的拟合程度。现实应用中 $R^2$ 大多落在 0～1 之间，$R^2$ 越接近于 1，回归模型的拟合效果越好；$R^2$ 越接近于 0，回归模型的拟合效果越差。(3) 对模型进行假设检验。在大样本假定下，回归系数的估计量渐进服从正态分布，可以用 $t$ 检验方法验证自变量 $X$ 对因变量 $Y$ 是否有显著影响，用 $F$ 检验方法验证回归方程是否显著。假设检验的原理是反证法，在原假设（例如 $\beta_1=0$）正确的假定下，基于一次抽样得到该样本或更极端样本的概率（$P$ 值），如果 $P$ 值 $<0.05$，则可以在 0.05 的显著性水平下拒绝原假设（认为自变量 $X_1$ 对因变量 $Y$ 有显著影响，即 $\beta_1\neq 0$）。常见的统计分析软件拟合回归模型时都会给出检验的 $P$ 值，可直接比较 $P$ 值和显著性水平（经常取 0.05），来判断回归模型的自变量对因变量是否有显著影响。

### 11.3.2　判别分析

判别分析（discriminant analysis）是判别样本所属类型的一种多元统计方法，其因变量是分类变量，自变量可以是定性变量，也可以是定量变量。例如，市场调研人员可以通过对调查数据的判别分析，预测产品是畅销、销售一般还是滞销。此外，判别分析还可用于分析某品牌的购买者与非购买者之间的差别；对某新产品有较高购买可能性的客户与有较低购买可能性的客户在人口统计和生活方式上的区别；已经选购不同品牌商品的顾客在使用、感知和态度上有何不同；等等。

判别分析的原理是在已知研究对象分为若干类型（组别）并且取得各种类型的一批已知样品的观测数据基础上，根据某些准则建立起尽可能把属于不同类型的数据区分开来的判别函数，然后用它们来判别未知类型的样品应该属于哪一类。

根据判别的组数，判别分析可以分为两组判别分析多组判别；根据判别函数的形式，判别分析可以分为线性判别和非线性判别；根据判别时处理变量的方法不同，判别分析可以分为逐步判别、序贯判别等；根据判别准则的不同，判别分析有距离判别、Fisher 判别、Bayes 判别等。

判别分析的基本步骤为：

（1）问题的界定。首先要明确研究目标、判别变量与自变量。判别变量必须是分层变量，如果因变量是定距或定比的，可以通过分层转换成分类变量。然后，把样本分为两部分，其中一部分称为分析样本，用于估计判别函数；另一部分称为验证样本，用于检验判别函数的有效性。如果样本容量足够大，可以把样本平分为两部分。先用一部分作分析样本，另一部分作验证样本；然后互换角色，再分析一次。这种方法称为双重交互确认。此外，我们还可以重复多次进行判别分析，当然每一次样本的划分都不相同。这样经过多次实验，可以验证判别分析的有效性。

分析样本和验证样本的分布与总样本的分布应该是一致的。例如，总样本中含有70％的忠实消费者和30％的非忠实消费者，则分析样本与验证样本中也都应该有70％的忠实消费者和30％的非忠实消费者。

（2）估计。一旦分析样本准备完毕，我们就可以估计判别函数系数。根据判别准则的不同，判别方法有多种，下面我们仅介绍常用的距离判别、Fisher 判别和 Bayes 判别的基本思想。

1）距离判别。首先根据已知分类的数据，分别计算各类的重心，即分组均值。判别准则是对于任何观测值，若它与第 $i$ 类的重心距离最近，就认为它来自第 $i$ 类。

2）Fisher 判别。其思想是投影，将 $k$ 组 $p$ 维数据投影到某个方向，使它们的投影组与组之间尽可能分开。它借助方差分析的思想来构造判别函数 $y=c_1x_1+c_2x_2+\cdots+c_px_p$，其中判别系数确定的准则是使组间区别最大，组内离差最小。

3）Bayes 判别。假定对研究对象已有一定的认识，已知各总体的先验分布，判别准则是新样本属于该总体的条件概率最大，有时也使用把新样本归于该总体错判的损失最小的判别准则。

（3）显著性检验。如果估计的判别函数是不显著的，也就是各组的判别函数的均值差异不显著，那么其结论是没有意义的。

(4) 对判别系数进行解释。

(5) 有效性检验。如前所述，数据被随机分为分析样本和验证样本两部分，利用分析样本估计判别系数后，通过验证样本回代的准确率来判断其有效性。

注意，参与构造判别函数的样本个数不宜太少，否则会影响判别函数的有效性。自变量的选择直接影响判别分析的成败，因此选择自变量时一定要慎重筛选出对分类特别重要的变量。此外，构造判别函数的指标不宜太多，否则使用不方便，而且会影响预报的稳定性。

### 11.3.3 方差分析

方差分析，又称变异数分析（analysis of variance，简称 ANOVA）常用于分析两个或两个以上独立样本（来自不同处理组）的均值差异是否显著，也就是分类自变量（被称为因子）和定量因变量之间的关系，被广泛应用于实验数据的分析。

分类自变量的各类别又称为处理，方差分析的基本原理是认为不同处理组的均值间的差别主要来源于不同的处理（即组间差异，用组间离差平方和表示）和个体间的随机差异（即组内差异，用组内离差平方和表示）。方差分析通过分析研究不同来源的变异对总变异（总离差平方和）的贡献大小，用 $F$ 检验推断不同处理组的均值是否存在显著差异，并分析分类自变量对定量因变量的影响大小。

例如，消费者人口背景对企业营销行为的道德感知的方差分析（见表 11-6）显示，在 0.05 的显著性水平下，消费者的性别对企业营销行为的道德感知没有显著差异，但年龄、职业和受教育程度对企业营销行为的道德感知有显著差异。

**表 11-6 企业营销行为的道德感知的方差分析表**

| 因子 | 性别 | | 年龄 | | 职业 | | 收入 | | 受教育程度 | |
|---|---|---|---|---|---|---|---|---|---|---|
| | F | Sig. | F | Sig. | F | Sig. | F | Sig. | F | Sig. |
| 产品信息的真实可靠 | 1.245 | 0.265 | 3.090 | 0.091* | 2.983 | 0.007*** | 1.389 | 0.207 | 6.099 | 0.000*** |
| 价格的公正性 | 0.374 | 0.541 | 5.542 | 0.000*** | 1.443 | 0.195 | 1.419 | 0.194 | 0.991 | 0.422 |
| 高压促销 | 0.794 | 0.373 | 0.768 | 0.547 | 1.478 | 0.183 | 1.037 | 0.403 | 0.639 | 0.670 |
| 社会责任 | 1.930 | 0.165 | 4.382 | 0.002*** | 4.391 | 0.000*** | 0.695 | 0.676 | 5.511 | 0.000*** |

资料来源：甘碧群，曾伏娥．企业营销行为的道德感知与测度：消费者视角．管理世界，2004（7）：86-92.

注：*、**、*** 分别表示在 10%、5%、1%的置信水平下显著。

### 11.3.4 回归分析、判别分析和方差分析的异同

判别分析、回归分析和方差分析这三种方法都涉及一个因变量与多个自变量之间的关系（例如，研究购买人寿保险的数量与年龄和收入的关系），但是不同方法中变量的性质是不同的。在回归分析和方差分析中，因变量是定量变量（例如，购买人寿保险的总额），而在判别分析中，它是分类变量或定序变量（例如，购买人寿保险的数量是高、中还是

低)。在方差分析中，自变量是分类或定序的（如收入被分为高、中和低），而在回归分析与判别分析中，自变量是定量的（如年份与收入额）。

## 11.4 无监督的统计分析——聚类分析和因子分析

无监督学习的数据集中，每个观测单位只有自变量（特征 $x_i$），没有因变量（标签 $y_i$）。无监督学习的主要任务是探索数据之间的内在联系和结构。无监督学习中有两大类典型任务：聚类和降维。聚类就是把一组数据按照差异性和相似性分为几个类别，使得同类的数据相似性尽量大，不同类的数据相似性尽可能小，跨类的数据关联性尽可能低。聚类分析常用于客户细分、文本归类、结构分组、行为跟踪等问题。与分类不同，聚类要划分的类是未知的，聚类是根据观察学习来确定数据之间的关系，因此是一种无监督学习。常用的聚类方法包括基于划分的方法（例如 $k$ 均值聚类算法）、基于分层的方法、基于密度的方法、基于网格的方法和基于模型的方法。降维，即在不损失过多信息的前提下，将 $N$ 个相关的特征降为 $k$ 个不相关的特征（其中 $k<N$），使其具有更好的解释性，因此降维也称为特征提取。例如，根据客户的能力、品格、担保、资本、环境等特征评价客户的信用等级。常用的降维方法包括主成分分析法、因子分析法等。

### 11.4.1 聚类分析

聚类分析（cluster analysis）是指依据某种准则对个体（样品或变量）进行分类的一种多元统计分析方法。在市场研究中，聚类分析常用于以下方面。

（1）市场细分。例如，根据消费者购买某产品的目的将消费者分类，这样每个类别内的消费者在购买目的方面是相似的。

（2）了解购买行为。聚类分析可以将购买者分类，这样有助于分别研究各类购买行为。

（3）开发新产品。对产品与品牌进行聚类分析，把它们分为不同类别的竞争对手。同一类别的品牌比其他类的品牌更具竞争性。公司可以通过比较现有竞争对手，明确新产品的潜在机遇。

（4）选择实验性市场。通过把不同城市分类，选择具有可比性的城市检验不同营销策略的效果。

（5）简化数据。

#### 1. 聚类分析的基本原理

聚类分析方法多种多样，有系统聚类法、样品聚类法、动态聚类法、模糊聚类法、图论聚类法以及聚类预报法等。下面简单介绍最常用的系统聚类法的基本原理。

首先，对要进行聚类的样品或变量，定义一种能够反映它们之间亲疏程度的量。

常用的方法有两个：距离和相似系数。距离常用来对样品进行分类，它把样本中的

每个样品看成 $p$ 维空间的一个点，并定义距离，距离较近的点归为一类，距离较远的点归为不同类。相似系数常用来对变量进行分类，性质越相近的变量，相似系数的绝对值越接近 1，反之越接近 0。将相似系数较大的变量归为一类，相似系数较小的变量归为不同类。

其次，以这些量为聚类的依据，将一些相似程度较大的个体聚合为一类，另一些彼此之间相似程度较大的个体聚合为另一类……最终将关系密切的聚合到一个小的分类单位，关系疏远的聚合到一个大的分类单位，直到将所有的个体都聚合完毕，形成一个由小到大的分类系统。

最后，将所有个体都聚合完毕后，把聚类过程画成一幅图表示出来（聚类图或谱系图），以直观表现各个体之间的亲疏关系。

### 2. 聚类分析的基本步骤

（1）确定问题。其中最重要的部分就是选取变量，一般说来，选择的变量应能描述对象在所研究问题方面的相似性。变量的选择应建立在以往的研究、理论与假设基础之上。

（2）选择距离或相似系数的测度。距离的类型有多种，目前使用最多的是欧氏距离或欧式距离的平方。使用不同的距离测度，可能导致不同的聚类结果。因此，可以使用不同的距离，再比较其结果。

（3）选择聚类方法。由于类与类之间定义距离的方法不同，系统聚类法也有多种。例如最短距离法、最长距离法、中间距离法、重心法、类平均法、可变类平均法、可变法、离差平方和法等。选用不同的聚类方法，结果可能不完全相同。

（4）确定类别个数。对于类别个数的确定，并没有硬性的规定，可以参照理论、概念或实践上的考虑。在系统聚类法中可以类间距离为分类标准，而且应保证类别内个体的个数有一定意义。

（5）描述与解释各个类别。检验各类在各变量上的均值（可以借助判别分析），为各个类别命名。有时也可以使用并没有参加聚类的变量对类别进行解释，可以通过方差分析与判别分析确定这些变量在不同类间是否显著不同。

（6）评价聚类的有效性与准确性。在接受聚类结果之前，必须对它的有效性与准确性进行检验。正式的评估方法非常复杂，我们可通过以下方法检查聚类结果的质量：

1）使用不同的距离测度或不同的聚类方法对同样的数据进行聚类分析，比较结果来看其稳定性。

2）把数据随机分为两组，分别对其进行聚类分析，比较其结果。

3）随机剔除一些变量，再进行聚类分析，将其结果与原结果进行比较。

### 3. 聚类分析的案例

例如，要对消费者购物态度进行分类，在前期研究的基础上，确定 6 个态度变量。每个消费者要对有关购物态度的6个观点进行评价（采用7级量表，1表示非常不同意，7表示非常同意）（见表11-7）。

**表11-7 某消费者调查的消费者购物态度**

| 态度变量 | 描述 |
|---|---|
| $V_1$ | 购物很有趣。 |
| $V_2$ | 购物不利于我的预算。 |
| $V_3$ | 购物总是与去饭店吃饭联系在一起。 |
| $V_4$ | 购物时我尽量买得最好。 |
| $V_5$ | 我对购物不感兴趣。 |
| $V_6$ | 购物时多比较价格可以节省很多钱。 |

采用欧氏距离平方作为距离测度，选用离差平方和聚类方法（Ward法），样本数据聚类结果见表11-8和图11-4。

**表11-8 聚类的结果**

| 类别号 | 样本号 |
|---|---|
| 1 | 1，3，6，7，8，12，15，17 |
| 2 | 2，5，9，11，13，20 |
| 3 | 4，10，14，16，18，19 |

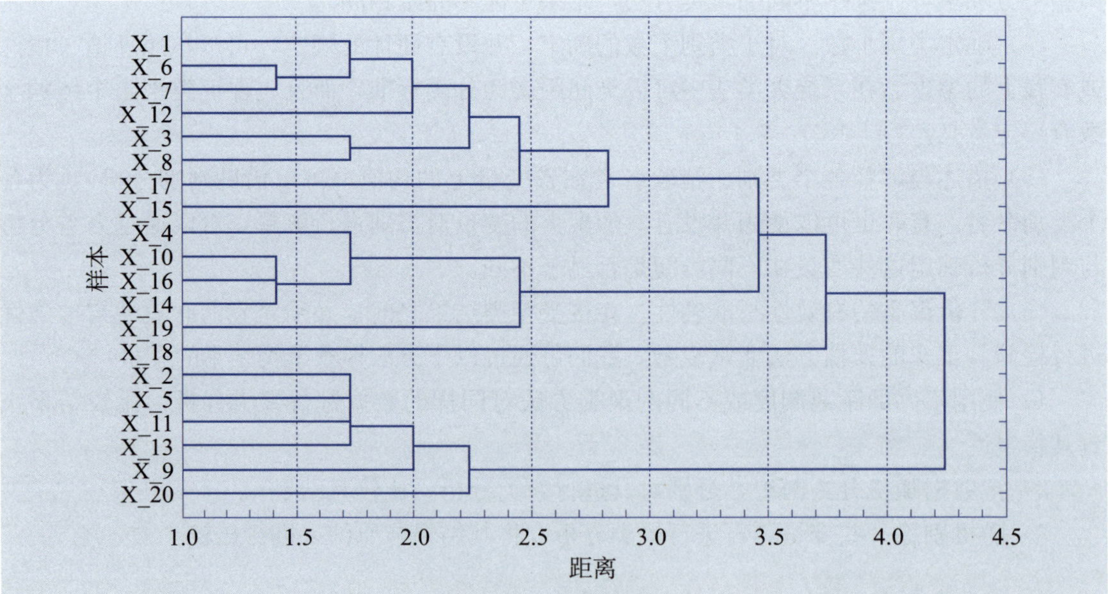


**图11-4 聚类图**

比较各类消费者对 6 个态度变量的评价，如图 11－5 所示。

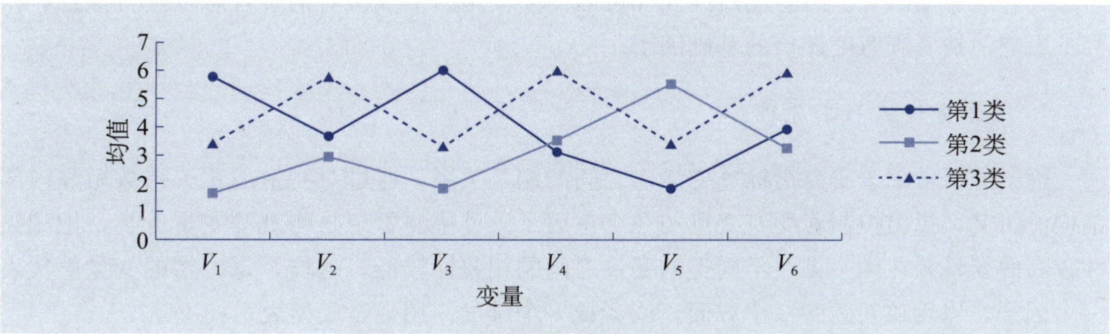


**图 11－5 各类消费者对态度变量的评价**

第 1 类消费者对于 $V_1$ 和 $V_3$ 的评价相对较高，而对 $V_5$ 评价较低，因此可以称为“热情的购物者”。

第 2 类消费者正好与第 1 类相反，对于 $V_1$ 和 $V_3$ 的评价相对较低，而对 $V_5$ 评价较高，因此可以称为“冷淡的购物者”。

第 3 类消费者对于 $V_2$，$V_4$ 和 $V_6$ 的评价相对较高，因此可以称为“经济型购物者”。

值得指出的是，将聚类分析与其他方法联合起来使用往往效果更好，比如，聚类分析常常与因子分析一起综合运用，可有效地解决多变量的统计分析问题。

### 11.4.2 因子分析

因子分析（factor analysis）的目的是使数据简单化，它是将具有错综复杂关系的变量综合为数量较少的几个因子，以再现原始变量与因子之间的相互关系，同时根据不同因子，对变量进行分类。这些因子是不可观测的潜在变量，而原先的变量是可观测的显在变量。因子分析在市场调查中的常见应用有：

（1）消费者使用习惯和态度研究。因子分析可用于探查影响消费者对于产品态度的基本因子，在此基础上利用各因子进行聚类分析对消费者群进行细分，从而达到市场细分的目的。例如，根据因子分析，不同购买者对汽车的经济、便利、功效、舒适与豪华程度的要求不同，从而把汽车购买者分为追求经济型、追求便利型、追求功效型、追求舒适型和追求豪华型等。

（2）产品研究。在产品研究中，经常涉及品牌形象和产品属性，因子分析在品牌形象和特性研究中作用重大。例如顾客是如何评价银行的呢？对有关银行特性的变量的因子分析结果表明，传统服务（包括贷款利率、社会声望等）、方便性（包括服务速度、ATM 机的位置等）、可见度（包括亲友推荐、社会活动的参与度等）以及能力（包括雇员能力、辅助服务可得性等）是评价银行时所使用的四个评价因子。

（3）广告研究。在广告研究中，因子分析可帮助认识目标市场接触媒体的习惯。

（4）价格研究。在价格研究中，因子分析可用于寻找价格敏感型消费者的特征。例如，这些消费者可能属于办事有条理、注重经济、以家庭为中心的人。

（5）满意度研究。满意度研究同样可能需要使用因子分析对消费者态度进行探查，以寻求影响消费者满意度评价的基础因子。

### 1. 因子分析的基本原理

因子分析常用于研究指标（变量）之间的相互关系，通过对变量的相关系数矩阵内部结构的研究，找出控制着所有变量的几个主因子。其主要思想是将观测变量分类，把相关性较高的变量分在同一类，不同类的变量之间的相关性较低。这样，每一类的变量就代表一个因子，以反映问题的一个方面，或者说一个维度。用数学模型表示如下：

$$x_i=a_{i1}F_1+a_{i2}F_2+a_{i3}F_3+\cdots+a_{im}F_m+a_i\varepsilon_i,\quad i=1,2,\cdots,p$$

从形式上看，上述模型与回归模型比较相近，但参数的意义与自变量的性质都不一样。式中的参数 $\alpha_{i1}$，$\alpha_{i2}$，…，$\alpha_{im}$ 称为因子载荷系数，其意义就是第 $i$ 个观测变量与第 $j$ 个公共因子的相关系数，即 $x_i$ 依赖 $F_j$ 的比重。自变量 $F_1$，$F_2$，…，$F_m$ 称为公共因子或潜因子，是不可观测的潜在变量。而且 $F_1$，$F_2$，…，$F_m$ 之间是不相关的。通过以上模型，以因子 $F$ 代替原变量 $X$，由于 $m<p$，因而可以简化变量。

### 2. 因子分析的基本步骤

（1）问题的界定。首先要明确研究目标，必须在前期研究、理论与研究者判断的基础之上，选择参加因子分析的变量，而且这些变量必须是定距或定比变量。要保证一定的样本容量，一般观测值至少应是变量个数的4～5倍以上。

（2）建立相关系数矩阵，检查变量之间的相关性。如果变量之间的相关系数都很小，可能不适合进行因子分析。我们期望变量间强相关，这样它们也会与相同的因子强相关。

（3）选择因子分析的方法。抽取因子的方法较多，主要有主成分法、主因子法、最大似然法、未加权的最小二乘法、一般的加权最小二乘法、印象因子分析法、$\alpha$ 因子分析法、最小残差法、典型极大似然法等。据研究，在样本容量很大，变量数也较大（大于30），并且所有变量都没有低共同度（大于等于0.4）的情况下，不同方法的结果都大致相同。如果样本容量超过1 500，则极大似然法给出的因子载荷估计最精确。

（4）确定因子个数。因子个数可以根据以往的经验、变量共同度、方差贡献度以及显著性检验等来确定。因子分析的主要目的是用少数几个公共因子来阐释数据的基本结构。这既要求因子的数目减少，同时又要求所选取的因子尽可能多地保留原来变量的信息，因此因子数目的选取也就比较讲究。

变量 $x_i$ 的共同度即为因子载荷矩阵中第 $i$ 行元素的平方和。用 $h_i^2$ 表示：

$$h_i^2=\sum_{j=1}^{m}a_{ij}^2,\quad i=1,2,\cdots,p$$

共同度表明全部公共因子对变量 $x_i$ 的总方差所做的贡献，即全部因子反映原始变量信息的百分比。$h_i^2$ 越接近1，说明该变量的几乎全部原始信息都被所选取的公共因子说明了，即保留原来的信息越多。对共同度与提取的因子个数作散点图，有助于选择因子个数。

公共因子的方差贡献 $S_j$ 表示因子 $F_j$ 对各变量所提供的方差贡献之总和，是衡量公共因子相对重要性的指标。

$$S_j = \sum_{i=1}^{p} a_{ij}^2, \quad j = 1,2,\cdots, m$$

不同的问题对因子方差贡献的要求可能不同，但一般都要求所提取的公共因子的方差贡献应在 60%以上。

(5) 因子载荷矩阵的旋转。得到初始因子载荷矩阵后，尽管它也反映因子与观测变量之间的关系，但是由于它所形成的因子与很多变量相关，很难对因子做出解释。因此需要对因子载荷矩阵进行旋转，在不影响共同度和全部所能解释的方差比例的条件下，使某些变量在某个因子上的载荷较高，而在其他因子上的载荷则显著地低，从而易于解释每个因子所代表的实际意义。因子载荷矩阵旋转方法很多，最常用的是"方差最大正交旋转"(varimax procedure)，即通过正交变换，使得各个因子负荷的方差达到最大，同时保持因子之间的不相关性。

(6) 因子的解释。通过在因子上载荷较大的变量，对其进行解释。

(7) 计算因子得分。因子分析的数学模型是将变量（样品）表示为公共因子的线性组合，由于公共因子能充分反映原始变量的相关关系，用公共因子代替原变量，有时更有利于描述研究对象的特征，因此经常需要反过来将公共因子表示为观测变量（样品）的线性组合，即把因子表示为：

$$F_j = b_{j1}x_1 + b_{j2}x_2 + \cdots + b_{jp}x_p, \quad j=1, 2, \cdots, m$$

这样就可以计算公共因子得分，从而可以在公共因子的空间中，按照各个变量（样品）的因子得分标出其对应的位置，借助因子得分对变量（样品）进行解释。估计因子得分的方法很多，如加权最小二乘法、回归法等，其中常用的是回归法。

因子得分可以用来代替原来的变量用于后续的统计分析。由于消除了相关性，为后续统计分析方法的应用提供了较大便利。

市场细分案例

满意度调查案例

## 小　结

围绕不同的调查目的，针对不同类型的市场调查数据，适用的统计分析方法是不同的。根据研究目的的不同，统计分析可分为描述统计分析和推论统计分析。前者着重于对数量水平或其他特征的描述，但不具有推断性质；后者主要用于通过对样本的研究推断总体，其结果不仅可用于描述数量关系，还可以推断总体，进行预测。

在数据科学中将数据建模方法分为监督学习和无监督学习两类。监督学习是在区分因变量和自变量条件下的建模，通过探索数据和建立模型来实现从自变量到因变量的有效解释和预测。无监督学习的主要任务是探索数据之间的内在联系和结构，没有明确的因变量和自变量划分。本章结合实际案例重点介绍了市场调查中常用的监督学习的回归分析、判别分析和方差分析，无监督学习的聚类分析和因子分析。

## 思考题

1. 市场调查中常见的数据类型有哪些？举例简述其区别。
2. 比较均值、中位数和众数的异同。
3. 某班学生共 20 人，其中男女生各 10 人，其统计学考试成绩见下表：

| | | | | | | | | | | |
|---|---|---|---|---|---|---|---|---|---|---|
| 女生 | 87 | 81 | 96 | 93 | 85 | 12 | 100 | 45 | 50 | 81 |
| 男生 | 76 | 66 | 60 | 71 | 78 | 86 | 71 | 64 | 92 | 66 |

(1) 将该班考试成绩数据分组，分为优、良、中、及格和不及格，编制频数分布表。
(2) 编制学生性别和考试成绩等级的交叉列联表。
(3) 综合运用所学统计分析方法，定量分析该班统计学考试成绩情况。

4. 给定时期内价格和需求量的观察数据如下表所示：

| | | | | | | | | | | |
|---|---|---|---|---|---|---|---|---|---|---|
| 价格 $x$（元） | 10 | 6 | 8 | 9 | 12 | 11 | 9 | 10 | 12 | 7 |
| 需求量 $y$（吨） | 60 | 72 | 70 | 56 | 55 | 57 | 57 | 53 | 54 | 70 |

(1) 分析价格和需求量之前的相关关系。
(2) 尝试建立 $y$ 对 $x$ 的线性回归模型，对模型进行估计和检验。

5. 结合聚类分析和因子分析的原理，分析这两种方法在市场调研中的应用。
6. 结合案例简述回归分析、方差分析和判别分析的联系和差异。

# 第12章 定性调查资料的整理和分析

## 学习目标

1. 掌握调查执行阶段的现场笔记和执行小结
2. 学习如何进行资料整理
3. 理解数据融合的作用
4. 熟练掌握几种定性分析情形下的原则和做法

定性调查资料的分析包括操作性质的资料整理和分类，也包含观点洞察的思考和提炼。定性调查资料分析的各过程阶段不是彼此孤立的，而是从调查开始阶段即需要构想最终分析所实现的目标，并体现在讨论大纲的内容上；在调查执行的过程中随时进行资料的收集和分析，必要时进行调查执行内容和方式的调整；而当调查执行完成后，就可以更完整地汇总和整理资料，思考并整合结果。

与定量调查资料分析中常见的统计分析方法不同，定性调查资料分析并不存在标准化的方法，尤其是对于商业市场调查来说。定性调查所采用的具体执行方法的不同（如小组座谈会还是民族志）、调查要解决的商业问题领域的不同（如消费者 U&A 研究还是品牌定位研究）、一些特别范式或方法的运用（如应用符号学进行解码分析）等，均可能带来定性调查资料分析所采用的方法和角度的差别。因此，本章旨在提出指导方针式的步骤建议和一般性原则。

另外，有必要预先提醒的是，除了上述可能影响定性调查资料分析的因素外，定性调查分析人员自身的学术背景、所受训练、学习和思考方式和风格等，也是影响定性调查资料分析的重要部分——这也是定性分析人员对定性调查至关重要的原因之一。因此，进行定性调查资料分析时我们需要谨记：保持开放的思维，不要过早下结论，避免将自己的想法和思考强加在资料之上，以及不要将资料硬套在一种理论或模型上。这些原则可以令我们在进行定性调查资料分析时，尽力避免自身所带来的分析偏差。

## 12.1 设计和执行阶段的前置分析

秉承以终为始的原则，对定性调查资料的分析应当始于设计阶段。在第 9 章定性调查的执行阶段就已经强调过，设计讨论大纲应紧密围绕定性调查的最终研究目标，也是定性调查资料分析的最终目标来进行。设计讨论大纲后，就可以对最终的资料分析所能覆盖的维度和深度进行思考和假设，并根据假设来判断讨论大纲是否需要进行调整。在设计阶段对研究目标的思考，在一定程度上决定了定性分析的质量和深度。

而到了定性调查的执行阶段，也就是收集定性调查资料的过程，就开始了执行和分析的重叠并行。执行过程中对收集到的资料进行持续深入的思考，根据思考对讨论大纲进行调整，进一步收集更多的资料，如此循环迭代，既是收集资料的过程，也是对资料进行分析的发展过程——初步的假设会被验真或证伪，新的一些资料会带来新的想法，而有些洞察就在收集资料的过程中阐发出来。

在执行阶段，定性调查人员需要时刻保持注意力的高度聚焦，现场的每一分钟无论对受访者的访问和挖掘还是对后期的分析都至关重要；此外，要时刻保持分析的敏感性，不要令定性分析和现场执行脱节。需要对以下两种分析工具给予足够的重视，它们是资料整理和分析的基础工具。

### 1. 记录现场笔记

尽管定性调查的现场执行都会有对应的完整录音（甚至视频），以及根据录音转化的文本式笔录——这些内容通常会在定性调查执行后的 1～3 天内就可以完备提供了。但定性调查人员在执行现场记录受访者的关键回答，以及自己的想法、抓取到的关键洞察，甚至是预料之外的一些细节发现，都对后期定性调查资料的分析有巨大帮助。做到如下三点的现场笔记会更有价值：一是按主题进行记录，即遵从讨论大纲的顺序和维度进行对应的笔记记录，结构会更清晰，重点也会更突出；二是全面，尽管记录的是关键回答，但不要在此阶段进行过多归总，尽量把可能对后期分析有帮助的关键内容全面记录下来；三是及时，每场次执行的信息量都比较大，场次之间的间隔也都不会太长，有时在其中一个场次中头脑里出现的好的想法，随着下一个场次的开展就被遗忘了，因此及时进行记录非常重要。

### 2. 执行中及时进行总结

无须等到所有调查执行都结束才开始总结的工作，每个执行城市的结束甚至每个场次的结束都可以进行总结，通常称为执行小结。执行小结与现场记录的笔记不同，是对定性调查资料的初步分析，即对现场记录的笔记进行加工，针对每个主题或维度初步提炼出核心观点和洞察；同时需要回视和挑战之前的研究假设，考虑什么问题需要更深入地探索和挖掘、是否有新增的调查领域等。执行小结是后续定性分析的重要基础，这部分的缺失或薄弱，会令后续分析存在遗漏要点的可能，甚至面对庞杂的资料无从下手、举步维艰。经验成熟的定性调查人员会在现场笔记中将自己的观点和洞察随手记录下来，这样在撰写执行小结时就会更全面、更容易整理。

图 12 - 1 展示了某房产经纪品牌定位研究的现场笔记，为购房客户对于购房目的和态度的记录。

北京组 1

— 男生成家立业，觉得自己独立生活了；自己有一套房产算个人固定资产了，早出晚归不会影响父母休息，更加自由了
— 办完婚礼换的房，接丈母娘一起住，房本上是我爸的名字，但这也是我的房，媳妇的平房租出去，加上公积金还贷压力也不大，没有给生活增加负担，上下班更方便了
— 买完房觉得没有差别，公积金基本可以覆盖，没有什么压力
— 贷款比较少，每月自己添 6 000 元
— 以前和老人生活节奏不一致，住一块与亲爸亲妈都有摩擦，分开住更自由；和爷爷奶奶代沟大，点外卖会被说，和男朋友吵架奶奶会掺和进来火更大了
— 分开住可以更好地享受二人世界

北京组 2

— 大学毕业四年了，租房一直在换地方，有合租也有自己租，有很多突发状况，因室友不讲卫生我想搬走，但又觉得独居不安全，想要有一个固定的住所，买房之后幸福指数更高了
— 之前和父母住，30 多岁了想独立生活，包括以后结婚，自己先有一套房子更方便
— 自己住了一阵，新房子交通更方便，可以走着上班
— 自己的房子想怎么折腾就怎么折腾，租的房子却不行，生活品质提高了
— 跟父母住要求多，不自由，朋友去家里玩很麻烦，现在就很自由、很洒脱

北京组 3

— 孩子上幼儿园后考虑上小学才买的，提前了 3 年换房，最早是住在××，然后在海淀区买了学区房。也是三四年前筹备这件事。之前的房子早就卖了，过几年可以再换一套
— 在通州区买的房子，孩子上幼儿园，周边的环境和人不太行，就想转学，找学区房，买了北京工业大学旁边的学区房，小学中学都能上。以前的房子没有卖
— 这不是我家的第一套房，在丰台区有一套房子，周末度假时使用，这边就是地方小一些，为孩子上学购买的
— 我们以前在大兴区住，为孩子在西城区上学购买学区房，这周边基本都是老小区，因为不喜欢塔楼，选了一个相对好一些的房子
— 前两年和爷爷奶奶一起住，后来一方面为了学区，另一方面为自己上班能近一些，选了一个双方父母家中间的位置，在东直门附近买了房子

北京组 4

— 孩子大了想给孩子单独的空间，房子还是在附近，只是要扩大面积
— 家里有房，想离父亲近一点，改善小区环境换个大的，孩子也大了，不方便
— 换个面积大、离单位近的房子
— 改善住房，换个更大的
— 之前住父母的房子，后来就自己买了一套，之前和父母住，自己的需求与老人有冲突，还是要自己住更方便

**图 12 - 1 现场笔记截图**

图 12 - 1 中的现场笔记在执行小结中所对应的内容如下：

购房动机与态度：

— 首次置业——主要是为自己生活品质提升、养家实力的体现。

■ 获得独立生活空间，减少与长辈间代沟导致的摩擦是购房的最主要动机，包括单身用户脱离父母约束能更自由地掌握作息节奏/在家社交，新婚用户不和长辈同住减少矛盾，因此购置房产会让自己觉得更自由。“和爷爷奶奶代沟大，点外卖会被说，和男朋友吵架奶奶掺和进来火更大了”（首次置业，婚房），“跟父母住要求多，不自由，朋友去家里玩很麻烦，现在就很自由、很洒脱”（首次置业）。

■ 获得稳定的住所、减少通勤时间、不受约束地装修新家也是置业的重要动机，拥有一套自己的房子能避免频繁搬家、长途通勤、被房东限制，极大限度地提升生活品质和幸福感。“大学毕业四年了，租房一直在换地方，有合租也有自己租，有很多突发状况，因室友不讲卫生我想搬走，但又觉得独居不安全，想要有一个固定的住所，买房之后幸福指数更高了”（首次置业）。

■ 受中国传统的“有房才有家”观念影响，男性还认为购置婚房是个人有养家实力的体现，迈出成家立业的第一步，“自己有一套房产算个人固定资产了”（首次置业，婚房）。

— 孩子上学——主要是为孩子上学，兼顾工作和老人。

■ 获得更好的教育资源或更方便地接送孩子上下学是孩子上学组购置学区房的重要动机，但随着政策变动（双减政策、学区调整等）购房时其他因素考虑也更多——有孩家庭处于上有老下有小、肩负生活重担的阶段，购房要兼顾与公司、与老人的距离。“选了一个双方父母家中间的位置”（孩子上学）。

■ 因为孩子上学的阶段性特点，为孩子上学购房的人群整体对房子居住条件要求不高，有个地方挂学籍就行“过几年可以再换一套”。

— 改善住房——主要是为孩子提供独立生活空间，其次是为提升自己的生活品质（上班近、生活不闹心）。

■ 改善住房主要是因为孩子长大需要独立的空间，其次离公司远、与老一辈生活有摩擦也是换房的主要原因。“换个面积大、离单位近的房子”（改善住房）。

## 12.2 执行结束后的资料整理

在所有执行结束后，定性调查人员面对的是多种形式的丰富的资料——现场录音转换的逐字稿笔录，每位参与到执行现场的调查人员所记录的现场笔记，现场如果涉及一些投射技巧的运用或者家访、生活志等特殊的访问形式还会有大量的照片和视频，多份执行小结等。这时首先要保证资料的完备性，这是后续进行整理的基础保证。

保证资料完备后，就需要对资料进行结构化的整理。需要注意的是，尽管执行中的小结已经对观点和洞察进行了提炼，但在资料整理时不能仅以小结为基础，而是要回到更完备的现场笔记和现场图片中来。执行小结的总结和提炼可以为后续思考提供参考，但若仅以小结作为资料整理的基础，有可能遗漏大量有价值的细节；而且小结是在执行过程当中针对部分调查执行所做的总结，存在偏差的可能性，也无法站在更全局的角度得出结论。因此，执行结束后将现场记录的笔记、拍摄的图片等原始资料，按照讨论大纲以及后续调整新增的主题和维度进行整理，形成结构化的梳理后，资料的整理才得以完成，这一步也被称作内容分析（content analysis）。

定性研究中的内容分析示例

## 12.3 进一步的数据融合

以执行后对资料的结构化梳理，即内容分析作为基础，并将执行过程中及时的总结即执行小结作为观点参考，就可以进行数据融合（data merge）了。

之所以前期是对“资料”的整理，到了这一步是对“数据”的融合，是因为只有对调查项目有针对性的、有价值的信息才能被称为“数据”，而“数据”并不仅限于量化的数字，定性调查中观点类的文字加工后也可以称为“数据”。

数据融合就是指将定性调查执行人员各方的观点进行融合汇总、充分讨论，形成针对该定性调查项目的观点共识。这一步之所以重要，是因为一方面每位定性调查执行人员都对调查项目最终的产出至关重要，因此需要充分汇总每位参与者在实地调查和资料整理中所发现的数据、获取相对全貌的发现；另一方面，如本章开篇所述，每位定性调查人员都会存在个人特点带来的视角偏差，在汇总数据的过程中，通过开放、充分的讨论，回顾定性调查项目的最初目标，共同梳理后期分析的框架，对每个人提出的观点进行理解，甚至相互挑战，是形成一份以终为始、高质量的定性调查报告的必要环节。

数据融合这一阶段最终的输出结果即为该次定性调查项目的主题和概括性观点，其具备合理清晰的分析结构，具体呈现上没有太大的限制。图 12－2 是以思维导图为呈现形式的数据融合输出示例。

## 12.4 扎根理论和定性分析要点

经过上述内容分析和数据融合阶段后，就可以进行最终的定性调查资料分析了。扎根理论（grounded theory）是定性调查资料分析中适用性最强的方法之一，它是 1967 年美国学者格拉塞（Barney G. Glaser）和斯特劳斯（Anselm Strauss）在专著《扎根理论的发现：质化研究策略》（*The discovery of grounded theory：strategies for qualitative research*）中提出的，是一种在定性主导的研究中引入定量研究手段的方法，即资料收集方法基本上都是经典的质化研究方法，但在资料分析阶段，采用类似高度“系统化程序”，包括记录、分析、编码、摘记和报告撰写等一系列科学化的步骤。

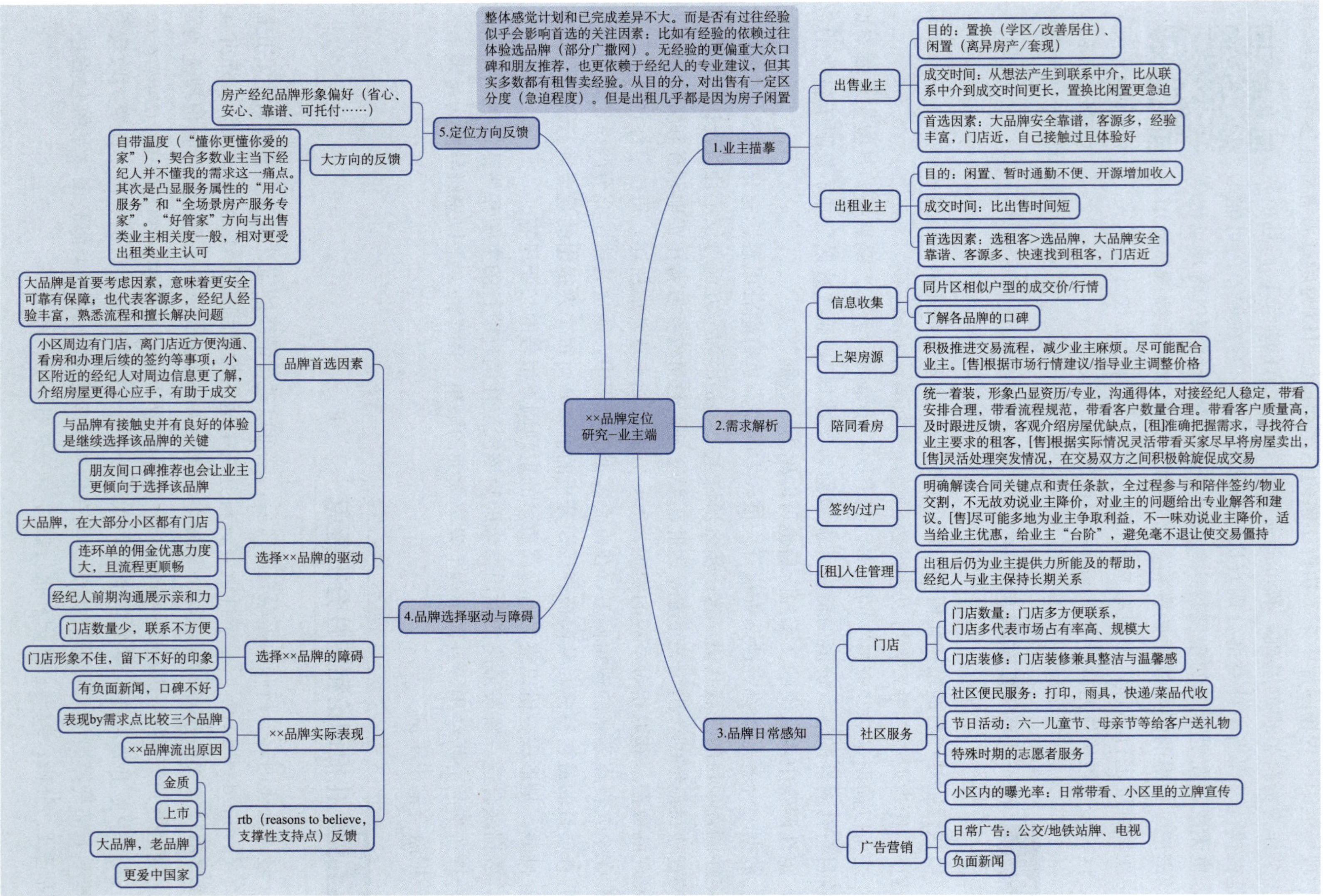


图12–2 以思维导图为呈现形式的数据融合输出示例

与定性调查资料分析关系最为密切的是扎根理论中对资料进行逐级编码这一核心环节，也是扎根理论中量化特征最显著的环节，也被称为三级编码分析：开放式编码（open coding）、轴心式编码（axial coding）与选择式编码（selective coding）。

### 1. 开放式编码

开放式编码是经由密集地检测资料来对现象加以命名与归类的过程，不仅要将收集的资料打散，赋予概念，而且要以新的方式重新组合。

在具体操作中先设置一个主题，同时将最初的代码或标签分配到资料中，从而将大量零散混杂的资料转变为不同的类别。研究人员要仔细阅读所得资料，给分析主体一个初步的概念或标签，即编码。在这一过程中可以不受约束创造新的概念或标签，也可以在随后的分析中改变原来的编码。开放式编码的结果是一张根据丰富零散的资料抽象概括得到的概念名单。

### 2. 轴心式编码

轴心式编码是扎根理论逐级编码过程的中间阶段，目的在于发现、建立主要概念类属与次要概念类属之间的各种有机联系，从而将分散的资料以新的方式重新组织起来。

在这一步更为注重的是在开放式编码完成之后得到的概念名单，而不是原始资料，即研究人员头脑中带着初步的编码主题去阅读资料。过程中研究人员可能会产生新的观点和想法，可能会添加新的编码，并在分析过程中不断将各种概念组织和识别出来，作为轴心的关键概念。

### 3. 选择式编码

选择式编码指的是在所有已发现的概念归类中选择一个核心概念类别，通过不断分析把与之相关的次要概念类别集中起来，以系统地说明和验证主要概念类别与次要概念类别之间的关系，并填充未来需要完善或发展的概念类别的过程。

在这一步，研究者已经识别出了研究课题中最重要的、可以统领其他一些相关主题的核心主题，并围绕这个核心主题来组织研究的总体分析，将所有的研究结果统一在这个核心主题的范围之内。

经过这样的三级编码分析，将定性调查资料与概念进行多次比较和抽象，就可以建立联系、构建整合性结论了。

了解了扎根理论的原理后，我们就定性调查资料分析可能会涉及的几种主要情形，来了解每种情形对应的分析步骤和要点，从而将定性分析做到完善和深入。

情形 1：关键元素分组，形成维度和方向。指的是对于某个概括性主题下的所有定性分析素材（相比整个项目的庞杂素材来说，这里讲到的是某个主题下的素材，不会过长或过于复杂），将其中相似的内容进行分类/分组。先向上拔高一层即可，此时不需要向上抽象太多层级。比如，如果面对的素材是梨、苹果、草莓、桃子、月季、玫瑰、百合，那么合并后的结果就是“水果”“鲜花”两个类别。分类/分组需要符合 MECE（mutually exclusive，collectively exhaustive）原则，即分类/分组后各方向之间相互独立，没有重叠；所有分类/分组汇总后对分析对象完全穷尽，没有遗漏。然后将分类/分组后的关键元素合并同类项，整理成数个维度/方向。

情形 2：梳理多项内容之间的逻辑关系。根据具体内容的不同，可以采用的梳理逻辑包括按照重要程度的顺序、时间或步骤顺序、既有结构顺序等方式，比如定性调查中常见的需求分析，多数会按照需求程度的高低或重要与否进行排序；用户决策流程的内容则会按照认知→兴趣→探索评估→购买→推荐的顺序，这属于按照步骤顺序；既有结构通常与研究主题高度相关，比如采用著名的 4P 或 6P 理论模型对营销主题进行分析就属于既有结构顺序。

情形 3：采用归纳法/演绎法进行观点提炼。定性调查资料涉及的细节，即便经过归类和逻辑关系的梳理，也需要进一步针对细节内容，在每个维度/方向下提炼观点。

归纳和演绎均为分析研究中常见的思维和推理方式。人类的认知活动和思考方式，包括接触到个别事物，而后推及形成一般性结论，也包括通过对一般性理论的认知，在个别事物上形成假设，循环往复、不断深化。归纳就是从个别到一般，演绎则是从一般到个别。

对于定性调查来说，归纳法在观点提炼上更为常见，也就是通过类比等方式找到部分共性和规律，并进行提炼和精简。但在实际的定性分析中，往往会采用归纳和演绎交互进行的方式——从大量定性调查资料中获取假设，甚至形成初步结论，再回到定性调查资料中进行验证。在这个过程中定性调查分析人员切记保持开放思维，时刻警惕个人的偏见对结果分析的影响，不要过早写结论终止分析和循环验证的过程。

观点提炼是定性分析中最具挑战性的工作，需要经过大量分析实践才能做到言之有物、逻辑自洽、简短精炼。

情形 4：将主观点进行展开，找到支持的子观点。还有些时候在定性分析中，需要对之前归纳而来的观点或者涌入脑海中的某一观点，从定性调查资料中找到佐证，并将相关内容进行梳理，来清晰有力地支持这一观点。

对于偏向简单的、以事实性为支撑的观点，可以通过将观点细化成不同的事实性方向进行展开。比如在一个运动类 App 的调查中，定性调查分析人员通过大量的访谈和内部数据融合，给出了该运动类 App 的品牌形象关键词，其中排序最为靠前的是“专业”。图 12－3 即表达了如何将专业这一点进行展开，即哪些具体体现令该 App 的品牌形象关键词之一为“专业”。

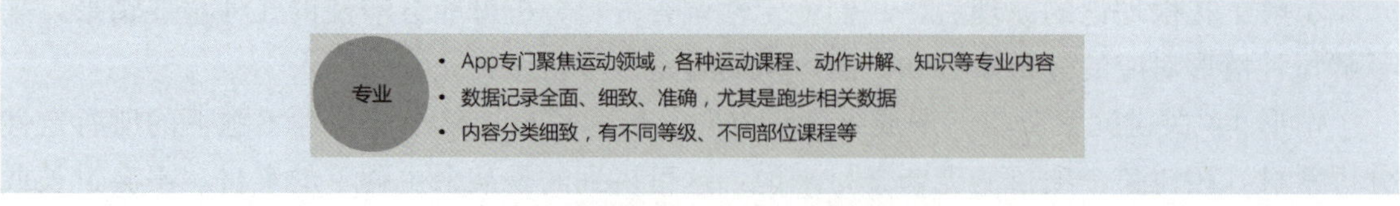


**图 12－3　将观点进行细化的分析示例**

而对于一些更为复杂的观点，通常为与动机、需求等深层特征相关的观点，则更需要解释这一特征形成的来源和成因。仍然以上面的运动类 App 调查为例，定性调查分析人员对中学生用户群体的运动价值给出了“解压释放”这样的概括。图 12－4 即表达了为什么运动对于中学生这个用户群体会带来“解压释放”这样的价值。

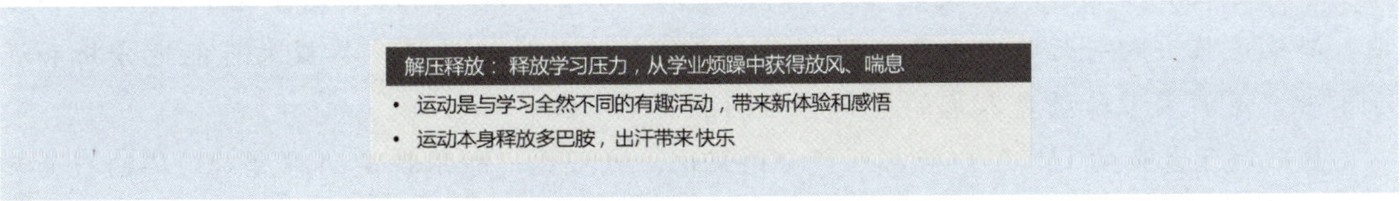


**图 12－4　对观点进行来源和成因解释的分析示例**

无论采用上述哪种方式进行观点展开，子观点与主观点之间的关系都需要符合以下原则：

（1）子观点隶属于主观点，不能超出主观点的范畴，更不能出现其中部分子观点的内容背离主观点所表述方向的情况；

（2）尽管子观点是主观点的支撑，但不能简单重复或直接对主观点进行分解；

（3）子观点如果只有一个，可以考虑与主观点进行合并；

（4）子观点如果较多，需要回到前面的情形 1 和情形 2，适度合并，梳理逻辑关系。

**延展阅读**

## 两个常见应用领域的定性分析框架和要点

**品牌定位研究**

对于品牌定位研究，我们首先需要清楚市场调查分析在品牌定位中起到的作用到底是什么。不同于创意公司或者广告公司对于品牌定位和愿景的包装，市场调查在品牌定位研究中的价值体现在对消费者需求进行深度挖掘，采取“自下而上的消费者需求主导路线”去生成品牌定位。这样做的好处是品牌定位来自扎实的洞察，因而能令消费者产生共鸣。

如何自下而上地分析呢？我们可以通过这样一个金字塔去看——底层是对消费者需求的挖掘，品牌定位就是植根于需求去层层拔高、打磨后找到的方向（见图 12－5）。

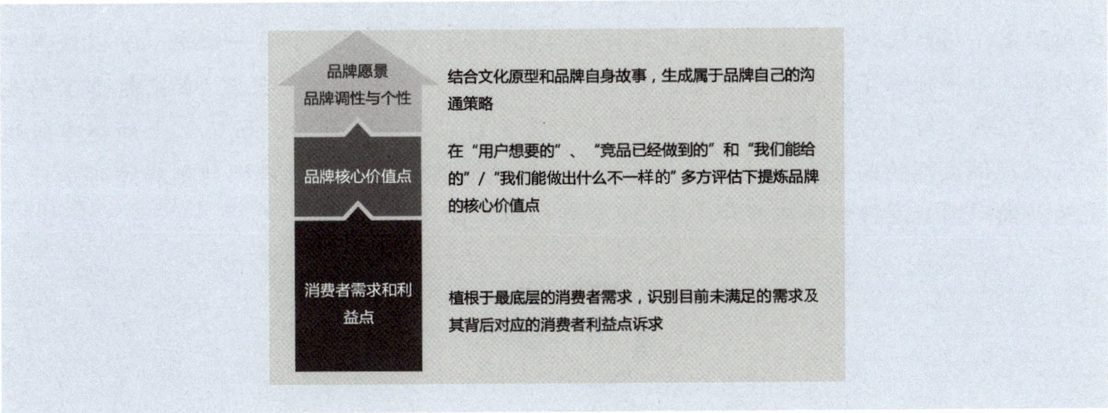


**图 12－5　品牌定位研究**

**消费者行为与态度（U&A）研究**

U&A是市场调查中最常见的应用领域之一，最为基础。但恰恰是这类基础研究对分析的要求最高，主要原因在于消费者的行为非常琐碎，每天都暴露在浩如烟海的商业信息当中，其态度和心智必然会受到各种因素潜移默化的影响。因此将消费者使用行为和习惯、决策过程、购买行为，以及驱动消费者系列行为背后的动机，尽最大可能地分析和还原出来，是非常考验调查人员的分析功力的。

因此对于复杂的U&A分析，一定要框架化、流程化，即用特定的维度对琐碎的行为和态度进行梳理。在U&A分析里最常用的框架是5W1H，我们以年轻人饮酒为例来简单说明。

1. When：与时间有关的要素，比如年轻人去酒吧通常是晚上或者在一些需要庆祝的场合，如生日、纪念日、考试结束后等。

2. Where：与地点、渠道、场合相关的要素，比如年轻人选的酒吧一般是热闹一些的主流酒吧，价格不会特别贵。值得注意的是，When & Where在很多研究里会合体，共同理解为“场景”。

3. Who：与用户相关的要素，是谁或和谁一起。年轻人去酒吧通常是呼朋唤友三五成群的，对于职场小白来说可能也会跟职场前辈去小酌两杯请教经验，或者是单纯的闺蜜局、哥们局等。

4. What：与选择什么样的产品相关的要素。比如很多年轻人入门会点啤酒，但随着场面热闹起来，会加各种鸡尾酒、威士忌、伏特加等。

5. Why：与产品选择背后的动机相关的要素。比如自己随便喝喝的时候啤酒就够了，但跟朋友一起的时候“面子”“兴致”很重要，只喝啤酒可能会显得不尽兴、不畅快。而如果是集体聚会，有人买单的时候，可以来点贵的，比如香槟、白兰地。

6. How：与怎么做、行为模式、解决方案有关的要素。比如大家点单时经常直接听从服务员/酒单上的推荐。除了喝酒，大家也经常会跳跳舞，自拍发到社交媒体等。

而在具体的分析中，5W1H不一定需要面面俱到，根据研究目的不同，5W1H所着的笔墨也有轻重之分。比如在网约车出行的研究中，When & Where，即场景的研究就是重中之重，日常通勤上下班、周末休闲消遣、接送孩子、商务场合、接送机等不同的场景极大地决定了用户选择什么车型以及什么样的司机服务。再比如对于同一需求——以线上生鲜为例，市场提供了多种解决方案：电商平台上专门的生鲜店铺、天猫/京东超市里的生鲜、专门的生鲜平台、盒马鲜生、7鲜等新零售平台以及美团外卖、饿了么上的超市版块都可以提供生鲜的购买和配送。用户为什么选择A而不是B，其背后的动机和障碍是什么尤为关键，因此在这样的研究中Why就是分析的关键。

## 小　结

本章的主要内容是关于分析和理解定性调查资料，将大量的原始定性调查资料转化为有意义的调查分析结果的方法和过程。

定性分析的全过程始于设计阶段，即在讨论大纲的设计中就需要以终为始，结合最终需要解决的商业问题（当然也就是定性分析的重点和目标）来设计需要讨论的具体问题和流程。随后在定性调查的执行现场，调查人员需要时刻保持注意力的聚焦和分析的敏感性，珍惜执行现场的每一时间段进行现场笔记的记录并及时总结执行小结，为后续分析打下坚实基础。执行结束后应第一时间进行丰富而庞杂的定性调查资料的整理工作，在保证完备性的基础上进行结构化的整理，即内容分析；随后参与各方进行观点的融合汇总和充分讨论，形成观点共识，以避免个人偏差或遗漏重要的分析视角。

定性分析是复杂而有挑战的，涉及各种具体的分析情形，包括对关键元素的分组、梳理多项内容之间的逻辑关系、归纳法和演绎法交互进行观点的提炼以及将主观点展开等。

## 思考题

1. 在定性执行阶段就要开始为资料整理分析打基础的两种主要工具是什么？

2. 定性调查资料的分析可能遇到哪几种情形？

3. 对观点展开时，子观点和主观点之间的关系需要符合哪些原则？

4. 下面是某定性调查项目的现场笔录，请根据这段笔录，进行内容分析，并提炼“手工手作对爱好者的核心价值”。

主持人：明白，挺好的，其实你讲的这个问题就是我接下来想让大家帮我总结的问题，咱们选择了同一个圈子投入时间和精力，那你觉得手工、手账、画画、设计这件事带给我们最大的价值、快乐是什么？为什么能吸引我们多年如一日地去做这件事情？

受访者 5：手工其实更多的是我在学习之余的一种娱乐活动吧，因为学习有时很枯燥，特别是太难的那些，空闲之余就想放松一下自己，而且做手工可以培养自己的专注力吧。

主持人：手账价值跟手工有什么不一样？

受访者 5：手账更多就是记录自己的日常生活，因为感觉电子化的东西还是比较容易丢失的，又不容易找回，而且你不能清楚地记得某件事情是什么时候发生的，但做手账就不一样，可以将特别有意思的事或者人以类似于日记的方式记录在手账里面。

主持人：没问题，你们觉得画画这件事带给我们一些什么价值？

受访者 2：我觉得最大的就是获得周围人的赞赏以及成就感，感觉自己接近于各种动漫的画风，哪怕是一点都好，就觉得自己很满足、有成就感。

受访者 1：我觉得画画对我来说可能更多像是一种情感的抒发吧，因为我认为画画是比较讲究意境、整体氛围的，我就可以通过这种方式把我现在心里的情感、想法表达出来，因为我手比较大，所以不太方便做手工，做不大好，写文章我也不会写，语言没那么优美，所以我觉得画画这种方式最适合我。

受访者 4：我觉得我会有自豪感吧，因为那些画我以前觉得自己是不可能画出来的，而画出来以后就有一种我原来这么厉害的自豪感。

主持人：好的，你是画画跟设计都有涉及，那你觉得这个带给你什么？

受访者 3：画画和设计使我在平日高强度学习后产生一种，怎么说，解脱的感觉吧，突然间放松了，就感觉它们让我整个心境都放松下来，我就很喜欢这种状态。

5. 下图为大学生人群分析结果的片段，请指出标记①和②的两处其分析内容可能存在的问题。

#可支配时间多，开始有意识探索自我 ①

随着年龄的增长，开始更有意识地探寻自我，丰富自己的认知体系。

“我打完了这个游戏，感觉特别空虚，但是运动完了你会觉得很充实、很有意义。”

#不规律且放纵的享乐生活 ②

进入大学后，有更多时间精力尝鲜享乐、放纵自己，使生活作息更加不规律，但偶尔又会有强压力考试，会造成身体的一些小问题

“这个年纪的人谁不熬夜，谁得起早？”

# 第13章 调查报告的撰写和展示

## 学习目标

1. 了解调查报告撰写的原则
2. 掌握调查报告的组成要素
3. 理解文字内容和定量数据的表述规则
4. 学习调查报告格式设计的要点
5. 理解现场汇报的两项必要准备和汇报过程中的注意事项

调查报告和展示是一次市场调查所有努力的收尾，对传播关键发现、实现调查结果的价值和影响力至关重要。

在一次好的市场调查研究中，调查人员一定能够掌握大量的信息，提炼众多数据，得出关键发现，但对于撰写调查报告和进行展示来说，最大的挑战是如何将这些关键发现及时、有效地传播出去。

## 13.1 调查报告撰写的原则

调查报告指的是针对特定受众的关于调查过程、结果、结论、建议的书面阅读内容。整体来说，调查报告需要考虑受众/阅读者的技术水平、对此调查项目的兴趣、在什么情况下阅读这份报告。有时对于同一次市场调查，也需要针对不同的受众提供不同版本的调查报告。

总的来说，撰写调查报告就是在“讲故事”。一定要先想清楚故事的结局，以结局为核心、结合前面的定量和定性分析方法，梳理出故事的结构篇章。

撰写调查报告最核心的原则如下：

（1）以终为始。以终为始再次成为重要原则之一。即始终牢记调查开启之初的研究目的，需要解决的问题是什么。无论整份调查报告的内容有多么丰富，所有内容都应该紧密围绕研究目的展开。一份好的调查报告应该对初始的研究问题给出清晰、明确的答案，充分体现出市场调查这个利器“解决问题”的角色。

（2）真实客观。准确阐述市场调查项目执行的方法、结果和结论，绝不能为了迎合受众的期待或者前期的假设而对调查结果进行歪曲或偏差性解读。一旦丧失了真实客观这一立场和原则，整份调查报告将变得毫无意义。

（3）规范性。调查报告的规范性直接影响其可读性以及其中内容的价值感。尤其是对于学术性调查报告来说，具体的用词用语、图表形式和标记、术语和数字的使用、参考文献的引用和说明等均需符合学术规范。

（4）洞察深入。市场调查报告不应该仅仅对调查资料进行统计或整理，更应当深入挖掘事实层面背后的深层趋势或动因，表达出调查的发现以及这些发现如何能够应用于商业决策。只要条件允许，调查报告均需给出结论，并提出对受众有价值的可以付诸行动的建议。

（5）易于理解。调查报告的内容越丰富，就越要在结构的逻辑性上下功夫，令报告整体叙述清楚、重点突出。同时尽量避免过多使用非市场调查行业专业人员无法理解的术语，如果有必要出现就需要解释清楚。检验报告在受众理解上是否存在问题的一个好的方法是，请不熟悉该调查项目的人阅读报告，提出不理解之处。报告定稿前进行多次修订是必要的。

（6）生动鲜活。一份长篇累牍、内容艰深晦涩的调查报告，本质上仍然是调查人员撰写表达能力的限制，而更严重的影响是限制了调查报告中有价值的关键发现的传播。采用简洁但生动的表述语气，引用定性调查中的受访者原话，定量数据的图形化、图表化呈现，整体上更美观、更有视觉冲击力的表达形式等，均会令报告更加生动鲜活。具体的调查报告格式设计要点将在本章 13.4 节详细介绍。

## 13.2 调查报告的组成要素

尽管每份市场调查报告，因具体的研究目的、受众、执行方法的不同，在调查内容上也会有所区别，比如商业调查报告和学术性调查报告就会有一定的差别，但整体来说一份调查报告由以下各要素部分组成：

（1）标题页。标题页的主题是市场调查项目的名称，有时会采用主标题进行概括，用副标题对报告内容进行进一步的解释；其他内容可以包括调查的组织和执行方、报告的阅读对象、日期等。

（2）内容摘要。对于学术性调查报告来说，这项内容是必选项；商业调查报告被需求方要求除了主体报告内容外提供概括性关键内容也是常见的情形。这部分通常由调查目标、调查执行方法、关键结果、结论和建议组成，其中对于关键结果如何进行概括以及结论和建议的提出均为内容摘要撰写最有难度之处。

（3）目录。将调查报告的主要部分用清晰、有逻辑的方式呈现出来，有助于受众通过目录页即可以迅速理解报告组成部分并迅速找到相关内容的具体所在。

（4）背景和目标。回顾进行调查的情形和出发点，突出调查之所以发起的总体目标、要解决哪些问题。需要注意的是，有些市场调查在执行过程中会发生目标的调整，甚至背景也会有部分变化，需要进行相关标记和介绍。

（5）调查方法论。此部分的内容是关于如何完成调查以及为什么采取相关方法进行调查，即调查设计和方法选择。假如还需要阐述调查方法的一些技术性因素，可以考虑附于附录部分详细展开。

（6）调查结果。这部分是整份调查报告的主体内容，通常也是报告中最长的部分。需要按照前面介绍的分析方法进行分析，并遵循上一节所述的核心原则。

（7）调查结论和建议。调查中的结论和建议可以在调查结果中每一章节呈现，但更主流的方式是在调查报告主体内容的最后部分独立呈现；通常内容摘要中也需要包含结论建议，但偏向于概括性内容。此部分需要对研究目的所提出的问题进行结果上的关键发现的归纳，阐述这些关键发现的结论意味着什么，如果需要可以采取怎样的行动等。

（8）附录。主要包括主体报告中没有详细展开的支撑性内容，比如技术和方法上的细节、有些前期设计和收集了但与研究目的的相关性不高的调查结果等。学术性调查报告在此部分的要求较高，需要呈现规范表达的参考文献名录、所使用的软件处理编程内容以及相关统计输出结果等。

## 13.3 调查报告的表述规则

本节以相对比较主流的 PPT 形式为主，介绍在市场调查报告中不同类型的内容分别需要遵守的表述规则。

### 13.3.1　文字内容表述

文字是调查报告中占比最多的内容，调查报告所有核心内容均需要通过文字内容来传达。除了对文字所传达的具体内容进行把握外，还需要注意以下规则：

（1）使用简练易懂的文字。

（2）对文字删减时要保证表述清楚明晰。

（3）文字要点之间逻辑清晰。

（4）避免使用过多缩写、术语。

此外，也可以采用图形化呈现的方式，对文字内容进行逻辑化梳理、增加易读性和对受众的重点内容触动。

图 13－1 和图 13－2 是两个文字内容表达的示例。

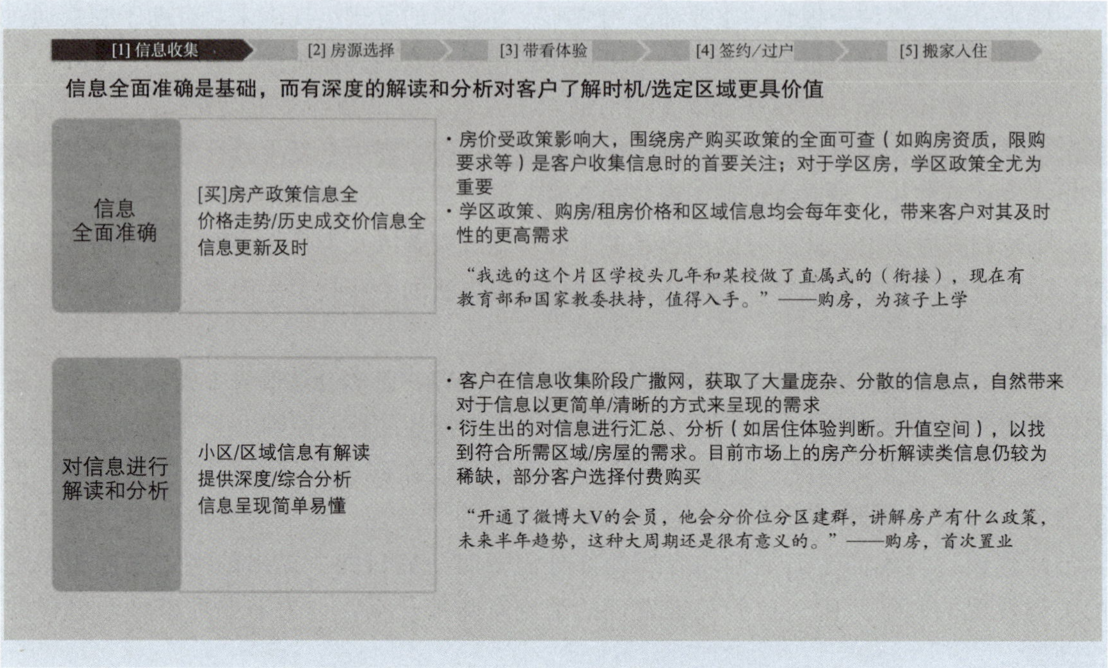


图 13－1　某房产交易链路研究中“信息收集阶段需求解析”呈现

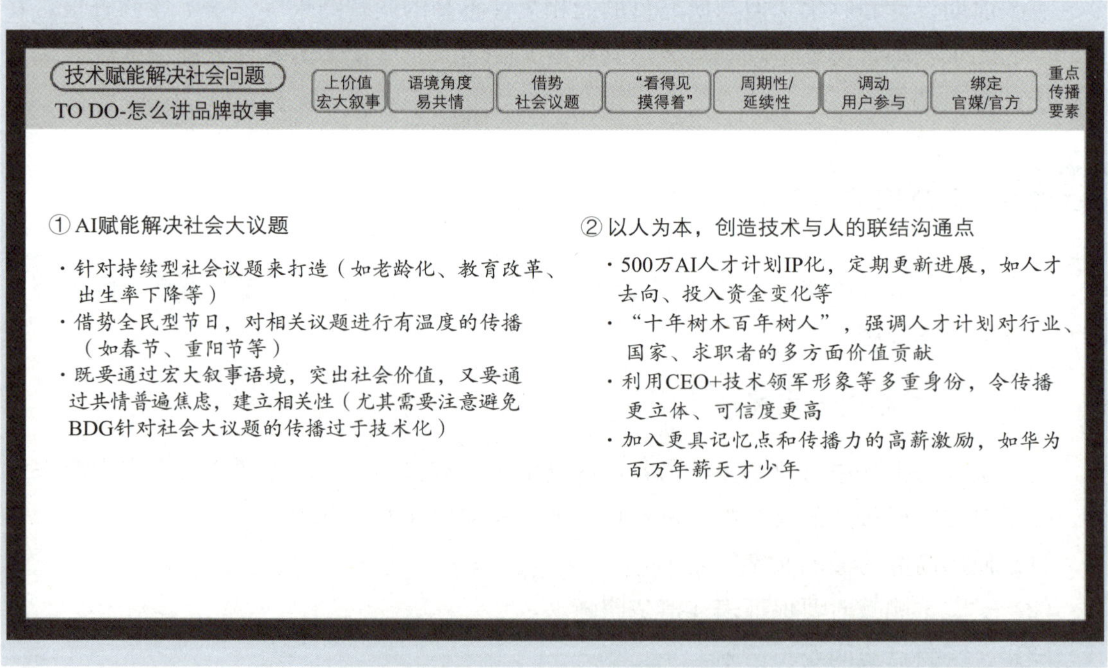


图 13－2　某互联网品牌感知研究中“技术赋能解决社会问题的传播方式”呈现

### 13.3.2　定量数据制图

将定量数据以图形方式展现，能够将一些复杂的内容表达得更为清楚，因此设计合理的图形能增加整个调查报告的可读性，令受众更直观、高效地理解和吸收相关内容。

市场调查报告中所使用的典型图形，通常包含标题、具有单位和含义说明的坐标轴、以颜色和形状大小进行数据表达的图形、图形具体对应的数据标签、对图形表达进行说明的图释和图例等必要元素。如果有需要，还可以添加网格线、趋势线等辅助元素。

具体制图时，我们首先要判断需要展示的数据类型，并选择不同数据类型所对应的适配图形。

### 1. 数量

要实现数量可视化，即显示一组类别，通常是分类变量的数量的多少，最常见的是柱状图/条形图。条柱可以垂直摆放，也可以水平呈现；要呈现两组或多组类别的数量可以分组或堆叠条柱进行表达（见图 13 - 3 至图 13 - 5）。

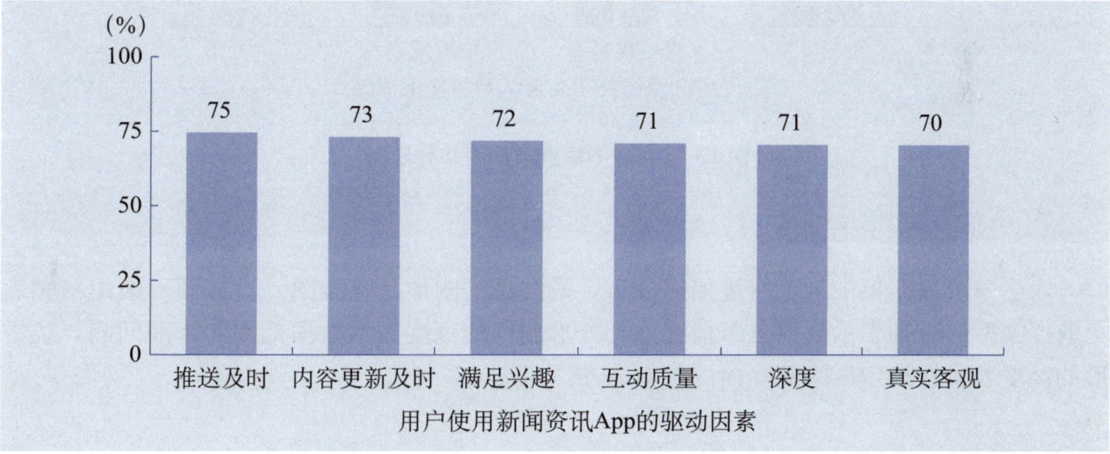


**图 13 - 3　垂直条形图示例**

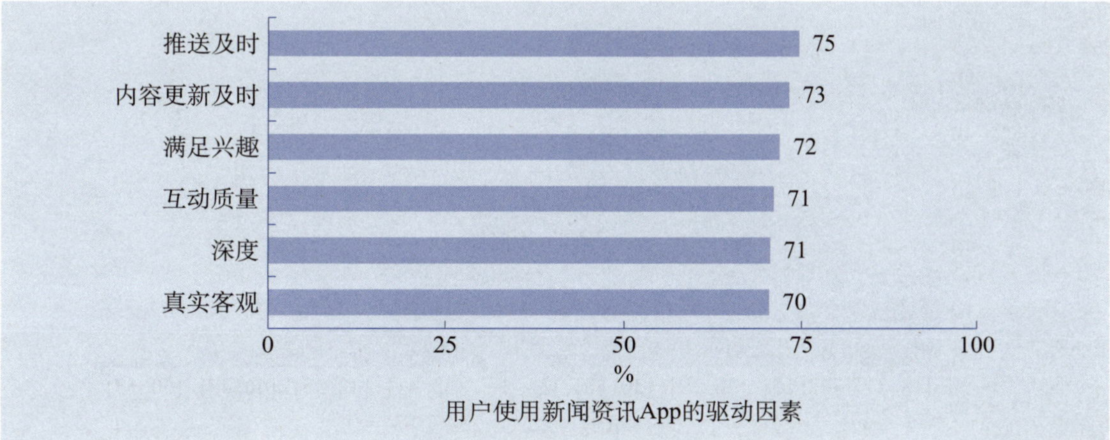


**图 13 - 4　水平条形图示例**

需要注意的是多个或多组条柱图形的摆放排列顺序。如果该组数据存在自然逻辑顺序，比如年份、月份等时间序列，应首选按照这一自然逻辑摆放条柱图形；若不存在自然逻辑顺序，则应按每个类别下的数据大小进行正序或反序排列。

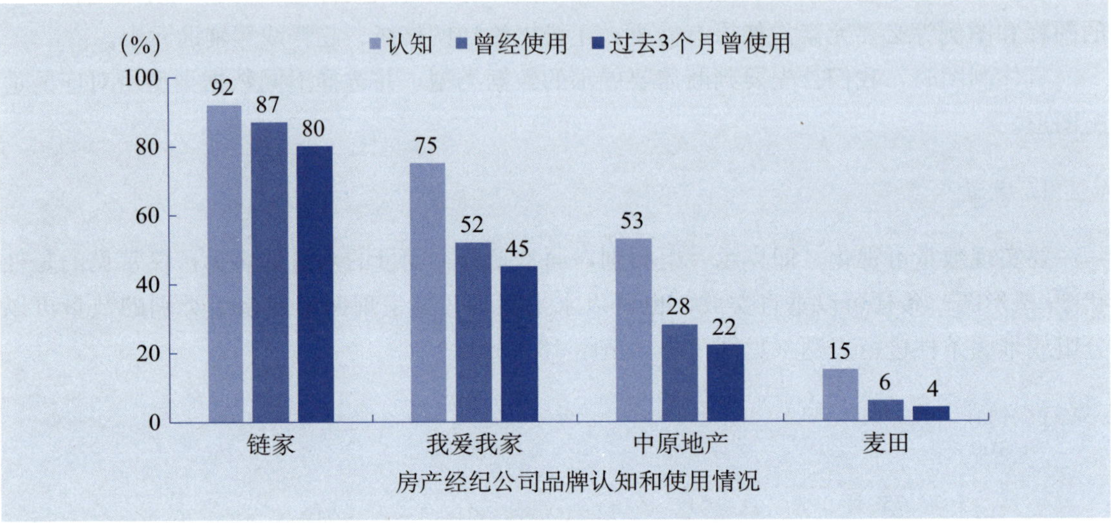


图 13-5　多个垂直条形图并列示例

## 2. 分布

表达一个数据集中某个变量如何分布，最常见的图形是直方图。直方图一般用横轴表示数据类型，纵轴表示数据分布情况，长方形相等的宽度表示数据范围的区间间隔，长方形的高度表示在给定区间间隔内的数据分布（见图 13-6）。

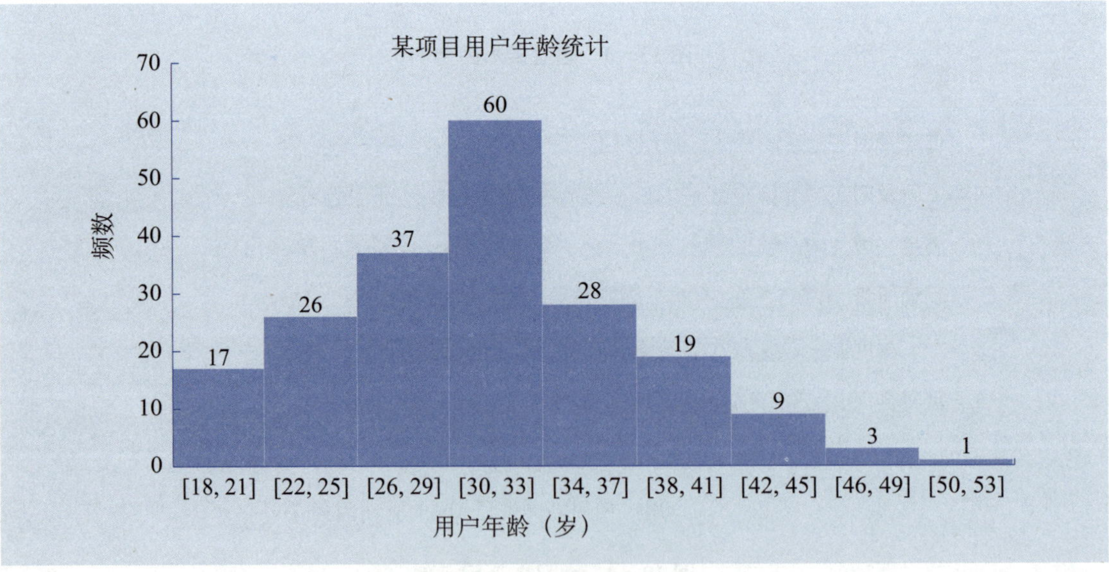


图 13-6　直方图示例

由于直方图是由数据分组为区间间隔所生成的，因此具体的外观取决于所选择的间隔大小。因此很关键的一点是要尝试不同的间隔大小，使所绘制的直方图能相对准确地反映原始数据。一般来说区间间隔过小，直方图就会有过多峰值，而且视觉效果上很拥挤；而区间间隔过大，数据分布中细微的特征就会被淹没掉（见图 13－7）。

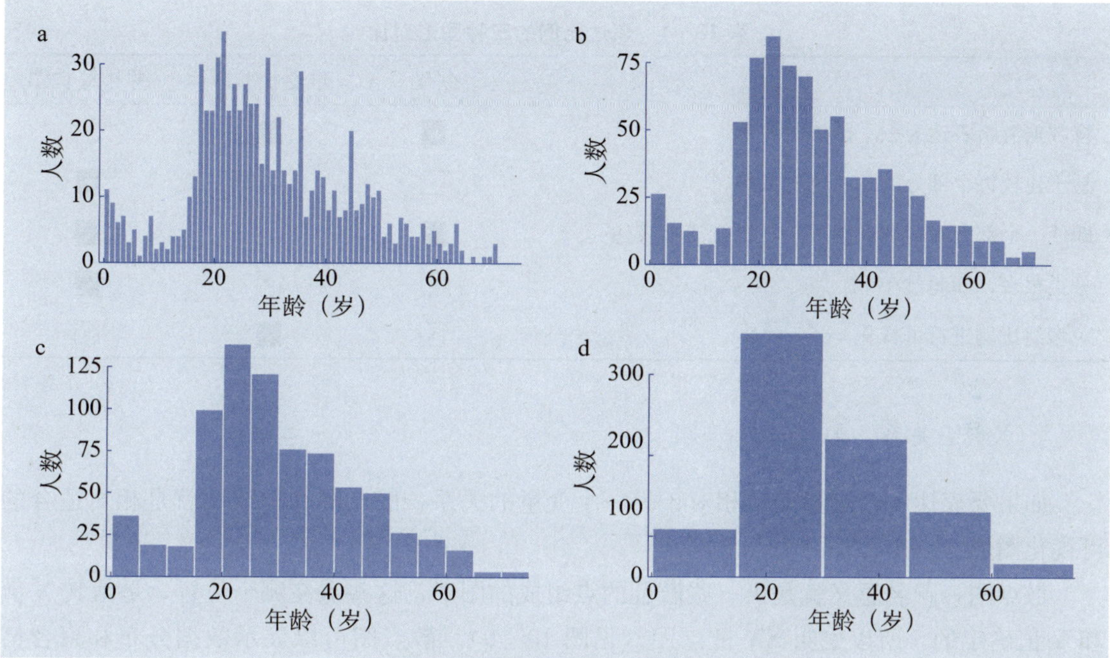


**图 13－7　同源数据使用不同区间间隔的直方图示例**

### 3. 比例

表达比例最典型的可视化方式是饼图。饼图是形象地表达部分关系的最简单、有效的方法。一个圆形被分割成若干分片，每个分片面积的大小就代表了这一部分所代表的数据占总体的比例。饼图也多用于非连续型数据，各分类也需要考虑顺序排布。通常分类数在 2～6 之间的饼图可以清晰表达各分类比例，分类数过多，尤其是超过 10 个分类的情形饼图则不适用（见图 13－8）。

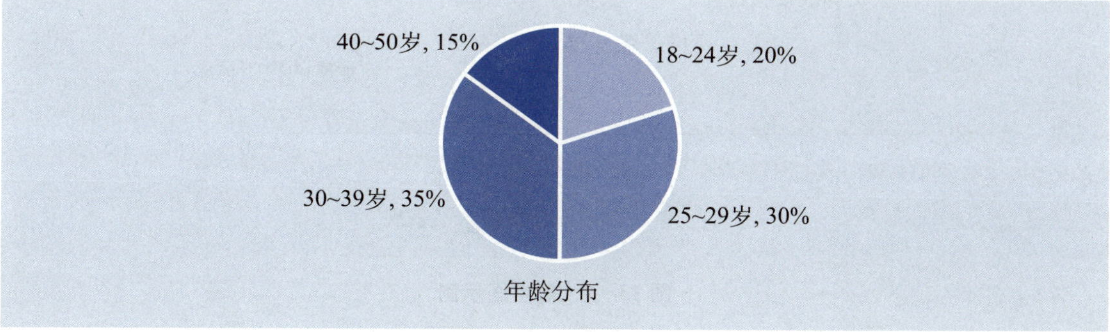


**图 13－8　饼图示例**

类似于饼图将一个圆形切割为代表数据大小的不同面积的分片，在矩形上完成类似的切割就形成了堆叠柱状图。而如果把堆叠柱状图中的每个切割部分作为一个条柱则形成并排柱状图，也可以表达和对比比例的大小。表13-1对这三种图形对于比例数据可视化的优缺点进行了比较。

表 13-1　表达比例的三种图形对比

| | 饼图 | 堆叠柱状图 | 并排柱状图 |
|---|---|---|---|
| 将数据清晰表达为一个整体的比例 | √ | √ | × |
| 易于比较每个部分的相对比例大小 | × | × | √ |
| 即使一个部分对应的数据很小，也能清晰表达 | √ | × | √ |
| 分类很多，如超过10个 | × | × | √ |
| 对多组比例进行可视化 | × | √ | × |

### 4. X-Y关系

如果要表达一个定量变量相对于另一个变量的关系，散点图和折线图就是相对适合的可视化图形。

散点图，顾名思义就是由一些散乱的点组成的图形，这些点在哪个位置，是由其X值和Y值确定的，所以也叫XY散点图（见图13-9）。散点图可以展示数据分布和聚合情况，添加趋势线的散点图对趋势的表达会更明显。

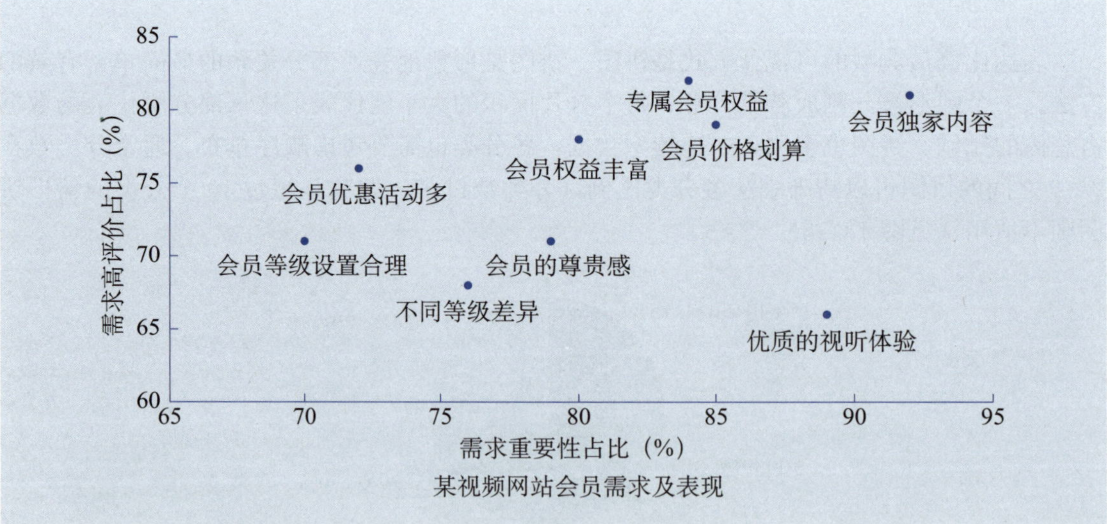


图 13-9　散点图示例

折线图是用若干条连续的线段把散点连接起来的图形，如果在一个图中同时有几条折线，即表达其中一个变量的具体分组数据，此时应采用不同颜色或线形标记不同的折线，以代表不同的分组意义（见图 13－10）。

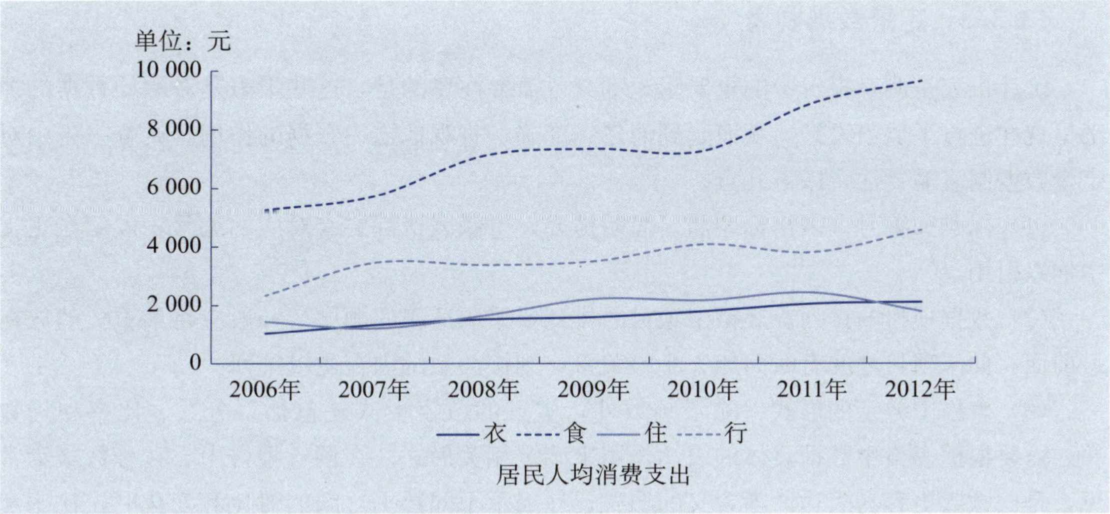


**图 13－10　折线图示例**

除了根据所展示数据的类型和目的选择合适的图形并进行规范表达外，需要注意的是定量数据可视化是艺术与科学的结合，难点在于把握艺术的同时要有科学性，反之保证科学性的同时也不能缺乏艺术性。

（1）定量数据制图的基础是准确地传递数据，不能误导和歪曲。比如，如果一个数是另一个数的两倍，但在可视化图形中因坐标轴进行了有意或错误的截取，表达给受众的是相差数倍，这个图形就是错误的可视化表达（见图 13－11）。

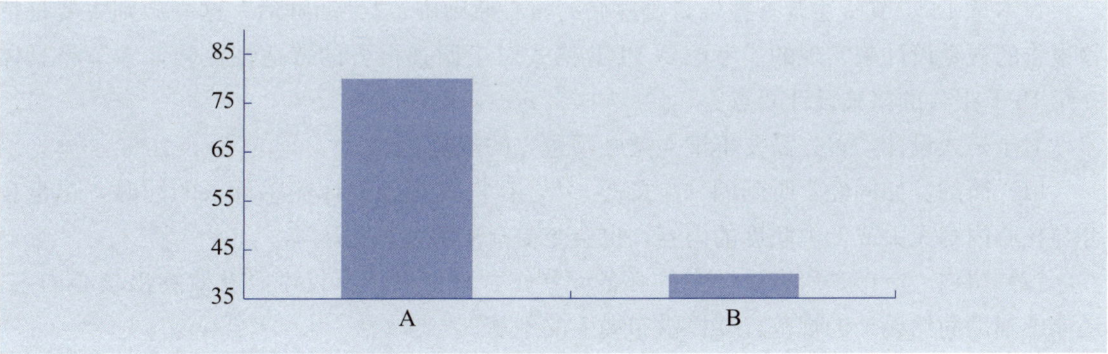


**图 13－11　错误的可视化表达示例**

（2）将数据可视化是为了使内容传达更直观和高效，因此在可视化的过程中需要避免因为选项顺序排布不清、文字说明不符合阅读习惯等耗费受众不必要的精力。

（3）数据可视化也要兼顾美观，好的视觉表现往往能增强可视化信息的表达。如果图中采用了不和谐甚至与其意义相反的颜色对照，受众可能会被分散注意力，甚至产生错误的解读。

### 13.3.3　定量数据制表

统计报表是调查报告中的重要组成部分。需要注意的是，这些报表是对原始数据的加工呈现并进行了适当设计，从而起到清楚、准确、直观地描述数据的作用。调查报告中对定量数据制表需要注意以下几点。

（1）标题和编号。表格标题需要简明扼要，每张表格都要有对应的编号，以便在正文中加以引用。

（2）数据项目的排列。表格中项目的排列要采取适当的顺序，一般应将最重要的放在最前面；如果项目之间有时间或大小等关系，则按关系的内在逻辑排列。

（3）表格中数字的形式。除了频数外，常见的数字形式还包括百分数、比率和指数等。需要根据表格中数据具体的表达作用来确定相关形式。在调查报告中，百分数最为常见，是比频数更容易表达清晰含义的形式；在揭示不同数据之间的对比和变化时，比率和指数就是更为合适的表述选择。

（4）注明数据单位。如果表格中的所有数据单位统一，可以在表格标题中统一注明；如果包含不同单位，则应在相应处进行单位标记。

（5）注释与说明。对无法包含在表格内但对表格的理解有必要解释的内容，可采取注释方式加以补充说明。

## 13.4　调查报告的格式设计

在本章 13.1 节所述调查报告需要遵循的核心原则中，“生动鲜活”这一原则主要是依赖报告的视觉设计来实现的。考虑到 PPT 格式对于调查报告的普适性更强，本节将具体介绍 PPT 报告的格式设计要点。

对于格式设计，首先需要牢记 4 条必须遵守的规范：

（1）简约。如同经常听到的“少即是多”，在格式符合设计美感诉求的同时，尽量舍弃与核心内容无关或低关联度的内容，也会令受众更关注核心内容。

（2）留白。空白是所有设计中的必备元素，合理留白，不仅可以有效突出核心内容，还能够辅助简约设计的规范，并提供布局上的平衡。

（3）聚焦。对页面上最想呈现的内容进行突出呈现，比如增加或放大图片、变化字体等都是令受众更聚焦的有效手段。

（4）统一。统一的设计风格带来的整体感不仅可以使报告更加美观，也令受众的阅读体验更好，受众更容易顺畅阅读，沉浸在核心内容的表述当中，而不是被繁杂变化的风格误导。

此外，调查报告中涉及的具体设计元素包括文字、配色、图片和布局，具体需要注意以下几点。

（1）文字。字号大小和行距设置适宜，字体和文字所用颜色与调查报告内容风格相符，且需要整体上符合统一的规范，这是文字格式的基础。

（2）配色。调查报告的主要颜色选取需要符合报告主题内容，同时切忌应用过多颜色以免过于杂乱，也不要过多采用饱和度过高的颜色大面积填充以免带来阅读体验的不适。

（3）图片。图片是设计中的重要元素，可以提升设计的质感和美感，增强视觉冲击力。在调查报告中，可以充分利用图片与内容的搭配，来帮助受众理解内容，带来更深刻的印象。但需要注意所使用风格的一致性，以及切勿过多使用关联度不高的图片喧宾夺主。

（4）布局。在每一页内容的设计上，都要考虑所有内容元素的布局。布局的第一个原则是亲密，就是让逻辑上相关的信息表现得关系更紧密，比如靠近一些，或者放在同一框线里面等，通过亲密的本质体现出“组织性”。第二个原则是对齐，任何元素都不能随意安放，而应该与其他元素有某种视觉上的联系。对齐，就好像是一条看不见的线，带来一致性。第三个原则是重复。重复带来统一性，令受众可以看到所有元素间的关联。第四个原则是对比。强烈的对比能够在不同元素间建立一种有组织的层次结构，也就是互补性。

PPT 报告设计原则及示例

## 13.5 调查结果的现场汇报

无论是学术性调查报告的答辩环节，还是商业报告面向需求方的讲解，现场汇报作为书面阅读报告基础上更直接、紧凑、简洁的表达，对传递关键发现、帮助受众获取有价值的结论和决策建议都是最后也是最重要的一步。

在正式前去现场汇报之前，需要进行两项重要准备。

● 准备 1：书面阅读报告转化为展示型 PPT。前者通常文字多、内容翔实，而后者需要言简意赅，甚至只是关键词提示，由主讲人现场的口头讲述展开。

在书面阅读报告上做删减后，往往需要对保留的页面和内容进行重新排版，对逻辑线进行再次梳理。还要精炼拔高每一页的观点，做最后的润色。

在分享版的内容定稿后，主讲人就需要对展示型 PPT 以及需要口述表达的讲稿反复熟悉和演练，这在前期是最直接有效地消除紧张感的方式，也是充分表达调查报告内容的基础。

● 准备 2：充分了解现场汇报的对象、场地等条件。

尽管听取汇报的对象通常与撰写调查报告的受众是基本一致的，但需要更详细了解当天汇报时具体的对象身份、前来听取汇报的目的、人数的规模等，因为汇报的目的不是从主讲人或市场调查项目组的角度出发来表述项目执行的辛苦程度或者炫耀其中的发现，而是需要聚焦于“听众”的角度，提供有价值的内容。了解汇报对象后就可以对汇报的方式、内容的侧重等有所调整。

场地的大小、设备情况等在允许的情况下也应该进行了解和相应准备。

做好了前两项准备后，现场汇报的过程可以从开场、主体过程和结尾三个部分来理解和把握。

（1）有技巧的开场。好的开场是现场汇报成功的一半，需要满足如下几个标准：

标准一：要在第一时间获取听众的注意力，主讲人要成为全场听众的注意力聚焦点。

标准二：建立和听众的友善联系，即快速拉近与听众的距离。

标准三：引导听众尽快沉浸，使听众建立代入感。

为了营造好的开场，以引用听众感兴趣的内容、时间轴的回顾、抛出问题进行提问互动，甚至讲一个相关的简短的故事等，都不失为好办法。

（2）汇报的主体过程。即便开场一切顺利，正式开始汇报内容时主讲人也丝毫不能松懈，需要注意以下事项：

1）清晰体现汇报结构，通过目录、结构框架等可视化的维度带领听众跟随主讲人的讲述逻辑和节奏。

2）切忌照本宣科。主讲人需要将文字“翻译”成自己的语言，比如每到新一页，先一句话概括主要发现，穿插指出有解释意义的细节，并选择性地讲解页面中出现的图片和图表等。

3）用生动鲜活的案例营造画面感。现场听众不像调查人员一样参与了全部的调查过程，因此要尽量采用真实受访者的反馈等为听众带来身临其境的感觉。

4）根据现场氛围灵活、动态调整进度。主讲人需要对听众的反应保持敏感，并做出反应。如果听众面露难色，可能是对输出的内容不理解，则需要放慢语速，对内容适当延展，给出更多的解释；如果多数听众注意力涣散，可能是对正在汇报的内容版块兴趣不大，可快速带过，或者将听众更感兴趣的部分提前讲述。

5）适度互动。现场口头汇报对市场调查来说之所以重要，原因之一是它创造了汇报者和听众的互动机会，双方可以相互提问，共同探讨。互动也是令听众更有参与感和代入感的有效方式。专业调查报告汇报中的互动，需要与汇报内容紧密结合，同时频次不宜过高，也要考虑听众的规模和汇报时长的限制。

（3）汇报的收尾。在汇报接近尾声时，可以运用一些技巧，达到令听众收获满满、尽兴而归的效果。主讲人可以在准备阶段即自我提问——如果令听众在汇报之后只带走5个最重要的观点那将会是哪些内容。通过对这个问题的准备，提醒自己在汇报收尾阶段，提炼最关键的内容进行强调，令听众带着疑问来，带着收获走。

## 小结

本章主要针对市场调查实践中的收尾阶段，即书面阅读报告的撰写和调查结果的现场口头汇报展开分析。这一阶段对传播市场调查的关键发现、实现调查结果的应用落地非常重要。

尽管不同市场调查所针对的主题和目标不同，具体调查报告的内容都是定制化的、千差万别的，但均需要遵守以终为始、真实客观、规范性、洞察深入、易于理解、生动鲜活这些核心原则，也需要包含必要的组成部分，如标题页、内容摘要、目录、背景和目标、调查方法论、附录，主体部分为调查结果以及非常有价值的调查结论和建议。

通常市场调查报告中会包含文本类、定量图形和表格等不同的内容类型，需要遵循一定的表达范式，定量图形还需要依据数据类型等进行合适的匹配选择。而对于调查报告来说，格式优化不仅承担了设计上的美感，也是内容表达的重要辅助方式。

本章最后对充满挑战的现场汇报的准备和过程中的把握方式进行了介绍。

## 思考题

1. 调查报告的撰写需要遵循哪些核心原则？
2. 一份调查报告通常包括哪些组成部分？
3. 定量数据制表有哪些注意事项？
4. 调查报告中可能应用到的定量数据图形包括哪几种？分别适合展示怎样的数据类型或特点？
5. PPT 格式的调查报告整体设计有哪几条规范性原则？
6. 请遵循本章 13.4 节的设计原则和要点，对一份简短的但包含文本类、定量图形、定量表格的内容进行设计优化。
7. 对日常课程作业或其他专业内容按照本章 13.5 节中所介绍的内容准备一次现场汇报。

# 参考文献


1. Bethlehem, J., Biffignandi, S. (2012). Handbook of Web Surveys. Wiley Handbooks in Survey Methodology. New Jersey: John Wiley & Sons, p. 567.

2. Cheung, K. L., ten Klooster, P. M., Smit, C., et al. (2017). The Impact of Non-response Bias Due to Sampling in Public Health Studies: A Comparison of Voluntary Versus Mandatory Recruitment in a Dutch National Survey on Adolescent Health. BMC Public Health 17, 276. https://doi.org/10.1186/s12889-017-4189-8.

3. Dillman, D. A. (2006). Mail and Internet Surveys: The Tailored Design Method (2nd ed.). New Jersey: John Wiley & Sons.

4. Vehovar, V., Lozar Manfreda, K. (2008). "Overview: Online Surveys". In Fielding, N., Lee, R. M., Blank, G. The SAGE Handbook of Online Research Methods. London: SAGE, pp. 177-194.

5. 巴比．社会研究方法：第 13 版．北京：清华大学出版社，2020.

6. 伯恩斯，布什．基于 Excel 的营销调研：第 3 版．北京：中国人民大学出版社，2014.

7. 德威利斯．量表编制：理论与应用：第 2 版．重庆：重庆大学出版社，2004.

8. 福勒．调查问卷的设计与评估．重庆：重庆大学出版社，2023.

9. 柯惠新，丁立宏．市场调查与分析．北京：中国统计出版社，2000.

10. 马尔霍特拉．营销调研精要．北京：中国人民大学出版社，2016.

11. 迈克丹尼尔，盖兹．市场调研精要：第 8 版．北京：电子工业出版社，2015.

12. 麦吉温．市场调研实务：原书第 4 版．北京：机械工业出版社，2017.

13. 麦克丹尼尔，盖茨．当代市场调研：原书第 10 版．北京：机械工业出版社，2018.

14. 郑宗成，陈进．市场研究实务．广州：中山大学出版社，2002.

**图书在版编目（CIP）数据**

市场调查方法与技术 / 蒋妍等编著. --5 版.
--北京：中国人民大学出版社，2024.3
21 世纪统计学系列教材
ISBN 978-7-300-32569-9

Ⅰ.①市… Ⅱ.①蒋… Ⅲ.①市场调查-教材 Ⅳ.
①F713.52

中国版本图书馆 CIP 数据核字（2024）第 038090 号

教育部高等学校统计学类专业教学指导委员会推荐用书
21 世纪统计学系列教材
**市场调查方法与技术（第 5 版）**
蒋　妍　王维敏　简　明　金勇进　编著
Shichang Diaocha Fangfa yu Jishu

| | | | |
|---|---|---|---|
| **出版发行** | 中国人民大学出版社 | | |
| **社　　址** | 北京中关村大街 31 号 | **邮政编码** | 100080 |
| **电　　话** | 010－62511242（总编室） | | 010－62511770（质管部） |
| | 010－82501766（邮购部） | | 010－62514148（门市部） |
| | 010－62515195（发行公司） | | 010－62515275（盗版举报） |
| **网　　址** | http://www.crup.com.cn | | |
| **经　　销** | 新华书店 | | |
| **印　　刷** | 北京市鑫霸印务有限公司 | **版　　次** | 2004 年 5 月第 1 版 |
| **开　　本** | 787 mm×1092 mm　1/16 | | 2024 年 3 月第 5 版 |
| **印　　张** | 13.5 插页 1 | **印　　次** | 2024 年 11 月第 3 次印刷 |
| **字　　数** | 292 000 | **定　　价** | 46.00 元 |

中国人民大学出版社 理工出版分社

# 教师教学服务说明

中国人民大学出版社理工出版分社以出版经典、高品质的统计学、数学、心理学、物理学、化学、计算机、电子信息、人工智能、环境科学与工程、生物工程、智能制造等领域的各层次教材为宗旨。

为了更好地为一线教师服务，理工出版分社着力建设了一批数字化、立体化的网络教学资源。教师可以通过以下方式获得免费下载教学资源的权限：

- 在中国人民大学出版社网站 www.crup.com.cn 进行注册，注册后进入“会员中心”，在左侧点击“我的教师认证”，填写相关信息，提交后等待审核。我们将在一个工作日内为您开通相关资源的下载权限。

- 如您急需教学资源或需要其他帮助，请加入教师 QQ 群或在工作时间与我们联络。

中国人民大学出版社 理工出版分社

**教师 QQ 群：** 229223561(统计2组) 982483700(数据科学) 361267775(统计1组)
教师群仅限教师加入，入群请备注（学校+姓名）

**联系电话：** 010-62511967，62511076

**电子邮箱：** lgcbfs@crup.com.cn

**通讯地址：** 北京市海淀区中关村大街 31 号中国人民大学出版社 507 室（100080）